高职高专"十三五"规划教材·基础课系列

大学语文

（下篇）

- 主　编　朱保贤
- 副主编　陈永祥　赵建军
- 参　编　（排名不分先后）
  李晓琴　杨爱华　肖　莉　吴杨芝　向金萍

华中科技大学出版社
http://www.hustp.com
中国·武汉

内 容 简 介

本教材是为高职高专师范类专业学生编写的文化基础必修课程教学用书。教材所选篇目以人文精神为主线,深入挖掘古今中外经典文学作品中的人文精神,用文学的非功利性去塑造学生的人格,从而提高其人文素养,丰富其精神世界。教材分上、下两册,每册分两篇,上篇为阅读欣赏篇,下篇为写作篇。

阅读欣赏篇,针对学生的思想、情感特点和心灵成长的需要划分单元、选择篇目,共18个单元,其中,上册为12个单元,下册为6个单元。每个单元5篇文章,其中三篇为精读课文,另外两篇为自读课文。我们设计了"单元导读"、"阅读提示"、"文本对话"、"实践活动"和"知识链接"。写作篇,共11个单元,其中,上册为5个单元,下册为6个单元。

图书在版编目(CIP)数据

大学语文.下篇/朱保贤主编. —武汉:华中科技大学出版社,2019.8(2021.8重印)
高职高专"十三五"规划教材.基础课系列
ISBN 978-7-5680-5582-6

Ⅰ.①大… Ⅱ.①朱… Ⅲ.①大学语文课-高等职业教育-教材 Ⅳ.①H193.9

中国版本图书馆 CIP 数据核字(2019)第 182727 号

大学语文(下篇)　　　　　　　　　　　　　　　　　朱保贤　主编
Daxue Yuwen (Xiapian)

策划编辑:聂亚文
责任编辑:狄宝珠
封面设计:孢　子
责任监印:朱　玢
出版发行:华中科技大学出版社(中国·武汉)　　电话:(027)81321913
　　　　　武汉市东湖新技术开发区华工科技园　　邮编:430223
录　　排:华中科技大学惠友文印中心
印　　刷:武汉邮科印务有限公司
开　　本:787mm×1092mm　1/16
印　　张:14
字　　数:364千字
版　　次:2021年8月第1版第5次印刷
定　　价:39.00元

本书若有印装质量问题,请向出版社营销中心调换
全国免费服务热线:400-6679-118　　竭诚为您服务
版权所有　　侵权必究

前 言

本教材名称为《大学语文》，分上、下两册，适用范围为高职高专师范类专业学生。《大学语文》课程开设三个学期，上册供第一和第二学期使用；下册供第三学期使用。每册分上、下两篇，上篇为阅读欣赏篇，下篇为写作篇。

《大学语文》的编写，参考了一些师范专科学校相关教材的思路和框架，结合当今学生的身心发展情况和社会发展的需要，统一规划，合理安排编选纲目，从整体上力求达到兴趣与功用相结合的效果。

阅读欣赏篇共18个单元，上册为12个单元，下册为6个单元。各单元的篇目是针对学生的思想、情感特点和心灵成长的需要来选择划分的。每个单元5篇文章，其中，前面三篇为精读课文，另外两篇为自读课文。

为方便课程教学需要和学生学习的实际，我们设计了"单元导读"、"阅读提示"、"文本对话"、"实践活动"和"知识链接"。"单元导读"既有一般的知识性导读，又有阅读和思考方法的提示；"阅读提示"通过对作品内容进行提纲挈领式的导读，帮助学生更好地赏析作品；"文本对话"结合课文内容，精心设置相关问题，加深学生对作品的理解；"实践活动"旨在通过实践活动锻炼学生的综合能力，让学生把学到的知识和技能运用到实践中，提升学生的综合素质与能力；"知识链接"主要是引导学生拓展阅读范围，深化对作品的理解。这样安排，既能突出学生学习的过程，又能加强学生与文本的对话；既能拓宽学生的知识视野和训练能力，又能在学生成长的心理上紧扣时代的脉搏，最终从行为和目的上培养学生的大语文观，提升学生的语文整体素养。

写作篇，共11个单元。其中，上册为5个单元，下册为6个单元。本篇旨在通过指导学生系统地学习写作基础知识和理论知识，掌握写作的一般规律，具备良好的写作素养，能独立写出观点鲜明、内容积极向上、感情健康、结构合理紧密、语言畅达的文章，能处理相关的公务文书，以便在以后的教学以及从事其他社会工作中能适应社会的需要。

编写本教材，我们参照了不少专家的书籍和资料，也听取了不少专家的宝贵意见，获得了不少经验，在此一并致谢。在编写过程中，由于我们的编写水平有限，再加上时间仓促，错误和不足之处在所难免，敬请广大读者批评指正。

本书由朱保贤任主编，陈永祥、赵建军任副主编，李晓琴、杨爱华、肖莉、吴杨芝、向金萍、旷光彩、杨胜茂、吴琳、朱修方参与编写。具体分工如下：上册的阅读欣赏篇，第一单元由朱保贤、李晓琴编写，第二单元由朱修方、吴琳、赵建军编写，第三单元由杨爱华编写，第四单元由旷光彩、肖莉编写，第五单元由杨胜茂、肖莉编写，第六单元由陈永祥编写，第七单元由赵建军编写，第八单元由朱保贤编写，第九单元由肖莉编写，第十单元由李晓琴、肖莉、朱保贤编写，第十一单元由杨爱华编写，第十二单元由肖莉编写；写作篇，第一、第三和第四单元由朱保贤编写，第二单元由杨胜茂编写，第五单元由朱修方编写。下册"阅读欣赏"部分，第一单元由朱保贤、赵建军、李晓琴编写，第二单元由杨爱华编写，第三单元由陈永祥编写，第四单元由肖莉编写，第五单元由赵建军编写,第六单元由吴杨芝编写;"写作"部分,第一单元和第二单元由向金萍编写,第三单元、第四单元、第五单元、第六单元由朱保贤编写。

全书由朱保贤、陈永祥、赵建军统稿。

编者

2019.8

目 录

上篇:阅读欣赏

第一单元　故土情缘 (3)
　　一、乡场上　何士光 (5)
　　二、河水煮河鱼　安元奎 (12)
　　三、青龙河畔古檬树　田永红 (16)
　　四、港湾　赵朝龙 (21)
　　五、请开贤科以宏文教疏　田秋 (29)

第二单元　生活行吟 (32)
　　一、献给艾米丽的一朵玫瑰花　福克纳 (33)
　　二、现代诗两首 (39)
　　三、透明的红萝卜(节选)　莫言 (42)
　　四、秋夜　鲁迅 (46)
　　五、家(节选)　巴金 (48)

第三单元　足迹人生 (51)
　　一、阳关雪　余秋雨 (53)
　　二、香妃梦回(节选)　张诗剑 (57)
　　三、生命的意义　罗家伦 (61)
　　四、难民　赛珍珠 (65)
　　五、山地回忆　孙犁 (70)

第四单元　留影社会 (76)
　　一、月牙儿　老舍 (77)
　　二、呼啸山庄(节选)　艾米莉·勃朗特 (91)
　　三、《红楼梦》诗词两首　曹雪芹 (97)
　　四、桨声灯影里的秦淮河　朱自清 (101)
　　五、郑伯克段于鄢　左丘明 (106)

第五单元　人文情怀 (110)
　　一、窗　钱钟书 (111)
　　二、亚洲铜　海子 (114)

三、雪花的快乐　徐志摩 ……………………………………………………… (116)
　　四、雅舍　梁实秋 ………………………………………………………………… (118)
　　五、词三首 ………………………………………………………………………… (121)

第六单元　回味自然 ………………………………………………………………… (124)
　　一、从八卦炉中逃出到五行山下定心　吴承恩 ………………………………… (125)
　　二、明妃曲二首　王安石 ………………………………………………………… (131)
　　三、晚登三山还望京邑　谢朓 …………………………………………………… (134)
　　四、随风吹笛　林清玄 …………………………………………………………… (136)
　　五、伤逝——涓生的手记　鲁迅 ………………………………………………… (138)

下篇：实用文写作

第一单元　计划、总结 ……………………………………………………………… (151)

第二单元　报告、请示、批复 ……………………………………………………… (178)

第三单元　调查报告的写作 ………………………………………………………… (191)

第四单元　述职报告的写作 ………………………………………………………… (198)

第五单元　简历、求职信的写作 …………………………………………………… (204)

第六单元　毕业论文 ………………………………………………………………… (210)

参考文献 ……………………………………………………………………………… (216)

上篇:阅读欣赏

第一单元

故土情缘

【单元导读】

人存于这个世界上,一生很难解脱的情感无外乎就是乡情、友情和爱情了。这三种情感中,无论哪一种情感,所牵涉的也就在于一个"缘"。人的一生离不开土地,尤其离不开那块被称作"故土"的土地。故土情缘一旦产生,人的心从此就走不出故土的气息,故土也就无形地在人心中占着一席之地。

作家的故土情缘不仅充满感性,而且充满着理性。正因为此,故土在作家的笔下是陌生而又熟悉,熟悉而又耐人寻味。

本单元的五篇课文都出自贵州作家之手,除作家何士光外,其余都是黔东(铜仁)片区土生土长的作家。

这五篇课文历史纵跨古今,内容涉及小说、散文和诗歌。站在乡土本色的气息里,这五篇课文风格各异,散发着浓浓的乡土情怀。

《乡场上》这篇富于泥土气息的小说,曾在20世纪80年代荣获中国全国优秀短篇小说奖。通过梨花屯这个小小的乡场上发生的一场小风波,揭露了党的十一届三中全会前后中国农村的一些底层生活现状。小说成功地塑造了冯幺爸这个朴实而又有几分韧性的典型农民形象,同时,从另外一个侧面塑造了罗二娘这位有名的"贵妇人"形象。冯幺爸的活得没有尊严、人不算——罗二娘依仗丈夫是食品购销站会计的身份而仗势欺人、蛮横不讲道理,两相形成鲜明的对比。小说通过一场纠纷的意外收场,从人性的真、善、美上回答了灵魂的拷问。

《河水煮河鱼》是一篇乡土味十足的散文。作家安元奎通过细腻的笔法,对古龙川故土进行了入情入理的回顾,勾勒出一派诗意般的乡村生活画面。古龙川作为一片人杰地灵的土地,以一条美丽的古龙川河流彰显着厚重的古龙川文化,养育着一代代古龙川人。课文立足河水和河鱼这两个点,折射出一种深深的故土情缘。河水和河鱼的相融,正如父老乡亲的愿望和作者的思绪一般,早已在时空积淀中连成一个不可分割的整体,间接和直接地表露了作者对古龙川父老乡亲的无限眷恋。同时,作者通过过去古龙川和今天古龙川的对比,从某种意义上表达了作者的心声——呼唤自然生态之美回归。

位于武陵山区的洋荷坳是乌江流域的一个不起眼的地方,离风景秀丽的梵净山不到百里,在当下社会里,这里是人类生存空间中不可多得的净土。作家田永红通过《青龙河畔古檬树》这篇小说,以质朴的生活语言,向大家介绍了故乡洋荷坳的风土人情。《青龙河畔古檬树》让人看到的是洋荷坳带给人类的生活本真和自然纯净。就那么一个世外桃源般的空间,在充满和谐的自然气氛里,生命的诗意娓娓散发出来。洋荷坳父老乡亲的淳朴以及充满神话色彩的生存现象,最终暗示给人类的是光明,是觉醒意识。

乌江是贵州的一条母亲河。源远流长的乌江文化形成贵州文化的一个主干部分。赵朝龙的小说《港湾》以平实的语言,介绍了长期生活在乌江流域地界的农家生活状况,即"日出而作,日落而息"的生活规律,淳朴与善良的乡风民俗。突显了诗意的乌江现象,即生命的乌江,文化的乌江,魅力的乌江。

贵州作为一块有着厚重历史文化的净土,充满着许多令人考究的文化宝藏。明代著名诗人田秋,出生于贵州思南,在文学方面颇有建树,无论是哪个方面都彰显着美丽的人格魅力和文化魅力。他用笔描写家乡,给后世的人们留下许多美好记忆,《请开贤科以宏文教疏》三首诗,就是一个良好的例证。

一、乡场上①

何士光

【阅读提示】

　　《乡场上》是一篇颇为精致而有特色的小说。作品通过发生在贵州偏僻乡村的一场"寻常到极点"的纠纷,深刻反映了党的十一届三中全会后新的经济政策给农民带来的精神上的重大变化。这场纠纷通过两个女人因孩子打架发生争执,欲让目睹此事的冯幺爸出来作证,影射了当年乡村的一些黑暗背景。作品引人注目之处就在于,纠纷一方是乡里有名的"贵妇人"罗二娘,她依仗丈夫的食品购销站会计身份而横行乡里,明明是自己孩子做了错事却反诬别人。纠纷的另一方,则是穷教书匠任老大的妻子。她为人屡弱本分,面对罗二娘的无理取闹,只有请求冯幺爸作个见证。支书曹福贵明显偏袒罗二娘,并对冯幺爸进行暗示、诱导和威胁,要他作伪证。左右为难的冯幺爸几经犹豫沉默后,终于大胆地说出了事情的真相。小说将这场邻里纠纷写得绘声绘色,涉及的四个人物,还有处于幕后的乡场宋书记、食品购销站会计、商店老陈、民办教师任老大,均各有其代表性,正好构成乡场社会的缩影。

　　在我们梨花屯乡场,这条乌蒙山②乡里的小街上,冯幺爸,这个四十多岁的、高高大大的汉子,是一个出了名的醉鬼,一个破产了的、顶没价值的庄稼人。这些年来,只有鬼才知道,一年三百六十五天,他是怎样过来的,在乡场上不值一提。现在呢,却不知道被人把他从哪儿找来,咧着嘴笑着,站在两个女人的中间,等候大队支书问话,为两个女人的纠纷作见证,一时间变得像一个宝贝似的,这就引人好笑得不行!

　　"冯幺爸!刚才,吃早饭——就是小学放早学的时候,你是不是牵着牛从场口③走过?"

　　支书曹福贵这样问。事情是在乡场上发生的,那么当然,找他这个支书也行,找乡场上的宋书记也行,裁决一回是应该的;但所有在场的人没有一个不明白,曹支书是偏袒④罗二娘这一方的。别看这位年纪和冯幺爸不相上下的支书,也是一副庄稼人模样,穿着对襟衣裳,包着一圈白布帕,他呀,板眼⑤深沉得很!——梨花屯就这么一条一眼就能望穿的小街,人们在这儿聚族而居似的,谁还不清楚谁的底细?

　　冯幺爸眨着眼,伸手搔着乱蓬蓬的头发,像平时那样嬉皮笑脸的,说:

　　"一条街上住着,吵哪样哟!"

　　人们哄的一声笑了。这时正逢早饭过后的一刻空闲,小小的街子上已聚着差不多半条街的人,好比一粒石子就能惊动一个水塘,搅乱那些仿佛一动不动的倒影一样,乡场上的一点点

---

①　选自《人民文学》1980年第8期。何士光,贵州贵阳人,1942年生,当代作家,著有短篇小说《乡场上》、《种包谷的老人》和《远行》,曾获全国优秀短篇小说奖。
②　乌蒙山:中国西南部云贵高原上主要山脉之一,也是南北盘江的分水岭,南北盘江的发源地,是珠江的发展源头。乌蒙山地区包括贵州省六盘水市、毕节市以及黔北的部分地区等。
③　场口:在乡场的两端,即乡场的两端尽头,通常是乡场的出入口。
④　偏袒(tǎn):把心偏护向某一方,指对待事情不公平。
⑤　板眼:本意是指民族音乐和戏曲中的节拍,每小节中最强的拍子叫板,其余的拍子叫眼。这里是方言,比喻方法或主意等。

事情,都会引起大家的关心。这一半是因为街太小,事情往往说不定和自己有牵连;一半呢,乡场上可让人们一看的东西,也确实太少!这冯幺爸不明明在耍花招?他作证,就未必会是好见证!

"哎——!你说,走过没有!"

"你是说……吃早饭?"

"放早饭学的时候!"

"唔,牵着牛?"

"是呀!"

他又伸手摸他的头,自己也不由得好笑起来,咧着那大嘴,好像他害羞,这就又引起一阵笑声。

这时候,他身旁那个矮胖的女人,就是罗二娘,冷笑起来了——她这是向着她对面那个瘦弱的女人来的,说:

"冯幺爸,别人硬说你当时在场,全看见的呀!——看见我罗家的人下贱,连别人两分钱的东西也眼红,该打……"

这女人一开口,冯幺爸带来的快活的气氛就淡薄了,大家又把事情记起来,变得烦闷。这些年来,一听见她的声音,人们的心里就像被雨水湿透了的、只留下包谷残梗的田野那样抑郁、寂寥。你看她那妇人家的样子,又邋遢①又好笑是不是?三十多岁,头发和脸好像从来也没有洗过,两件灯芯绒衣裳叠着穿在一起,上面有好些油迹,换一个场合肯定要贻笑大方②;但谁知道呢,在这儿,在梨花屯乡场上,她却仿佛一个贵妇人了,因为她男人是乡场上食品购销站的会计,是一个卖肉的……没有人相信那瘦弱的女人,或是她的娃儿,敢招惹这罗家。她男人任老大,在乡场的小学校里教书,是一位多年的、老实巴巴③的民办教师,同罗家咋相比呢?大家才从乡场上那些凄凉的日子里过来,都知道这小街上的宠辱对这两个女人是怎样的不同,——这虽说像噩梦一样怪诞,却又如石头一样真实,——知道明明是罗二娘在欺侮人,因此都为任老大女人不平和担心……

"请你说一句好话,冯幺爸!我那娃儿,实在是没有……"

任老大女人怯生生地望着冯幺爸,恳求他。苦命的女人嫁给一个教书的,在乡场上从来都做不起人。一身衣裳,就和她家那间愁苦地立在场口的房子一样,总是补缀④不尽,一张脸也憔悴⑤得只见一个尖尖的下巴,和着一双黯淡无光的大眼睛。她从来就孱弱⑥,本分,如果不是万分不得已,是不会牵扯冯幺爸的。

罗二娘一下子就把话接过来了:

"没有!——没有把人打够是不是?我罗家的娃儿,在这街上就抬不起头?……呸!除非狗都不啃骨头了,还差不多!——你呀,你差得远……"

她早就这样在任老大家门前骂了半天。这个女人一天若是不骂街,就好像失了体面。她要任老大女人领娃娃去找乡场上那个医生,去开处方,去付药费,要是在梨花屯医不好,就上县

---

① 邋遢(lā tà):一般指不整洁,不利落、脏乱。
② 贻(yí)笑大方:指让内行人笑话。
③ 老实巴巴:老实本分、淳朴。
④ 补缀:打补丁、缝缝补补。
⑤ 憔悴:指黄瘦;瘦损。瘦弱无力脸色难看的样子。
⑥ 孱(chán)弱:瘦小虚弱。

城，上地区，上省！她那妇人家的心肠，是动辄就要整治人。这不能说不毒辣；果真这样，事情就大了，穷女人咋经得起？

"吵，是吵不出一个名堂来的，罗二娘！"曹支书止住了她，不慌不忙地说。他当然比罗二娘有算计。他说：

"既然任老大家说冯幺爸在场，就还是让冯幺爸来说；事情搞清楚了，解决起来就容易了。——冯幺爸，你说！"

"今天早上呢，"冯幺爸有些慌了，说，"我倒是在犁田……今年是责任田！"

他又咧了咧嘴，想笑，但没有笑出来。

看样子，他当时是在场的，他是不敢说。本来，作为一个庄稼人，这些年来，撇开表面的恭维不说，在这乡场上就低人一等，他呢，偏偏又还比谁都更无出息。他有女人，有大小六个娃儿，做活路却不在意①。"做哪样哟！"他惯常是摇头晃脑地说，"做，不做，还不是差不多？——就收那么几颗，不够鸦雀啄的；除了这样粮，又除那样粮，到头来还不是和我冯幺爸一样精打光？"他无心做活路，又没别的手艺，猪儿生意啦，赶场天转手倒卖啦，他不仅没有本钱，还说那是"伤天害理"。到秋天，分了那么一点点，他还要卖这么一升两升，打一斤酒，分一半猪杂碎，大醉酩酊地喝一回。"怎么？"他反问规劝他的人说，"只有你们才行？我冯幺爸就不是人，只该喝清水？"一醉，就唏唏嘘嘘地哭，醒了，又依旧嬉皮笑脸的。还不到春天，就缠着曹支书要回销粮②，以后呢，就涎着脸找人接济，借半升包谷，或是一碗碎米。他给你跑腿，给你抬病人，比方罗二娘家请客的时候，他就去搬桌凳，然后就在那儿吃一顿。他要伸手，要求告③人，他咋敢随便得罪人呢？罗二娘这尊神，他得罪不起；但要害任老大这样可怜的人，一个人若不是丧尽天良，也就未必忍心。一时间，你叫他选哪一头好呢？

"你在，就说你在；"曹支书正告他说，"如若不在，就不说在！"

"我……倒是犁田回来……"

"哟，冯幺爸，"罗二娘叫起来，"你真在？那就好得很！——你说，你真看见了？真像任家说的那样？"

冯幺爸其实还没有说他在，这罗二娘就受不住了，一步向冯幺爸逼过来。她才不相信这个冯幺爸敢不站在她这一边呢！在她的眼里，冯幺爸在乡场上不过像一条狗，只有朝她摇尾巴的份。有一次，给了他一挂猪肠子，他不是半夜三更也肯下乡去扶她喝醉了酒的男人？今天不是她亲自打发人去找他来的？慢说只是要他打一回圆场，就是要他去咬人，也不过是几斤骨头的生意，——安排一个娃儿进工厂，不也才半条猪的买卖？这个冯幺爸算老几呢？

冯幺爸忙说："我是说……"

……哎，他确实是不敢说，这多叫人烦闷啊！

人们同情冯幺爸了。你以为，得罪罗二娘，就只是得罪她一家是不是？要只是这样，好像也就不需要太多的勇气；不，事情远远不这样简单呢！你得罪了一尊神，也就是对所有的神明的不敬。得罪了姓罗的一家，也就得罪了梨花屯整个的上层④！瞧，我们这乡场，是这样的狭小，偏僻，边远，四下里是漠漠的水田，不远的地方就横着大山青黛的脊梁，但对于我们梨花

---

① 不在意：不在行，不得力。
② 回销粮：又叫"返销粮"，狭义上的回销粮指困难时期，国家向农村缺粮地区（如因自然灾害带来粮食歉收或贫困落后地区没有能力达到粮食自给，或因国家征购粮食过头等）当年返销给农业生产单位的口粮、种子和饲料粮。
③ 求告：求教、求助的意思。
④ 上层：指梨花屯政府的所有工作人员。

屯的男男女女来说,这仿佛就是整个的人世:比方说,要是你没有从街上那爿①唯一的店子里买好半瓶煤油、一块肥皂,那你就不用指望再到哪儿去弄到了!……但是,如果你得罪了罗二娘的话,你就会发觉商店的老陈也会对你冷冷的,于是你夜里会没有光亮,也不知道该用些什么来洗你的衣裳;更不要说,在二月里,曹支书还会一笔勾掉该发给你的回销粮,使你难度春荒;你慌慌张张地,想在第二天去找一找乡场上那位姓宋的书记,但就在当晚,你无意中听人说起,宋书记刚用麻袋不知从罗二娘家里装走了什么东西!……不,这小小的乡场,好一似由这些各执一股的人儿合股经营的,好多叫你意想不到、叫你一筹莫展的事情,还在后头呢!那么,你还要不要在这儿过下去?这是你想离开也无法离开的乡土,你的儿辈晚生多半也还得在这儿生长,你又怎样呢?……许多顶天立地的好汉,不也一时间在几个鬼蜮②的面前忍气吞声?既如此,在这小小的乡场上,我们也难苛求他冯幺爸,说他没骨气……

罗二娘哼了一声:"就看你说……"

冯幺爸艰难地笑着,真慌张了,空长成一条堂堂的汉子,在一个女人的眼光的威逼下,竟是这样气馁③,像小姑娘一样扭捏。他换了一回脚,站好,仿佛原来那样子妨碍他似的,但也还是说不出话来。这正是春日载阳、有鸣仓庚④的好天气,阳光把乡场照得明晃晃的,他好像热得厉害,耳鬓有一股细细的汗水,顺着他又方又宽的脸腮淌下来……

罗二娘不耐烦了:"是好是歹,你倒是说一句话呀!……照你这样子,好像还真是姓罗的不是?"

"冯幺爸!"曹支书这时已卷好了一支叶子烟,点燃了,上前一步说:"说你在场,这是任家的娃儿说出来的。你真在场,就说在场,要是不在,就说不在!就是说,要向人民负责:对任老大家,你要负责;对罗二娘呢,你当然也要负责!——你听清楚了?"

曹支书说话是很懂得一点儿分寸的,但正是因为有分寸,人们也就不会听不出来,这是暗示,是不露声色地向冯幺爸施加压力。冯幺爸又换了一回脚,越来越不知道怎样站才好了。

这样下去,事情难免要弄坏的。出于不平,人们有些耐不住了,一句两句地岔起话来:

"冯幺爸,你就说!"

"这有好大一回事?说说有哪样要紧?"

"说就说嘛,说了好去做活路,春工⑤忙忙的……"

这当然也和曹支书一样,说得很有分寸,但这人心所向,对冯幺爸同样也是压力。

再推挪,是过不去的了。冯幺爸干脆不开口,不知怎样一来,竟叹了一口气,往旁边走了几步,在一处房檐下蹲下来,抱着双手,闷着,眼光直愣愣的。往常他也老像这样蹲在门前晒太阳,那就眯着眼,甜甜美美的;今天呢,却实在一点也不惬意,仿佛是一个终于被人找到了的欠账的人,该当场拿出来的数目是偌大一笔,而他有的又不过是空手一双,只好耸着两个肩头任人发落了……哎,一个人千万别落到这步田地,无非是景况不如人罢了,就一点小事也如负重载,一句真话也说不起!

小小的街头一时间沉寂了;只见乡场的上空正划过去一朵圆圆的白云;燕子低飞着,不住地啁啾……远处还清楚地传来一声声布谷鸟的啼叫。

---

① 爿(pán):量词,属于方言,相当于"家"的意思。
② 鬼蜮(yù):指害人的鬼和怪物。比喻阴险的人。
③ 气馁(něi):指失去信心与勇气,提不起精神再做任何事。
④ 春日载阳、有鸣仓庚:语出《诗经·七月》,意思是明媚的春光下,莺声鸣叫,指天气好。
⑤ 春工:春天里要做的农活。

稍一停，罗二娘就扯开嗓子骂起来。这回她是冒火了。即便冯幺爸一声不吭，不也意味她理亏？这就等于在一街人的面前丢了她的脸，而这人又竟然是连狗也不如的冯幺爸，这咋得了？

"咦——！冯幺爸，你说你还叫不叫人？你哑啦？我罗二娘有哪一点对你不起？是一条狗呢，也还要叫几声！"

接下去就是一连串不堪入耳的骂人的话了，她好像已经把任老大女人撇在一边，认冯幺爸才是冤家。

"不要骂哟！"

"……是请人家来作证……"

有人这样插嘴说，许多人实在听不下去了。

"就要骂！——我话说在前头，这不关哪一个的相干！哪一个脑壳大就站出来说，就不要怪我罗二娘不认人啦！"

冯幺爸呢，他的头低下去、低下去，还是一声不吭。哎，这冯幺爸真是让人捏死了啊，大家都替他难过。

罗二娘直是①骂。这个恶鸡婆一会双手叉腰，一会又顿足、拍腿，还一声接一声地"呸"，往冯幺爸面前吐口水。

"依我说呢，"曹支书又开口了，"冯幺爸，你就实事求是地讲！'四人帮'都粉碎四年了，要讲个实事求是才行……"

他劝呀劝的，冯幺爸终于动了一动，站起来了。

"对嘛，"支书说，"本来又不关你的事……"

冯幺爸一声不响地点点头，拖着步子走回来，那样子好像要哭似的，好不蹊跷②。常言说，昧良心出于无奈，莫非他真要害那又穷又懦弱的教书匠一家？

"曹支书，"他的声音也很奇怪，像在发抖，"你……要我说？"

"等你半天哪！"

冯幺爸又点头，站住了。

"我冯幺爸，大家知道的，"他心里不好过，向着大家，说得慢吞吞的，"在这街上算不得一个人……不消哪个说，像一条狗！……我穷得无法——我没有办法呀！……大家是看见的……脸是丢尽了……"

他这是怎么啦？人们很诧异，都静下来，望着他。

"去年呢，"他接下去说，"……谷子和包谷合在一起，我多分了几百斤，算来一家人吃得到端阳。有几十斤糯谷，我女人说今年给娃娃们包几个粽子吧。那时呢，洋芋也出来了，……那几块菜籽，国家要奖售大米，自留地还有一些麦子要收……去年没有硬喊我们把烂田放了水来种小季③，田里的水是满当当的，这责任落实到人，打田栽秧算来也容易！……只要秧子栽得下去，往后有谷子挞④，有包谷扳……"

罗二娘打断他说："冯幺爸，你扯南山盖北海，你要扯好远呀！"

---

① 直是：不停的意思。
② 蹊跷(qī qiāo)：奇怪。
③ 小季：成熟时期短的农作物。
④ 挞：打、收的意思。但贵州的方言中"挞"读 dá。

万没料到,冯幺爸猛地转过身,也把脚一跺,眼都红了,敞开声音吼起来:

"曹支书!这回销粮,有——也由你;没有——也由你,我冯幺爸今年不要也照样过下去!"

人们从来没有看见冯幺爸这样凶过,一时都愣住了!他那宽大的脸突然沉下来,铁青着,又咬着牙,真有几分叫人畏惧。

"我冯幺爸要吃二两肉不?"他自己拍着胸膛回答:"要吃!——这又怎样?买!等卖了菜籽,就买几斤来给娃娃们吃一顿,保证不找你姓罗的就是!反正现在赶场天乡下人照样有猪杀,这回就不光包给你食品站一家,敞开的,就多这么一角几分钱,要肥要瘦随你选……跟你说清楚,比不得前几年罗,哪个再要这也不卖,那也不卖,这也藏在柜台下,那也藏在门后头,我看他那营业任务还完不成呢!老子今年……"

"冯幺爸!你嘴巴放干净点,你是哪个的老子?"

"你又怎样?——未必你敢摸我一下?要动手今天就试一回!……老子前几年人不人鬼不鬼的,气算是受够了!——幸得好,国家这两年放开了我们庄稼人的手脚,哪个敢跟我再骂一句,我今天就不客气!"

曹支书插进来说:"冯幺爸——"

冯幺爸一下子就打断了他:"不要跟我来这一手!你那些鬼名堂哟,收拾起走远点!——送我进管训班?支派我大年三十去修水利?不行罗!你那一套本钱吃不通罗!……你当你的官,你当十年官我冯幺爸十年不偷牛。做活路——国家这回是准的,我看你又把我咋个办?"

"你、你……"

"你什么!——你不是要我当见证?我就是一直在场!莫非罗家的娃儿才算得是人养的?捡了任老大家娃儿的东西,不但说不还,别人问他一句,他还一凶二恶的,来不来就开口骂!哪个打他啦?任家的娃儿不仅没有动手,连骂也没有还一句!——这回你听清楚了没有?!"

这一切是这样突如其来,大家先是一怔,跟着,男男女女的笑声像旱天雷①一样,一下子在街面上炸开,整整一条街都晃荡起来。这雷声又化为久久的喧哗和纷纷的议论,像随之而来的哗啦啦的雨水,在乡场上闹个不停。换一个比方,又好比今年正月里玩龙灯,小小的乡场是一片喜庆的爆竹!……冯幺爸这家伙蹲在那儿大半天,原来还有这么一通盘算,平日里真把他错看了!就是这样,就该这样,这像栽完了满满一坝秧子一样畅快……

只见他又回过头来,一本正经地对任老大女人说:"跟任老师讲:没有打!——我冯幺爸亲眼看见的!我们庄稼人不像那些龟儿子……"

罗二娘嘶哑着声音叫道:

"好哇,冯幺爸,你记着……"

但她那一点点声音在人们的一片喧笑之中就算不得什么了,倒是只听得冯幺爸的声音才吼得那么响:

"……只要国家的政策不像前些年那样,不三天两头变,不再跟我们这些做庄稼的过不去,我冯幺爸有的是力气,怕哪样?……"

这样,他迈着他那一双大脚,说是没有工夫陪着,头也不回地走了。望着他那宽大的背影,大家又一一想起来,不错,从去年起,冯幺爸是不同了,他不大喝酒了,也勤快了。他那一双大码数的解放鞋,不就是去年冬天才新买的?这才叫"手里有粮,心里不慌,脚踏实地,喜气洋洋"!穿上了解放鞋,这就解放了,不公正的日子有如烟尘,早在一天天散开,乡场上也有如阳

---

① 旱天雷:一种天气现象,是我国南部常常出现的所谓干雷暴。

光透射灰雾,正在一刻刻改变模样,庄稼人的脊梁,正在挺直起来……

这一场说来寻常到极点的纠纷,使梨花屯的人们好不开心。再不管罗二娘怎样吵闹,大家笑着,心满意足,很快就散开了。确实是春工忙忙啊,正有好多好多要做的事情,全体,男男女女,都步履匆匆的……

【文本对话】

一、罗二娘是一个什么样的妇女形象?本文通过一件纠纷,揭示了当年乡场上的一个什么社会现实?

二、冯幺爸作为一个最纯粹意义上的农民,以前的他抬不起头,今天的他,突然猛烈地发威,都分别是哪些原因所导致?

三、任老师的妻子虽然是这场纠纷的主角,却是一个不起眼的角色,从她身上,我们看到当年下层百姓的哪些遭遇?

【实践活动】

将鲁迅《故乡》中的杨二嫂和本文的罗二娘作对比,分别找出两人性格上的异同点。

【知识链接】

何士光,1942年生,贵州贵阳人。1964年毕业于贵州大学中文系,先后在遵义地区(今遵义市)凤冈中学和琊川中学任教,20世纪60年代开始发表作品,主要著作有短篇小说集《卖瓜记》《梨花屯客店一夜》,中篇小说《薤露行》《苦寒行》和长篇小说《似水流年》等。其中短篇小说《乡场上》、《种包谷的老人》和《远行》,曾获全国优秀短篇小说奖。

何士光的小说大多取材于农村现实生活,擅于从民俗风情与人物故事的描绘中反映我国新时期农村经济生活和农民精神面貌的变化,具有浓郁的贵州农村的乡土气息和地方色彩。

二、河水煮河鱼

安元奎

【阅读提示】

本文选自安元奎的散文集代表作《河水煮河鱼》。本文文风淳朴而清新,感情真挚而隽永,透过作者灵动的文字我们看到了古龙川别样的物景人情,感受到"我"对故乡朴实而浓郁的热爱之情。同时,透过文题引领我们反观深思"一方水土养一方人"至于"我"与古龙川情愫哲思,令人读来意蕴无穷,魅不自言。

秋天的古龙川①,一树树马桑果熟了,红艳艳的像霞又像火。甜美多汁的马桑果,令河畔的放牛娃馋涎欲滴。但大人们关于马桑果有毒的告诫在先,放牛娃也就不敢染指,任其自熟自落,这是一个痛苦的季节。能有福气品尝如此美肴佳馔的,只有河里的娃娃鱼②了。

娃娃鱼是古龙川的宠儿。月色如水的夜晚,河畔的马桑树有些轻微的骚动,那是娃娃鱼在弃水登岸。它们在水中确也呆得腻了,但此番登陆并非为了欣赏如水的月光或灿烂的星斗,而是奔着马桑林而来。它们敏捷地爬到树巅,把马桑泡的甜浆吮吸得津津有味,吱吱有声,直到腹胀如鼓、醉倚桑枝。那时的娃娃鱼忘乎所以,憨态可掬,在桑树之巅发出嘹亮的歌吟,就像时下的男女在酒足饭饱之余总要来一曲卡拉OK。但娃娃鱼天生是个悲情的歌手,它的歌吟更像婴儿莫名的夜啼,弄得古龙川两岸的人家无端染上一层淡淡忧伤。这时织网的渔妇,便会哄睡怀中的婴儿:"不要哭了,哦哦哦,娃娃鱼要来吃妈妈的奶水了。"怀中的婴儿便会立马停止哭泣。除了娃娃鱼的歌吟,一时万籁俱寂,古龙川月色凄迷。

在山外读了些书以后,我才得知娃娃鱼还有一个陌生的名字:大鲵。在生物学分类上,它成了一种两栖动物,古龙川关于娃娃鱼的称谓被粗暴地否决。我从此对生物学心存芥蒂,觉得它的分类太过于机械呆板。在我的感情倾向中,娃娃鱼依然是一种鱼,我可不愿故乡的古龙川,失去"鱼鸣桑树巅"这样奇特的诗意。

其实,即便把娃娃鱼排斥在鱼类之外,古龙川的鱼也是多得如满天繁星。论品种就有几十上百,鲤鱼鲇鱼自不消说,还有什么桃花鱼,火墨子等等,我都叫不全它们的名字。如今位尊价昂的甲鱼,那时因为丑陋,人们的眼角里根本没它什么位置。

平静的古龙川,不时有鱼儿高高跃起,划过一道银亮的弧线。如果水面上突然有箭一般的斜浪向前飞驰,那一定是鱼儿们在追逐嬉戏。人们涉水过河,偶尔会踩到鱼背,滑腻腻一挣脱,来个釜底抽薪,或许会摔你一个趔趄;河里洗澡,鱼儿会在你胯下游弋,大约把你的双腿当作了岩石缝隙,冷不丁地,还要吻一下你的尊臀。鱼嘴光滑,那吻的感觉很是新鲜别致。每年春水涨泛之先,是河鱼产卵的季节。用竹子绑上河里捞起的水草,编一个竹筏,系于僻静的河湾,鱼便会自动到水草上产卵,谓之板籽。十天半月之后,水草上满是白生生亮晶晶的鱼卵,这办法类似于诸葛亮的草船借箭。鱼卵密密麻麻,如串串小珍珠,不仅好看,拿到街上还可以卖个好

---

① 龙川:古称龙底江,又名石阡河,乌江上游最大支流,流经贵州石阡县,在思南县注入乌江。
② 娃娃鱼:学名中国大鲵,是中国特产的一种珍贵野生动物,因其夜间的叫声犹如婴儿啼哭而得名,却是生活在淡水中的两栖动物(非鱼类)。

价钱。

故乡的人们说:那时候的鱼,傻。

于是,打鱼就和在路边刨蔸①野菜一样容易。随便用锄头挖,石块砸,都可以打到鱼,鱼便成了家常菜。家中临时来客人,饭上了甑,菜还没什么准备。祖母说,没下酒菜呢。祖父二话不说,把网朝背上一搭就走,网脚子叮当叮当朝河边响去,一杆叶子烟工夫,又叮当叮当响着回来。一网都是鱼,哗啦啦倒盆里,活蹦乱跳的。而这时,甑里的饭刚刚上气。山里来的亲戚兴奋得不得了,祖父淡淡地说,尝个鲜嘛。

打鱼的网是青麻织成的。先将地里栽的青麻搓成绳,再一梭一梭用手织成。青麻绳很结实,织成网后,在网底绑上便于沉水的网脚子。铁打的网脚子,叮叮当当很好听,最后,用生猪血把网浆它几遍。猪血浸进麻绳,变得冷硬如铁,入水后又与水融为一色,鱼儿不知不觉就上网,二三十斤的鱼也撞不破。

网有两种:站网与撒网。站网比较简单,又称拦河网,只需把网平展地下到河里,就可以守株待兔,让南来北往的鱼自投罗网,河面上浮标颤动,就可以收网了。撒网的形状像个罩子、上小下大,瞄准哪里有鱼,就拽住网绳,纲举目张,把网撒沉入水。撒网的技巧性较高,要求眼疾手快,迅如电闪;而且网要撒得圆,否则会有漏网之鱼。高手打鱼,只消站在河岸随便瞄一眼,河里的鱼情就全部了然于心,有鱼无鱼,是散兵游勇还是成群结队。水底一道新鲜的沙痕,河面折射出的一片不同寻常的白光,都逃不过渔人的眼睛。

古龙川最为壮阔的打鱼场面,则是规模浩大的拦河赶网。几十张用猪血浆过的网层层叠叠,把一条古龙川拦腰隔断。人们吆喝着,把网一步一步往前赶。水面上人头攒动,河畔人喧狗吠。大小渔船全部出动,往来逡巡,如古龙川上的巡洋舰。河里的鱼显然受了惊,骚动不安地在包围圈里转来转去,水面波翻浪叠,一派肃杀之气。那时网眼粗大,斤把以下的鱼可以从容地逃走,而两三斤以上的大鱼,注定在劫难逃。渔网恢恢,疏而不漏。包围圈越缩越小,全往沙洲的浅水边赶。在那里等待鱼群的除了重重叠叠的网,就是大大小小的鱼篓了。到最后,已是水清鱼现,鱼们挤做一团,不可开交,翻白的鱼肚聚成一片炫目的白光。不断有大鱼高高跃起,飞出网外,引得岸上一阵阵惊叹与惋惜,两个世界都骚动起来。乐坏的是打鱼人和他们的婆娘儿女,还有倚仗人势的狗。它们平时没见过这么多聚在一起的鱼,便多事地狂吠起来。其实最兴奋难耐的是猫,已经闻到满河鱼腥了,但有狗在场,它们不便出面,只好在远处的田埂上畏缩而又急切地引颈张望,"喵呜喵呜"地助威呐喊。

此时的鱼一边徒然挣扎,一边被一网一网捞进船舱。偶有一两条特大的鱼企图凭武力冲出重围,立即成为从重从快打击的对象,反而最先成为船舱的囚客。当包围圈里的鱼捞过大半,剩下为数不多时,便开始撒网,并不一网打尽。按古龙川打鱼的规矩,这叫网开一面,并不赶尽杀绝。古龙川的打鱼人自古以来都恪守这种渔德,所以,那些年古龙川的鱼子鱼孙兴旺发达,螽斯衍庆②。

鱼进舱,网收完,日头开始西偏,就在沙洲上生火造饭。说是"造饭"并不确切,因为只有鱼和酒,没饭。随便拣几块鹅卵石,在沙洲垒一个灶台,从船舱抬出一口特大的圆铁锅,从河里灌足大半锅带鱼腥的河水,生柴哔哔剥剥燃起,古龙川上便腾起红红的火焰和蓝蓝的浓烟,倒映

---

① 刨蔸(dōu):挖一颗。刨即"挖",蔸,方言量词,一颗。
② 螽(zhōng)斯衍(yǎn)庆:出自《诗经·周南·螽斯》,螽斯是昆虫名,产卵极多;衍:延续;庆指喜庆。旧时用于祝颂子孙众多。比喻子孙众多,多作为称颂之语。

水中,便成了云和霞。

这里的水烧开,那边的鱼也开膛破肚了。打鱼人自然精于吃鱼。太大的鱼老了,不鲜;太小的鱼吃不上嘴,多刺,都不安逸,专拣那不大不小又肥又嫩的鱼破开。刚下锅那会儿,有些鱼免不了一番扑腾,须用盖子焖住,一会儿才会平静。把盖子揭开,锅里的水开天开地,锅里的鱼鲜得不能再鲜。河水煮河鱼,原汁原味。鱼做下酒菜,酒是苞谷酒。用大土碗喝,碗不够,就用舀水的木瓢。酒香与鱼香掺和在一起,顺着古龙川河风散逸开去,几里远都闻得到。这香气被过路的外地客闻到了,就会妒忌地在肚子里骂上一句:这些背时的打鱼郎。其实随便搭个白,过路的生人都可以掺进来抿一口酒,吃几箸鱼,打鱼人并不拒绝你分享他们的乐趣。鱼还未吃完,就用木瓢抢汤喝,原汁原味的鱼汤,味道绝。故乡一位很见过些世面的乡贤说,我走州过府,山珍海味尝遍,论味道,还是这河水煮河鱼。

酒足鱼饱,领头的打鱼人打起饱嗝,喷着酒气安排分鱼。打鱼的人人都可分得一串鱼带回家,婆娘儿女盼望已久的时刻终于到来。鱼被青藤穿成几十串摆在沙滩上,数量或多或少,只求大体相当,并不过秤,求得绝对平均。男人们看也不看,随便提起一串,丢给人群中的婆娘儿女。婆娘儿女们欢天喜地提起鱼往家赶,狗和猫也乐癫癫地跟在后面。家并不远,就在河畔的风水树林里。

余下的鱼,由青壮后生挑到城里去卖。有的鱼大,需两个人抬。抬上肩后,还有一截鱼尾巴拖在地上,需扯几根青藤,把尾巴吊起来。

闹热了一天的古龙川,此时曲终人散,晚霞满天。

我一生中最后一次目睹拦河赶网的场面,是在20多年前。那时渔网的网眼已变小许多,层层叠叠的渔网像箆虱一样把古龙川的水箆了一遍,俨然一场对鱼类的暴虐屠杀,简直惨绝鱼寰。那时故乡的人们已变得心狠手辣,再没有网开一面的善心,完全是斩尽杀绝的势态。那一天收获颇丰,大大小小数百斤鱼儿被装进鱼篓。我看看篓中尚未长大的小鱼,心里有些隐隐的不安,嗫嚅道,是不是该给子孙留一点啊。大人们嘲笑说:这崽崽书越读越傻了,鱼都打得完吗? 河里会生嘛。

后来我告别古龙川,到山外一座小城里求生。世事沧桑,儿时的往事渐渐在记忆里淡出。有一天邂逅一位乡人,不知怎么就想起古龙川,想起河水煮河鱼来,顺便问道:还拦河赶网么?

赶网? 乡人被我问住了。过了好一会才反应过来,说:那是猴年马月的事,早就不赶网了。轮到我奇怪了,那拿什么打鱼? 乡人说,现在的人很精,方法也绝,用炸药雷管爆,用电瓶烧。鱼多吗? 摇头。我沉默了半响,一时无语。乡人想了想,有点困惑地补充说:古龙川好像不大生鱼啦。

回到故乡,古龙川还是一如既往的清澈,只是河水清浅了许多,沙洲在长大,河床显得空荡起来,阳光下刺白得耀眼,我忽然间生出一种前不见古人的悲凉。那位识文断字、走州过府的乡贤早已作古,尝过河水煮河鱼的打鱼人不识文字,语焉不详①,以至连古龙川这道风味美食的名称差不多都要失传了,到底是以下哪一种才算得上准确无误:

河水煮河鱼

河水煮活鱼

活水煮河鱼

活水煮活鱼

---

① 语焉不详:出自唐·韩愈《原道》,意思是虽然提到了,但说得不详细。

惴惴之中,我只能选择最易于理解的那一种说法来做我的题目了,是否有误也不得而知。一位朋友嘲笑我的迂酸:何必自寻烦恼,反正一样,现在的人们早已品不出那需用心才能品出的味儿了。

【文本对话】

仔细阅读课文,思考下列问题。

一、本文以"河水煮河鱼"为题有何寓意,表达了作者怎样的思想感情?

二、在文中作者分别从哪几个角度写古龙川的"河鱼"和"河水"?

【实践活动】

全文作者通过追忆故乡古龙川河水、河鱼和打鱼生活的变迁,彰显了故乡古龙川山水秀丽之美,也抒发了世事人情变迁感慨。反复朗读、体味有关文段。有感情地朗读原文,试着用自己的话讲述家乡的山水风情。

【知识链接】

安元奎(1963—),土家族,铜仁幼儿师范高等专科学校教授,贵州思南人,贵州当代本土作家,贵州省作协会员,原铜仁市作协主席,以散文见长,著有代表作《河水煮河鱼》《二十四节气》和《行吟乌江》等散文集。

三、青龙河畔古檬树①

田永红

【阅读提示】

本文为土家族代表作家田永红的短篇小说代表作。文章以清新隽永的笔调展现了乌江流域的特色人文风采,文笔情思并茂,是我们了解贵州土家人文性情的小窗口。

洋荷坳是一个古老而幽静的小寨子,寨里寨外全是一色的斑竹林,高出竹林的那一团浓荫,便是一棵枝繁叶茂的古檬树。

这地方是太荒远,太冷清了。一坨窄窄的坝子,挂在大山腰,背后是直挺挺的悬崖,两边是腾龙走蛇似的青山。从寨子向右走百二十里,有座秀山城②;向左走一百二十里,有座沿河城。清波粼粼的青龙河,像条轻飘飘的蓝腰带,绕寨而过,在崇山峻岭中东盘西绕,流进了沿河城,汇入大乌江,自然也就流过许多大地方,像二公家在武汉念大学的幺孃③样,走南闯北……

这寨上三十户人家,全都喜欢这条河,但要受用它,却只有男人们,至于女人们,只能去二公家屋旁那眼古井里洗衣,汲水,但万万不能淌脚,擦身子,否则,得罪了土地神,是要遭祸的。只有男娃儿们,从小能在河里自由自在地洗澡,打"水仗",把雪白的屁股拱在水面,把小脑袋埋入水里闹着耍,然后就去村外读书,尽管家里父母勒紧裤带送,但洋荷坳的男娃儿,就是读不出来,怪不得有人说:"洋荷坳地势是生就的黄狗旋涡,难得出人才",还有,就是男人们随意打骂老婆,似乎女人是生来的贱命,凡事尽让男的占了先。

却也怪,几辈子男娃儿做不到的事,偏偏被二公家幺女做到了,她居然还是一个正儿八经的名牌大学生,这实实在在地为荷坳的女人们争了口气。当然,有的蠢猪也会说:"二公家屋基坐在正龙脉上。"但是,再蠢的人也不会说:"二公家祖坟葬得好。"因为这寨人,都是一个祖坟里的人的后代,这段历史也不过百把年,六、七辈人的事。

早年间,一个姓田的小伙子,逃难出门,行医路过于此,已是天黑人倦,在一棵檬树下,寻得一个茅棚,里面透出微黄的光线和煳焦的松木油味,走进一看,才知是一个泪痕满面的姑娘,心烧火燎地守着她病得气息奄奄的老母,小伙子给病人摸拭了一下脉后,急忙掏出自己祖传秘方的草药,医好了病人。母女俩感恩不尽,母亲就把闺女许配给了他。这样有个男人在身边,心里也就踏实点。于是小伙子和姑娘就在如今二公家屋旁的檬树下,欢欢喜喜地拜了天地。从此,定居下来,生儿养女,开荒种地,行医治病,经过几辈人的艰苦创业,才日见个样儿。因为这里地处荒僻,与外界少有联系,这几年,虽然把田土包到户了,但无工无商,又无可以图利的副业,除温饱外,很少有现钱收入。因此尽管有这么条清亮亮的河,一进深秋,寨里人并无兴趣到这儿闲耍,天一擦黑,满寨子都静悄悄的,男人们早早上床困瞌睡,女人们则在微弱的煤油灯光下,拉着长长的麻线,呼呼地纳着厚厚的鞋底。

六十三岁的二公,是这寨子辈分最高,最受敬重的老人。他干瘦得像老了的山羊,只有深

---

① 本文选自小说集《走出峡谷的乌江》,曾获得 2002 年第七届"中国少数民族文学骏马奖"。
② 秀山城:今重庆市秀山县县城。下文沿河城是指贵州省沿河土家族自治县。
③ 幺孃:贵州思南、沿河一带方言词,指最小的女儿。下文的"毛崽"也是方言词,是指家里的男孩子。

陷的小眼睛,还显得格外明亮有神。他活了一个花甲①,从没出过远门,就连远近闻名的秀山、沿河,也只是听说过。他斗字不识一个,还常常对周围的人说:"整泥巴的人,读么多书做哪样?我不认字,照样会弄田整土,现在照样发财。哪些喝了一肚子墨水的,没见都抬金碗吃饭。"

多少年了,二公就像他屋旁那棵古檬树,总不曾变得更老,也不曾变得更年轻,他终年穿件青布长衫,戴一顶狗皮旧毡帽,腰间拴一根皱巴巴的青布带,横插着一条竹烟杆。有时他会抽出这烟杆打人,那是有人在古檬树下拉屎拉尿,晾晒衣服裤子的。这古檬树,是保佑全寨福喜平安的神树,也不知在风风雨雨中站了多少年了,却缀满生气勃勃的绿叶。记得有一年,古檬树突然满树枯枝败叶,要死不活的。吓得二公大病了一场,以为将有大祸临头。谁知不到三个月,古檬树竟返老还童,换出了一树新枝绿叶,引得一寨人惊奇,二公还特地烧了几柱大香。

当然,这寨子上,所有的人,过年过节,大事小务,都要来烧香化纸,就连搬石头、拆房子、走远路……都要在树下泼些冷饭,烧些香纸,以求平安幸福。由于长时间这样,树下那座古老的三块方石架合的土地庙,也熏得漆黑。

二公敬这树,还有一层虔意,承蒙神树庇护,靠着祖上传给他的兽医秘方,他居然富了起来,手边随时有四五千块的现款,除了按月给读大学的闺女寄二十块外,他从不乱花一分钱,他的茅草房早已破烂不堪,也舍不得花钱另立,甚至连屋脊上的茅草也舍不得换换。

"不应胡破了古规!"他说,房子是先主的遗物,百多年了,在地上呆得好好的,何苦费那神扒掉另立呢。

二公用钱虽然紧手,然而寨上不管老小,只要病倒在床,他是要去看望的,自然也不下三两斤糖之类的,宽慰一下病人。他常常暗暗地埋怨自己,要是老爹断气时,早到一步,把那医人的秘方拿到手,病人也就……,寨上不管那家嫁姑娘,结媳妇,他都要到堂的,自然也要送五六块钱。坐一下上席,烘两杯。当然,人们办事务,缺别的,还无所谓。唯独少不下这位活佛。他一到堂,事情偏偏顺畅多了,主人的面子也光生些。

寨里的毛崽一伙子年轻人,看二公腰包鼓鼓的,都转弯抹角劝他:

"二公,买个收音机听听呗!"

"二公,那电视机可好看哟!"

"老子哪样机都不要,只要我那两只麻母鸡壳壳,天天生蛋,我就够福气了!"二公气鼓鼓地扔出这么几句话,噎得那些年轻人不敢吭声。二公不喜欢他们,这些年轻人,本来就像无笼头的烈马,踢踢打打的难使唤,如今更是春风得意,野得出奇。嗯!特别是毛崽这狗崽子,不是好货。他曾想把祖传秘方传给毛崽,他觉得这娃儿根子正,心灵巧,而且是近亲侄孙。在家时,没少和二公做些粗毛重活。不料,没等二公开口,这小子高中一毕业,差几分没考上大学,一头扎回村,竟大不咧咧地领着人赶了七八十头牛,二百来只羊,说是要利用界上一千多亩荒地办牧场,又鼓捣起什么兽医站,想凭那几颗墨水来整治病猪病牛,真是活见鬼,这还不算,还当面捶锣敲鼓地说,要请二公去当兽医技术指导,嗯! 胡破古规。

二公气得鼻孔生烟,这帮崽子,千古不易的灵方,莫非能这样当人现眼乱传的吗?二公暗自庆幸,幸亏没贸然把方子传给毛崽,自己真是看错了人。可是,他万万没有料到,这些鬼崽,竟神不知鬼不觉在二公灌牛的破碗底里,将那些残存的根根草草收了去,居然就摸出门道来了。这使得二公好几天惘然若失,干瘦的脸拉得老长,对毛崽再没个好脸。

---

① 花甲:60岁,出自中国古代历法,以六十年为一循环,一循环为一甲子,因干支名号繁多且相互交错。

前不久,闺女写信来,说放寒假要回寨,还要带个男朋友来看他。这么说,闺女有婆家了,听毛崽念着信,二公又惊又喜。喜的是闺女像小雀样有个窝儿了。惊的是这闺女竟敢带起男的东荡西颠。他屏住呼吸,推说耳朵不好使,叫毛崽把信念了两遍。

毛崽看二公有些高兴,赶紧讨好地说:"二公,幺孃要来,得体体面面立栋新房了,只要您老吩咐一声……"他捋捋手袖,亮出了粗粗实实的胳臂。古檬树样的二公,白了他一眼,竟连话都懒得答,让毛崽讨了个没趣。

二公最近时辰,一个人爱到青龙河边溜达,有时就坐在河边一团青石盘上,眼睛直勾勾地看着河边那条静静的小路,他幺女在沿河读中学时,是从这里走出去的,两个星期才转来一次,如今去武汉读书,两年了还没打个转。他的老伴在难关那阵死了,只给他留下一只荞壳撑得鼓嚷嚷的绣花条枕,冷冷地摆在床头,还有是这个活宝贝。

这女娃,从小就野性,倔强,爱往男娃娃堆里钻。十五六岁了,还伙起①一堆姑娘下河,跟男娃儿们争"地盘"。几根布襟襟一勒,"咚"的一声跳下河,像群野鸭子拨得水花"啪啪"响,硬气得二公跺破了地皮子,打了几次,也压不住野性儿,最后还被她们争得了地盘,胡破了古规。本来是让她读点书,能写写算算就行了,谁知她心高人精,竟读起了什么大学,农村人,尤其是姑娘家,读了有什么用?现在弄得天遥地远的,唉……

太阳落山了,一阵风呼呼吹过,河面上簌簌落下几片淡红的枫叶。二公收回目光,盯着缓缓漂走的枯叶,心里不由一阵颤动。不由长长叹了一口气。

他后悔,不该由着女儿的性子,让她离开了自己,如今自己已是风烛残年,就像枝条上的枫叶,随时都有飘落的可能,身旁总得有个伴呀!那会多打她几顿不就留住了么。

"隆隆,隆隆!"一阵阵炮声,震得地皮子真抖。正痴愣愣坐在河边的二公,眼前突然一黑,竟朝前扑倒了,溅得满脸的水。炮声从青龙河上游的峡门口传来,仿佛从二公肺腑里炸开一样,震得心疼。

"胡破了古规啊!"二公悲叹着,那本来就痛苦的心情,又蒙上了一层阴影。

那天,毛崽们几个来帮他"扫屋子",刮去了一层硝土,熬火药时,二公还站在沸腾的锅边指手画脚,他以为他们是熬火药打野猪,万没想到,他们呵呵笑一阵后,毛崽一本正经地说,要炸山办什么电站,天那,这小子越来越没边没沿了,这样大的事,压根不同二公商量,这会破了全寨风水,动了脉气的呀!这些鬼崽,读书读进牛肚子了,莫非硬要整得全寨大娃细崽讨饭才心甘哟!

想到这里,二公格外心酸了。炮声息了。青龙河显得那么清凉,冷静,鬼都打得死人。斑竹林里的斑鸠,轻声"咕咕"着,仿佛在呻吟;不知趣的秋虫,藏在河边野草葱茏里,轻轻唱着,二公站起身,顺着河边松软的沙滩,慢慢地踱着,胡思乱想着……

月亮升上来了,圆圆的,亮亮的,银辉下的青龙河静静地流着,柔波一颠一抖的;满河都是闪闪的星星,耀着二公老花眼。

"二公,二公!"

起起落落的喊声,由远而近,从竹林里,匆匆窜出了几个牛大马粗的汉子,骇得几只斑鸠扑扑乱飞。月光下,二公看得清是毛崽和他那些伙伴,他们扑了过来:"嗨呀!二公,都这么晚了,您老还在这儿,叫我们好找!"

一阵生拉活扯,硬把二公拖回了家。茅草屋里暖烘烘的,看着神情忧郁的二公,年轻人们

---

① 伙起:贵州司南方言词,有"邀约"之意。

都七嘴八舌嚷开了：

"二公寨里憋闷得难受，到外边走走去吧！"

"二公，幺嬢要回寨，你何不先去她那儿，让她陪你耍耍大城市，开开眼哩！"

毛崽热心热肠地叫道："让幺嬢和你一块回来，那会，洋荷坳会换个样儿迎接您老的！"

"唔！"二公动了动，扫了毛崽一眼，这小子脸儿红红的，不知那脑袋瓜里又转着什么，在他们手下，洋荷坳胡破了多少古规啊，二公心又酸酸的，奇怪的是那一股子气不知不觉却消了许多，那阴沉沉的脸色，竟也晴和些了。

"二公，我明天就给您买船票！"一个愣小子叫起来，毛崽也乐呵呵地说："我们都送你到沿河城，我再给涪陵的朋友挂电话，让他们沿路的朋友照应一下。"

也许，是真的该去那远远的地方看看了。

二公这么暗想着，不知不觉睡着了。恍惚中，他觉得自己坐在一只又破又旧的小木船上，任青龙河载着，穿过了许多山岭，村寨，去到了一个有着如峰似岭的高楼大厦，有着数不清人群的陌生地方……

他的闺女突然跃进他的眼帘，穿着长长的花裙子，后跟寸把高的鞋，高杈杈地站在大楼旁向他招手。二公用劲划着破船，船儿尽打转转，就是过不去，闺女笑嘻嘻的，丢过一只花绿绿的机器船，叫二公跳上去，二公偏不跳，眼瞅着旋涡卷起来，竟呼啦一下将他的破船推到了古檬树前，可树下自己的茅草屋不见了，却气势汹汹地立着一幢样式古怪的洋楼，像毛崽他们盖的那些房子一样，挤在寨里那些五柱六瓜的农房中，这些祭过鲁班，请阴阳先生看过地的旧房纷纷闪开了，嗯！偏房搞成正房了。

"啊，不，不要……"二公惊叫着，古檬树突然倾倒了，哗地压在自己身上，发出轰隆隆的巨响，可怕地震撼着耳膜。

二公惊醒了，霍地跳起来，原来早已大天白亮了，几只大红公鸡站在院坝的晾衣竿上，"喔喔"着，二公毛茬茬的腮边，挂满了泪水，他一仰头，清清楚楚地看见树冠墨绿的古檬树，生气勃勃地屹立着，密匝匝的树叶与斑竹叶轻轻摩擦着，竹枝长长地缠着檬树苍青的树干，"叽叽"响着。红红的日光，从浓密葱绿的叶缝里，从微微摆动的枝丫里，从叽叽喳喳喜鹊的翅膀上，筛落下来，透进了茅草房，透进了皮纸浆糊的木窗格，映在床头，映在二公的印花被面上，热热烈烈的，暖暖烘烘的。远远的地方，又传来毛崽们放炮的轰隆声，震得二公心有些发麻，一时间竟涌出一种又悲又喜的感觉。

【文本对话】

一、本文是怎样写"洋荷坳"的自然人文环境的？

二、文中"二公"代表什么样的人物形象？请作简要分析。

三、"洋荷坳"的年轻人有什么特点？

【实践活动】

拓展选读《走出峡谷的乌江》内容，感悟乌江流域土家族地域文化，长滩家乡的特色人文地理风情。

【知识链接】

田永红（1953—），笔名山月，土家族，贵州沿河人，三峡大学兼职教授，中国作家协会和中国民俗学会会员,著名土家族作家。代表作有中短篇小说集《走出峡谷的乌江》《燃烧的乌江》,散文集《老屋》《走进土家山寨》,理论专著《一个民族的生存与复兴》《乌江文化概览》《思南文化辞典》等。《走出峡谷的乌江》获全国第七届少数民族文学骏马奖、贵州省政府文艺荣誉奖,《燃烧的乌江》获贵州省乌江文学奖。

四、港湾①

赵朝龙

【阅读提示】

《港湾》是一篇有着贵州乡土特色的小说。作品以长期生活在贵州乌江流域地界的土著人家为背景,通过农家"日出而作,日落而息"的生活规律,折射出农村狭小生活圈中一些淳朴与善良的乡风民俗。"他"作为作品的中心人物,作者从头到尾都没有告诉读者"他"的名字,而是以他生命成长历程的一个生命线段作为线索,揭示了农家子弟人生历程中的简朴现实。作品内容没有波澜壮阔、大起大落的情节渲染,而是以静态的视野来娓娓道出云贵高原山区人类生命中的净态心声,力求诠释出人类恬淡生活的诗意之美。

他终于走上了去娘娘山的路。

他不敢回头去再看一眼阳光里的村寨,他害怕这一回头就乱了章程②,就再也挪不动脚。他知道娘就站在村口的神树下,一双如怨如诉③的眼睛正巴望着他。那是一双不甘心失败的眼睛。他明白此次去娘娘山,对娘的打击太大了。但他必须去。他都十八岁了,他应该有自己的章程,应该对自己的言行负责任,他不能像爹一样,一辈子凭娘安排。

太阳从后山梁上升起一竿高了,冬天里的太阳尽管没有夏天里的那么热烈,还是把乌江两岸涂抹得一派辉煌。江面上浮着很厚实的雾,无论太阳如何努力,也照射不透。拉纤的号子和涛声从雾里传来,清脆而遥远。

他没有走水路,他知道乘船需要五天。走山路虽然路险,但可节省两天的时间。现在,他只希望早一天到达娘娘山,早一天见到她和那个让他几个月来一直想不透的百岁老人,去看看老水鬼的坟,然后就……他知道自己这样做,对娘来说是忤逆④,娘会伤心一辈子。但他必须这么做。否则,他会像爹那样,一辈子过得不安。

他第一次去娘娘山是在初秋,那次是乘老水鬼的木炭船去的。

"出门在外,什么事都得当心,千万不能去招惹女人!"

出门那天,娘送他到村口的神树下,叮咛道。

太阳从后山升了起来,耀眼的阳光从神树的枝叶间漏下来,把地坝涂抹得斑斑驳驳。神树是一棵老枫树,要五六个人才抱得过来。老辈人说这棵枫树占据的土冈是村寨的龙头,于是便成了神树,村寨的人丁有什么三长两短或头一次出远门,都要来拜神树做干爹,乞求神树保佑。

神树的皮像风化石般粗糙。他的头尽力仰着,眼睛睁得圆鼓鼓的,神树很阴沉。娘烧了纸,焚了香,让他磕三个头,往树干上贴帖子。他磕了头,贴了帖子,认了干爹,他就算成人了,成人的人才能当大事,出门挣钱,挑起家庭的重担。

砍刀和斧头还是爹生前出远门时用的,雪亮而锋利。装食粮的布袋子也是爹生前出远门

---

① 选自《民族文学》1999年第1期,情节有删改。赵朝龙,男,苗族,贵州思南人,贵州省作协副主席、一级作家、中国作协会员。
② 章程:人生规划。
③ 如怨如诉:形容声音带有忧郁的味道。
④ 忤(wǔ)逆:不孝顺、叛逆之意。

时用的。爹生前也像老水鬼一样是村寨的里走江汉们的领班,走船,放排,烧炭。他脚上穿的布鞋,也是爹的。鞋底儿纳得很结实,只是他穿上去还有些大。爹个子生得矮小,还驼着背,但爹的脚够大的。

他心里明白,娘是在按爹生前的模样装扮他。从他记事时起,爹和他的穿戴就由娘亲手缝制,娘总是把爹的衣服做得很宽很大,肥肥大大的的衣服,像是可以遮去爹身上的一些缺陷似的。

听老水鬼说,爹年轻时喜欢走江,乌江道上的大滩险滩,在爹的手上没有不驯服的。自从与娘结婚后,爹不再走江了,每天晚饭后,便拿着烟杆,来到神树下,盯着码头看,一看就是一两个时辰,那眼神挺忧郁。

老水鬼说,爹是在思念一个人。

他望望娘,便向码头走去。娘呢,仍久久地伫立①在神树下,凝望着江面,像是会从那笼罩着的江雾里寻出些什么似的。

世上的父母也许都是这样的,像是自己的儿女出远门不归一样,牵牵挂挂。其实,不就是参加老水鬼的木炭队么,不就是去娘娘山放山烧炭么?他不会让山老鼠咬脚板的。

娘的担心没有错,他到娘娘山的第一夜便是在恐惧和战栗中度过的。木炭队是傍晚时分到达娘娘山的。船一靠岸,老水鬼就吆喝众人把吃的盖的和砍山烧炭用的工具拿进山崖脚的那座古庙。然后便吩咐黑宝架锅做饭。他和东寨的国兵被安排在殿后边一间窄小的厢房里。老水鬼说,古庙是砍山烧炭人落脚的地方。乌江道上有不少放山烧炭的人,谁先来谁住。在砍山烧炭人的眼里,娘娘山是一块生长钱的宝地,取之不尽。

夜里下了一场暴雨,乌江河水猛涨,江里泛起的白沫和砭②人肌肤的阵痛使人不寒而栗。虽然没有月光,可那浪尖上瞬间即逝的亮点却看得一清二楚,就像是墓地里跳动的鬼火。江水的轰鸣声犹如一个怒吼的魔物,爬出江面扑进古庙,弥漫山崖的每个角落。整个娘娘山都为之震动起来。这时古庙开始倾斜,四壁不时发出嘎吱嘎吱令人毛骨悚然的声音,就像一个垂死的人绝望地咀嚼着自己的牙齿……一块泥团从墙上掉下来落在他的头上,几只蝙蝠尖叫着朝庙外逃去。

他尖叫着呼地一下坐起,四周黑洞洞的,屋子里除了他瞪着两个晃来晃去的眼珠像个活物之外,一切都死去了。他擦了把额头上的虚汗,刚才的噩梦立刻又浮上心头。他越想越怕,捂着被子浑身抖个不停。

古庙据说有好几百年的历史了,当年古庙不知收留过多少绝望的落魄者,逃罪犯杀人犯三教九流各路好汉四面八方云集这里,后来又屯过白号军,古庙四周的墙壁溅满了厚厚一层鲜血。那时候,正是古庙一生中最辉煌骄傲的年月。它年轻漂亮充满魅力,周身弥漫着使人着迷的松柏味儿,时时挑逗着来到者的脾性,却又每每适可而止地驱散热乎乎的血腥味。

拉炭的船每半月来一趟,捎来食物油盐,装走木炭。船在沙坝边停稳后,驾长和水手们吃罢饭,首先是去山崖边那片栗子林拾板栗,捎进城,增加点收入。这收入是不进老水鬼的账的。汉子们说这东西熬猪脚挺好吃的,城里人很喜欢。之后是蹲在岸边叼烟欣赏黑不溜秋的烧炭人嗨哟嗨哟地往船上扛炭包子的壮观景色。

---

① 伫(zhù)立:长时间地站立。
② 砭(biān):刺。

他扛着炭包子走在最前,一百多斤重的炭包压得他双腿酸麻,浑身被汗水浸了个精湿①。这不是来送死么?他不止一次地在心里对自己说。他那酸麻软绵的腿像灌了铅似的沉重,每挪一步,全身都要嘎嘣嘎嘣地响个不停。

他真害怕自己会倒下去,那样一来就太丢人了。爹上山的那天,他望着大门上"当大事"的横联,他想,爹死了,他是大人了,他现在可以"当"家里的内外大事了。这样想着,他忽然自豪起来。不能倒,他想,别做孬种。在他身后的壮汉步履沉稳潇洒红光满面地吆喝着,声音洪亮抑扬顿挫盖过了乌江的喧嚣,不由得他不向前。

待满载木炭的船摇晃晃地离岸而去,汉子们脱下衣服一拧,汗水哗哗往下流。阳光下,汉子们裸露着的身子绽满一块块坚硬的疙瘩肉。在江水里洗掉全身的炭黑和汗臭,汉子们便在江边的沙坝里躺下晒肚脐眼,他们侃天侃地侃乌江侃女人。

老水鬼把话题转到他爹身上,说他爹走江走得最绝,是乌江道上的老把式;说他爹啥都好,就是怕女人,婚前婚后都怕女人,在女人跟前,他的腰一辈子都没有直过。老水鬼最后说他爹是被两个女人爱死的。于是,汉子们都拿他取笑。他好气,暗地里在心里骂老水鬼是狗娘养的。

做饭的黑宝是个豁嘴②,北寨人,他是老水鬼的亲戚,因为他总是不为吃饭发愁,所以肚子里的脂肪越积越多,竟像一个十月怀始的村妇。有一次,国兵开他玩笑,想把他鼓出来的肚皮踢回去,未曾想到却踢及膀胱,黑宝可怜兮兮地尿了一个星期血。国兵挨了老水鬼一顿拳脚,还赔了黑宝医药费。此时黑宝捭着肚子飞也似地奔出古庙,裤腰带还没完全解开便从里面射出一股喷泉般的黄色液体,哗哗哗……噢呀!他幸福地闭上眼睛长长舒了一口气。汉子们见状个个笑翻在地。"笑你妈个脑壳!"黑宝骂道。随后把两个油乎乎的指头往嘴里一塞,立刻崩出一声尖厉的呼哨,汉子们欢呼着从地上爬起向古庙奔去。

一阵锅碗瓢盆旋风般响过之后,锅里的饭菜所剩无几。

他动作慢,没有抢到饭,只勺到半碗菜。"屁点子大一点的碗以后打饭跑快点!"黑宝不耐烦地说。他向黑宝一哈腰拿了两个麦粑走出了昏暗潮湿的厨房。

地坝里汉子们三三两两地围坐一圈端着大盆大碗往嘴里猛塞饭菜,间或喘几口粗气骂爹骂娘,边骂边笑。他也想加入他们的圈子里,他也会骂爹骂娘还会唱上一段花灯小调呢,那是爹生前教他的。他学着汉子们走路的样子,摇晃着朝他们走去,但立刻发现向他射来的目光是不友好的。他觉得挺尴尬,又转身向江边走去。

他坐在一块石头上狼吞虎咽地把麦粑和菜塞进肚子里,然后在江里舀了一碗水咕咕喝下去,肚子这才达到饱和程度。他学着爹生前的样子,搂抱着双腿,把下巴垫在膝盖上怔怔地看着下游乌江河水消失的地方。在他的记忆里,爹每次和娘拌嘴后,总是到神树下,搂抱着双腿,把下巴垫在膝盖上怔怔③地看着下游乌江河水消失的地方。

他眯起了眼睛。

山崖上生长着墨绿色的松树,黄色的松鼠像一只只小精灵爬上爬下的从一棵树跳到另一棵树上。虽然咆哮的乌江河水盖过空间的一切,但他仍能在浪与浪的缝隙里听到小松鼠尖尖细细的叫声。这时,一片游云从峡顶上飘过,朦朦的薄雾中倏地出现了一只三板船。

---

① 精湿:湿透。
② 豁嘴:兔唇。俗称缺嘴。
③ 怔怔(zhèng zhèng):发愣的样子。

他知道是那个叫甜妮的女子回来了,她是昨天去的九龙镇。她是去购食物的。

也不知怎的,从那天甜妮划着三板船从娘娘滩过后,每天吃过晚饭坐在江边,他就会想起甜妮。伴着单调乏味的乌江,常使他产生许多莫名其妙的幻觉,在这漫无边际的幻觉中,甜妮早已成为他记忆中唯一逆来顺受的发泄工具。他每时每刻把她唤至身边随心所欲地向她诉说自己每天的不幸和孤独及埋在内心深处的永远不为人知的秘密。然而稍有片刻疏忽她就会逃遁得无影无踪,就像崖顶上那片游云,哪怕你踩着山尖当真抓住它,翻开掌心它又会在另一个地方重新出现……噢!

身后的土坡上滚下一块泥土,惊醒了他的梦幻。扭头一看,是老水鬼。

老水鬼四十多岁,黑壮黑壮的像个铁塔,大胡子三寸来长且都带弯的,他平日沉默寡言,嘴角总是露着令人捉摸不透的微笑,那眼睛跟常人没两样,但瞳仁里射出的光却让人毛骨悚然。

老水鬼在他身边坐下,递给他一个麦粑:"想家吗?"

"想。"他说。"不!"他又说。

滩口出现了三板船,三板船上有个小红点。

他也说不清楚自己是不是一直在等那个小红点。

半月前的一个爽人心肺的下午,甜妮划着三板船送一个瞎眼老人去九龙镇看病,在娘娘滩船漏了水,甜妮把船靠在装木炭的临时码头,上岸找黄泥堵船。当时他还不知道她叫甜妮,是后来从汉子们嘴里得知的。汉子们见甜妮上岸,都停了活路①齐刷刷地立在原地一动也不动。他们憋②紫了脸,瞪圆了眼,搓热了麻木的掌心,盯她的脸蛋盯她的大腿盯她……,向她抛出了一团团贪婪的火。

甜妮似乎在烈焰里行走,本来就泛红的脸蛋被烤得更红了。她像一个圣洁的女神,永远使身藏猥亵心灵的人望而却步。她沿着江岸寻找着黄泥,用犀利泼辣的目光在汉子们身上扫来扫去,凡与之目光遭遇者无不将自己贪俗的目光倏地射向别处,抑或垂下一颗颗不愿垂下的脑袋。

在烧炭汉子堆里,甜妮发现了一张被挤扁的没有半点邪念的纯净的脸。在四目相遇的短短一刹那他没忘记向她投去感激的一瞥③。甜妮的心突崩崩急速地跳了起来,她的心有好多年没有这么跳过了。她朝他微微一笑,立刻发觉自己笑得那么古怪那么唐突那么不该那么……就用黄泥堵了船漏,拿起竹竿点岸,三板船便顺着江流飘了起来。

那天夜里,他被一阵叫喊声惊醒。老水鬼提着马灯挥舞着皮带不知在打谁。"娘的!老子把你们这群畜生扔进江里……"他害怕极了,赶紧缩进了又臭又潮的被子里。他希望自己像傻瓜似的什么也没看见没听见……而当一切声响都被乌江的咆哮声淹没时,他自己却无论如何也睡不着了。古庙外边的娘娘滩在冰冷地喧嚣着。

"她回来啦。"他说道。

"谁!"老水鬼斜眼问。

"甜妮。她去九龙镇买粮食来了。"他说。

甜妮在临时码头泊下船,扯下花头巾,长发呼啦一下落到腰际。她毫不理会地把花头巾抖几下,然后擦脸上的汗和衣袖、红裙子、红胶鞋上的水滴。做完这些之后,甜妮便转头向他和老

---

① 活路:泛指各种体力劳动。亦指针线等手工活。
② 憋(biē):抑制或堵住不让出来。
③ 瞥(piē):很快地看一下。

水鬼这边喊着："喂，你送送我好吗？"

"我？"他不相信地指着胸口问。

甜妮点点头说："天快黑了，我怕。"

老水鬼对他说："去吧，小子你交桃花运喽！"

"明天放你一天假。"老水鬼伸手捏了一把他的臂膀，说。

他跟甜妮上路的时候，砍山烧炭的汉子们眼热得要命，流着口涎个个伸直脖子对甜妮喊："别走啦⋯⋯"

他脸红红地低下头，甜妮却呸地朝汉子们啐了一口唾沫，甜妮把竹竿递给他，他便撑了起来。

拐过两个江湾，瘦小的他翕动着苍白的唇累得一句话也说不出来。尽管小时候他经常在江里玩船戏水，但今天撑起船，手脚却是那么的笨重。

甜妮掏出手帕抹去他额头上的汗珠。甜妮深深吸了口气，露出雪白的牙齿，"要不了一年，你就会和他们一样健壮，江道上的汉子没有不健壮的。"她说着把目光射向山崖上那片云，那云在汇聚在融合在散开，仿佛有一股力拼命地撕咬着它们，不给它们片刻喘息的机会似的。

他全身猛地抖了一下，怔怔地站着。他看着甜妮，甜妮也看着他。他以为会从甜妮的眼里看到怜悯，哪怕是一丁点儿，他那刚诞生的脆弱的信念便会顷刻崩溃。可是，他什么也没有看见。

甜妮望着他莞尔一笑。

当满天的霞光把娘娘滩两岸的山峦和树林染得血一样红的时候，当暮霭把山涧埋没的时候，他从云雾的缝隙里看到了娘娘崖脚下那座孤独的石屋。其实，那只是一个山洞。洞门口有茅草棚、石墙、石院坝，石院坝中央晒着几张渔网，边上是一片翠绿的竹林。竹林边上有几只羊和十多只鸡鸭。石屋里正冒着烟。红霞褪尽，天呈暗蓝色。一轮朦胧的月牙儿伴着几颗明亮的小星星悄然爬上天幕。炊烟随微风慢悠悠飘向屋后的山崖，在松柏间蛇一样悠闲地四处游荡⋯⋯一切那么和谐那么自然，像是有人精心设计过似的。

甜妮说到家了，一下船就撒开脚丫子欢快地向石屋跑去。

他拴好船，扛着两个布袋子慢腾腾地跟在后面。他累极了。

后来，他常常怀念到甜妮家以后发生的事。甜妮有个老母亲，一百二十多岁，除了有条银白色细辫子和霉山芋般的脸之外，眼不花耳不聋，走起路来身子一点都不晃，赶那五十来岁的人似的。甜妮才二十一岁，比他大三岁。这太不可思议了。他想问甜妮是老太婆生的还是捡来的？可他又不敢问，只好在心里永远留个谜。

回到古庙后，每天傍晚他都坐在江边沙坝里望着娘娘滩推算那老婆子生甜妮的年龄，怎么也算不准。他无奈就把那些猜疑说给老水鬼听。"你说这事儿怪不怪，一个一百二十多岁的老妇人怎么会有一个二十来岁的闺女呢？"

老水鬼把眼一瞪："再说我就骟①了你！"

他常常想起那首渔歌，就是那天晚上甜妮坐在石院坝里给他唱的那首渔歌，怎么唱来着⋯⋯江上的船儿，浪尖上的汉⋯⋯他反复哼着那首残碎的渔歌，早上醒来时唱干活时唱歇工时唱梦里也唱一直唱得老水鬼和汉子们都想爬过去把他掐死。

那天，那个很老的老妇人为他煮了一锅山羊肉，还拿出了多年的血藤酒，老妇人说那棵老

---

① 骟（shàn）：阉割。

血藤要两人才能合抱,是千年的老血藤,成了气候的。他猛地一口干了血藤酒,饿得也不管他娘的腥味儿不腥味儿,抓过大块的肉骨头猛咬起来。

甜妮的手里拿着一把精美的纸扇,轻盈柔软的身姿像一只美丽的彩蝶,在他面前翩翩起舞,并且抛来一串让人揪心荡魄的秋波。她哼着渔歌,用竹筒给他斟酒。

血藤酒比蜜还醇还香,他一碗一碗地喝呀喝,永远想不起自己究竟喝了多少碗。反正第二天下午醒来时嘴里依然飘逸着血藤酒的芳香。

从娘娘崖回来以后,他就成了汉子们消遣的对象。汉子们常把他围起来逗乐。反正他是打不过他们的。他像一只没有尾巴的小松鼠,被同类抛弃在灰暗孤独的角落里,黯然地用泪水洗刷屈辱的心灵。

往后发生的事情他就记不清了。他只记得他从地上爬起来后就骂着直直一头往黑宝身上撞去,黑宝大叫一声仰天跌下坎滚进了湍急的江水。

这一举动使全体汉子惊得不知所措,他们木桩似的齐刷刷地呆立在那里,看着从江里挣扎上岸水淋淋的黑宝。老水鬼从破庙那边来,重重的一拳落在他的肩膀上:"小子,中!像你爹!"

老水鬼是在黑宝被他撞进江里那天夜里死的。

那天吃过晚饭,老水鬼叼着烟在江边徘徊了好一阵,在太阳落山的时候,就沿着江岸那条纤路,向娘娘崖走去。他知道老水鬼去娘娘崖准是打那母女俩的主意,就鬼使神差地一声不响地悄悄地跟了去。

老水鬼一去不回,直到第二天下午两个民警拿着一张大照片进破庙时,人们才知道老水鬼死了。照片上的人,脑袋、手脚被撕咬得面目全非,喉咙管也被咬断了,看得出是狗咬的痕迹。真想不出平日骄横跋扈的老水鬼竟落得如此下场,汉子们全都伸着舌头目瞪口呆。

民警说,老水鬼夜里去石屋偷东西,被狗咬,仓皇中跌了崖。

民警还说,这片原始森林是国家的自然生态保护区,严禁砍山烧炭,就此解散烧炭队。

民警临走时威胁说,今后谁再敢到这地方砍山烧炭,一经发现统统送交县公安局。

老水鬼就埋在破庙旁的土坡上,埋老水鬼时,全体汉子没有一个难过的,分了卖炭得来的钱,都高高兴兴地唱着歌儿走了。

只有他暗地哭了一场。

回到家里,他把挣得的钱全数交给了娘。娘一边数着钱,一边笑,那眼睛都笑成了豌豆角。望着娘,他产生了一种高大起来的感觉。瞬间,他又觉得有一种失落。于是,在娘进里屋放钱的当儿,他溜出屋,来到村边的神树下,学着爹生前的样,双手搂抱着膝盖,直直地看着流动的江水。

吃晚饭的时候,娘对他说:"今天是你爹的周年忌日,吃过饭你去坟地看看你爹。"

吃过晚饭,天就黑了下来,他换上娘为他找来的衣服和鞋子,那衣服和鞋子是爹生前穿过的,是娘一钱一线缝的。爹在世时,娘总是按他的意愿安排爹的穿戴。他拿了香纸、酒、酒杯,提上小马灯,便出门向后山梁走去。

爹的坟就在后山梁那堵崖脚下,半里来路的那坡山地是他家的责任地,娘说选择那崖脚做坟地是爹生前的愿望。其实娘是怕爹的坟占了好田地,抢了活人的食粮。走到山地边时,他不由自主地停住了脚。山崖脚,一缕缕烟火袅袅升起,一会儿,飘浮着的火星儿便熄灭在夜空里了。在火光的映衬下,他看见了一个黑色的影子。

鬼。他马上联想到了老水鬼生前讲的那些鬼现身的故事,脚便有些不自主地抖了起来。这时刻,他忽然意识到自己是一个大人。在这样的夜里,一个真正的男子汉是什么也不怕的。

于是,他从裤腰带上解下钥匙、指甲刀,不住地摇着。鬼是最怕铁的,铁的声响能驱邪。

那黑色的影子听见声响,一阵风似的飘过前边的山坡,向山梁那边去了。

走到爹坟前时,他惊奇地发现,爹的坟前端端正正地放着一双新布鞋。

他为爹难过,他觉得爹的死似乎跟这双布鞋有关。

从坟地回来,他的心里有些沉重,那黑色的影子,那布鞋,他猜不透。到家时,娘还没睡,娘站在院坝边上,眼巴巴地在等他,他喊了声娘,便觉得夜色里的娘很有些朦胧。他没有把在坟地看见黑色影子的事告诉娘,便径直走进了堂屋。

娘也跟着进屋,喊住他,一本正经地对他说:"今天下午五公来过,他是来给你提亲的。姑娘是田家湾的,长得端庄秀丽。娘已经答应了这门亲事。姑娘明天来对门户。"他什么也没有说,便进了自己的卧室。关门时,他看见娘还怔怔地坐在爹的灵牌位前,那神情显得有些不安。

这一夜,他翻来覆去睡不着,他总是想起那红点子,总是想到老水鬼的死和爹坟前的那双布鞋。

到九龙镇,他改坐了船。船是去雷公滩拉木材的,途经娘娘崖。船到娘娘崖时,太阳已经偏西,尽管有阳光,凛冽的江风拂面而来,还是让人寒意侵心。

依然是那堵崖,依然是那个野码头,依然是那片竹林,依然是那石院坝和石屋。跟那天见到的一模一样。可是那袅袅上升的炊烟没了,那羊那鸡那鸭那狗们没了……整个石屋空荡荡的,静极了。他心里咯噔了一下,仿佛有什么东西在剧烈冲撞着他。一阵晕眩,一阵恶心,一阵憋闷,汗水和泪水交织在一起。他大口大口地喘着粗气,他第一次感觉自己对江的反应竟是如此的强烈。

来不及多想便跳下船甩开步子向石屋奔去。

石屋前后左右被打扫得干干净净,石院坝边竹林里潮湿空荡,冷冰阴森,没有一丝生命的信息。原先四壁精美的装饰品都不翼而飞,只有斑驳的四壁往外渗着黑水珠,地面被刷出无数条蛇形微溪……一切都表明这石屋已经有好长一段时间没人住了。

他永远不会相信这一切都是真的。他大声喊:"甜妮!"回答他的依然是空荡荡的石屋空荡荡的院坝空荡荡的竹林……

甜妮走了。永远地走了。

他倒在竹林边的草坪里仰天哈哈大笑,笑完之后又凄凄惨惨地哀号起来。

甜妮除了留给他一条绿色的纱巾和一只竹碗之外,什么都带走了。那绿纱巾叠着,端端正正地放在石桌上,竹碗放在纱巾的旁边,洗得干干净净。他认得,竹碗是他那次来盛羊肉的那只,纱巾是甜妮那天早晨披的那条。他泪眼汪汪地望着绿纱巾和竹碗,想着去那个谁也不愿去的地方。尽管老水鬼是被狗们咬死的,尽管他是为了救甜妮,如果不因他,狗们是追不上老水鬼的,老水鬼也不会坠崖。他想,他该去看看老水鬼,老水鬼的坟就埋在娘娘山的古庙边,而后去那个谁也不愿去的地方,把老水鬼的死说个清楚。

他擦干眼泪颤抖着双手捧着绿纱巾和竹碗走出石屋,走过院坝,走过竹林,向着娘娘山的古庙走去。在老水鬼的坟前焚了香化了纸磕了头,他在江边的一块石头上坐下来,学着爹生前的样,双手搂抱着膝盖,怔怔地凝望着流动的乌江。江面上笼罩着浓浓的雾,那雾,让人永远也看不透。

【文本对话】

一、通读全文,分析一下文中的主人公"他"有着农家孩子的哪些品性?

二、本文的结尾处有些扑朔迷离,试分析这在全文故事情节中有什么作用?

【实践活动】

乌江是长江的支流,乌江流域有着厚重的文化。阅读下面一首诗,品析一下乌江文化的真正底蕴有哪些?

鲇鱼天堑

王杏[明]

鲇鱼深峡隐环山,
扼控乌江最险关。
万派南来倾欲倒,
一泓东指汇犹嫒。
龙门湍决寒鱼鬣,
天堑风回蘼鸟颜。
亦是一方真胜境,
金汤端籍镇诸蛮。

【知识链接】

赵朝龙,男,苗族,贵州省作协副主席、省管专家、一级作家、中国作协会员。著有小说集《蓝色乌江》《赵朝龙小说选》《乌江上的太阳》;诗集《梵天净土》《家园深处》;长篇小说《风雨梵净山》《而立之年》《大乌江》;电视连续剧《雄关漫道》(编剧)《风雨梵净山》(原编剧)《勇敢者》(总编剧);电影《旷继勋蓬遂起义》(原编剧)。其作品曾先后获过全国少数民族文学骏马奖、全国宝石文学奖、群星奖、金星奖、全国五个一工程奖、贵州省五个一工程奖、贵州省政府文艺奖、贵州省少数民族文学金贵奖、贵州省文学专项奖特等奖、贵州省乌江文学奖、贵州省高端平台展示奖、"多彩贵州"歌曲创作奖多项。

五、请开贤科以宏文教疏①

【明】田秋

【阅读提示】

本文为田秋在明世宗嘉靖九年(公元1530年)任礼科左给事中时所撰写,关于在贵州开设乡试考场的请示。文章文辞恳切,说理透彻恰切,张弛有度,展现了田秋为民为国的精忠思想。

臣秋,原籍贵州思南府人。

窃惟②国家取士,于两京③十二省各设乡试④科场⑤,以抡选⑥俊才,登⑦之礼部,为之会试⑧,然后进于大廷,命以官职,真得成周⑨乡举里选⑩之遗意⑪。所以人才辈出,视古最盛,以此也。

惟贵州一省,远在西南,未曾设有乡试科场,止⑫附云南布政司⑬科举。盖因永乐年间初设布政司,制度草创,且以远方之民,文教未尽及也。迨今涵濡⑭列圣休明⑮之治教⑯,百五十余年,而亲承皇上维新之化,又八年于兹,远方人才,正如在山之木,得雨露之润,日有生长,固非昔日之比矣。臣愚以为开科盛举,正有待于今日也。

且以贵州至云南,相距且二千余里,如思南、永宁⑰等府、卫,至云南且有三四千里者,而盛夏难行,山路险峻,瘴毒浸淫⑱,生儒赴试,其苦最极。中间有贫寒而无以为资者,有幼弱而不

---

① 选自道光《思南府续志·卷之九·艺文门·奏疏》,题目为《开设贤科以宏文教疏》。本文在乾隆《贵州通志》中题为《请开贵州乡科疏》。清《黔诗纪略》中题为《请开贤科以宏文教疏》。疏:奏章。亦指上奏章。
② 窃惟:私下考虑。表示个人想法的谦辞。窃:私下,私自。多用作谦辞。
③ 两京:两个京城,两个首都。明代两京是京师(即北直隶)和南京(即南直隶),指今北京市和南京市。
④ 乡试:科举考试中的省级考试。明清两代每三年一次,在各省省城(包括京城)举行,凡本省生员与监生、荫生、官生、贡生,经科考、岁科、录遗合格者,均可应试。逢子、午、卯、酉年为正科,遇庆典加科为恩科,考期在八月,故也称"秋闱"。中试者称"举人"。乡试中举后即可赴京城参加次年二月由礼部主持的会试。如会试不第,亦可依科选官。
⑤ 科场:又称贡院,是古代会试的考场,即开科取士的地方。
⑥ 抡选:选拔,挑选。
⑦ 登:这里的意思是选拔,进用。
⑧ 会试:中国古代科举制度中的中央考试。是考取贡士的考试,会试就是集全国举人会同考试之意。参加的人是举人,在乡试后第二年的春天(三月),所以又叫"春闱"或"礼闱"。乡试后第二年各地举人汇集京师应会试。会试由礼部主持,考试内容与乡试相同,考中者称"贡士",第一名称"会元"。举人取得"贡士"资格后,方可参加殿试。殿试是天子亲策于廷,被视为"抡才大典"。
⑨ 成周:古地名。即西周的东都洛邑。故址据传在今河南省洛阳市东郊。借指周公辅成王的兴盛时代。
⑩ 乡举里选:古代选拔人才的一种方式。从乡里中考察推荐。里选:古代中央命地方选荐人才的制度。
⑪ 遗意:指前人的心愿、意见;前人或古代事物留下的意味、旨趣。
⑫ 止:仅,只。
⑬ 布政司:即承宣布政使司,相当于现在的省政府,长官为布政使,级别从二品,掌管一省民政、田赋、户籍。
⑭ 涵濡:hán rú,滋润、沉浸。
⑮ 休明:美好清明。用以赞美明君或盛世。
⑯ 治教:犹政教,指政事与教化。
⑰ 永宁:今四川省叙永县,清朝乾隆元年(1736年),由贵州永宁县改属。
⑱ 瘴毒浸淫:瘴毒:瘴气毒雾。浸淫:本为浸润、濡湿的意思,但也指疮疥湿疹之类的皮肤疾患。

能徒行者,有不耐①辛苦而返于中道者,至于中冒瘴毒而疾于途次②者,往往有之。此皆臣亲见其苦,亲历其劳,今幸叨列③侍从,乃得为陛下陈之。边方④下邑⑤之士,望天门于万里,扼腕叹息,欲言而不能言者,亦多矣!

臣尝闻国初两广⑥亦共一科场,其后各设乡试,渐增解额⑦,至今人才之盛,埒⑧于中州⑨。臣窃以为人性之善,得于天者,本无远近之殊;特变通鼓舞之机,由于人者,有先后耳。今设科之后,人益向学,他日云贵又安知不若两广之盛乎?议者曰:科之不开,病于钱粮之少。臣窃以为不然。盖贵州虽赴云南乡试,而举人坊牌之费,贵州自办也;鹿鸣之宴⑩,贵州自备也。今所加者,不过三场供给试官聘礼耳。镇远⑪、永宁等税课司⑫,每岁不下数百两;思南府又有棉花税,若设一税课司,委一廉干⑬府官监收之,每岁亦可得数百两。只此数项,足够其费。况求才大事,又可靳⑭于区区之小费乎?且历年抚按官⑮亦屡有举奏,盖一方之至愿⑯,上下之同情⑰,其建置之地,区画⑱之详,在彼必有定议,乞敕该部⑲再加详议。

旧额:二省共取五十五名,云南三十四名,贵州二十一名。臣请开科之后,二省各于旧额之上量增数名,以风励⑳远人,使知激劝㉑,则远方幸甚㉒。

【文本对话】

阅读理解全文,回答下列问题。

一、作者为什么要奏请朝廷在贵州开科举贤?

二、田秋正是以此文说服朝廷在贵州开科举贤,文中作者运用了哪些说服艺术?

【实践活动】

诵读全文,体悟田秋为贵州说理的艺术,拓展阅读张子勇的《田秋诗文校注》,体悟田秋的

---

① 不耐:不能忍受。
② 途次:半路上;旅途中的住宿处。
③ 叨列:承受恩惠,位列于……叨是谦辞,承受的意思。列是身于某行列之中。
④ 边方:边地;边疆。
⑤ 下邑:小地方;小县。
⑥ 两广:又称两粤,古代两广管辖的范围包括广东、广西、海南岛、香港、澳门、越南等。
⑦ 解额:唐制,进士举于乡,给解状有一定名额,故称解额。
⑧ 埒:liè,等同;并立;相比。
⑨ 中州:旧指居全国中心的今河南省一带,指中原地区。
⑩ 鹿鸣之宴:"鹿鸣宴"是为乡试后新科举人而设的宴会,起于唐代,明清沿用。
⑪ 镇远:镇远府,今镇远县城。
⑫ 税课司:明清时期掌握工商税收及契税的机构。明代户部下设13个清吏司,分管各省赋税。每个清吏司下属民、度、金、仓四科,金部即主管工商税收的机构,下设税课司。
⑬ 廉干:廉洁干练。
⑭ 靳:jìn,吝惜,不肯给予。
⑮ 抚按官:明、清巡抚和巡按的合称。
⑯ 至愿:恳切的愿望;最大的愿望。
⑰ 同情:犹同心,一心。
⑱ 区画:筹划,安排。
⑲ 该部:负责教育工作的礼部。
⑳ 风励:用委婉的言辞鼓励、劝勉。
㉑ 激劝:激发鼓励。
㉒ 幸甚:表示非常希望或很值得庆幸。

家国情怀和高尚人格。

【知识链接】

　　田秋(1494—1556),字汝力,号西麓,土家族,贵州思南府水德司(今思南县)人,明代进士,官至广东布政使。代表作有《开设贤科以宏文教疏》,田秋于明世宗嘉靖九年(公元1530年)向皇帝上《开设贤科以宏文教疏》,奏请在贵州独立设乡试考场。十四年(公元1535年),获得朝廷批准。十六年(公元1537年),贵州首次开科,从此贵州人才四起,直追中原。因此,田秋是开发贵州人才、兴办州县学校的先贤,功德卓著,业绩昭然。

第二单元

生活行吟

【单元导读】

生活如一条无尽的河流,有时风平浪静,能停下来欣赏岸边的风景,有时惊涛骇浪,随时有被吞没的风险。但不管经历什么,我们都将带着这些印记永远奔流向前。

本单元收入的文章有对过往的缅怀、批判,也有对生活的感悟和哲思。《献给艾米丽的一朵玫瑰花》以美国内战后南方社会变迁为背景,以女主人公艾米丽为追求爱情亲手杀死自己爱人的悲剧人生为线索,表现了新旧两种价值观的冲突、衰亡的旧秩序同新秩序之间的尖锐矛盾,最终艾米丽的死亡也预示了奴隶主贵族的没落和消亡。小说中作者既表达了对最终逝去的南方社会的缅怀,又对它的罪恶进行了批判。

作为朦胧诗派的代表人物,舒婷以其独特的女性视角和细腻的感触,表现了新时期的爱情观及女性对独立平等的追求。《神女峰》表现了对爱情婚姻中"正统"道德的反思与质疑以及对平等独立爱情观的呼唤,是一首表现女性觉醒意识的抒情诗。

洛夫的诗歌受到西方现代诗歌的影响,也继承了中国古典诗歌的传统,诗歌中蕴含了中华文化特有的情味。《因为风的缘故》运用了多种意象,这些意象组合起来营造了一种从容、静谧又生动的意境,言有尽而意无穷,别有神韵。

《透明的红萝卜》是从莫言的一个梦衍生出来的。梦里一个手持鱼叉的姑娘叉出来一个红萝卜,她举起萝卜,朝阳光走去,在阳光下,红萝卜闪出奇异的光彩。这种神秘和奇异色彩振奋着作者,于是他以"红萝卜"为意象构思了这篇小说,用一种神秘和虚幻的色彩,描写了特定背景下农村的生活,写出农村的贫穷困苦及贫穷苦难中的一点欢乐。

《秋夜》是一首叙事兼抒情的散文诗,作者运用象征手法,赋予不同的事物以人格特征,巧妙地将浓郁的诗情与警精的哲理融合在一起,既体现了丰富的个人生活感受,又蕴含了深刻的现实哲理,文章结构严谨,意境深邃,情感深沉。

巴金说:"我不要单给我们的家庭写一部特殊的历史,我所要写的应该是一般的封建大家庭的历史……我要写包含在那里面的倾轧、斗争和悲剧。"《家》这部小说以巴金的家族故事为背景,描绘了一幅大家族生活的画面,书写了一个封建大家族内部的相互倾轧、明争暗斗以及在新旧对立的矛盾中年轻人的思想性格和生活道路。

一、献给艾米丽的一朵玫瑰花[①]

福克纳

【阅读提示】

《献给艾米丽的一朵玫瑰花》又译为《纪念艾米丽的一朵玫瑰花》,是福克纳短篇小说的代表作,讲述了没落南方贵族小姐艾米丽在经历了禁锢、背叛后,亲手杀死自己的爱人,然后陪伴其尸体隐居四十年之久的充满神秘、恐怖感的故事。从作者笔下我们能感受美国南方贵族阶级的没落衰亡以及作品中荒诞、怪异的气氛。

艾米丽·格里尔生小姐过世了,全镇的人都去送丧。男子们是出于爱慕之情,因为一个纪念碑倒下了。妇女们呢,则大多数出于好奇心,想看看她屋子的内部。除了一个花匠兼厨师的老仆人之外,至少已有十年光景谁也没进去看看这幢房子了。

那是一幢过去漆成白色的四方形大木屋,坐落在当年一条最考究的街道上,还装点着有十九世纪七十年代风格的圆形屋顶、尖塔和涡形花纹的阳台,带有浓厚的轻盈气息。可是汽车间和轧棉机之类的东西侵犯了这一带庄严的名字,把它们涂抹得一干二净。只有艾米丽小姐的屋子岿然[②]独存,四周簇拥着棉花车和汽油泵。房子虽已破败,却还是桀骜不驯[③],装模作样,真是丑中之丑。现在艾米丽小姐已经加入了那些名字庄严的代表人物的行列,他们沉睡在雪松环绕的墓园之中,那里尽是一排排在南北战争时期杰斐逊战役中阵亡的南方和北方的无名军人墓。

艾米丽小姐在世时,始终是一个传统的化身,是义务的象征,也是人们关注的对象。打一八九四年某日镇长沙多里斯上校——也就是他下了一道黑人妇女不系围裙不得上街的命令——豁免了她一切应纳的税款起,期限从她父亲去世之日开始,一直到她去世为止,这是全镇沿袭下来对她的一种义务。这也并非说艾米丽甘愿接受施舍,原来是沙多里斯上校编造了一大套无中生有的话,说是艾米丽的父亲曾经贷款给镇政府,因此,镇政府作为一种交易,宁愿以这种方式偿还。这一套话,只有沙多里斯一代的人以及像沙多里斯一样头脑的人才能编得出来,也只有妇道人家才会相信。

等到思想更为开明的第二代人当了镇长和参议员时,这项安排引起了一些小小的不满。那年元旦,他们便给她寄去了一张纳税通知单。二月份到了,还是杳无音信。他们发去一封公函,要她便中到司法长官办公处去一趟。一周之后,镇长亲自写信给艾米丽,表示愿意登门访问,或派车迎接她,而所得回信却是一张便条,写在古色古香的信笺上,书法流利,字迹细小,但墨水已不鲜艳,信的大意是说她已根本不外出。纳税通知附还,没有表示意见。

参议员们开了个特别会议,派出一个代表团对她进行了访问。他们敲敲门,自从八年或者十年前她停止开授瓷器彩绘课以来,谁也没有从这大门出入过。那个上了年纪的黑人男仆把他们接待进阴暗的门厅,从那里再由楼梯上去,光线就更暗了。一股尘封的气味扑鼻而来,空

[①] 选自《福克纳短篇小说集》(北京燕山出版社,2015年版),李文俊等译。
[②] 岿(kuī)然:形容高大独立的样子。
[③] 桀骜(jié ào)不驯:比喻傲慢,性情暴躁不驯顺,不服管教。

气阴湿而又不透气,这屋子长久没有人住了。黑人领他们到客厅里,里面摆设的笨重家具全都包着皮套子。黑人打开了一扇百叶窗,这时,便更可看出皮套子已经坼裂;等他们坐了下来,大腿两边就有一阵灰尘冉冉上升,尘粒在那一缕阳光中缓缓旋转。壁炉前已经失去金色光泽的画架上面放着艾米丽父亲的炭笔画像。

她一进屋,他们全都站了起来。一个小模小样,腰圆体胖的女人,穿了一身黑服,一条细细的金表链拖到腰部,落到腰带里去了,一根乌木拐杖支撑着她的身体,拐杖头的镶金已经失去光泽。她的身架矮小,也许正因为这个缘故,在别的女人身上显得不过是丰满,而她却给人以肥大的感觉。她看上去像长久泡在死水中的一具死尸,肿胀发白。当客人说明来意时,她那双凹陷在一脸隆起的肥肉之中,活像揉在一团生面中的两个小煤球似的眼睛不住地移动着,时而瞟瞟这张面孔,时而打量那张面孔。

她没有请他们坐下来。她只是站在门口,静静地听着,直到发言的代表结结巴巴地说完,他们这时才听到那块隐在金链子那一端的挂表嘀嗒作响。

她的声调冷酷无情。"我在杰斐逊无税可纳。沙多里斯上校早就向我交代过了。或许你们有谁可以去查一查镇政府档案,就可以把事情弄清楚。"

"我们已经查过档案,艾米丽小姐,我们就是政府当局。难道你没有收到过司法长官亲手签署的通知吗?"

"不错,我收到过一份通知,"艾米丽小姐说道,"也许他自封为司法长官……可是我在杰斐逊无税可交。"

"可是纳税册上并没有如此说明,你明白吧。我们应根据……""你们去找沙多里斯上校。我在杰斐逊无税可交。"

"可是,艾米丽小姐——"

"你们去找沙多里斯上校,(沙多里斯上校死了将近十年了)我在杰斐逊无税可纳。托比!"黑人应声而来。"把这些先生们请出去。"

她就这样把他们"连人带马"地打败了,正如三十年前为了那股气味的事战胜了他们的父辈一样。那是她父亲死后两年,也就是在她的心上人——我们都相信一定会和她结婚的那个人——抛弃她不久的时候。父亲死后,她很少外出;心上人离去之后,人们简直就看不到她了。有少数几位妇女竟冒冒失失地去访问过她,但都吃了闭门羹。她居处周围唯一的生命迹象就是那个黑人男子拎着一个篮子出出进进,当年他还是个青年。

"好像只要是一个男子,随便什么样的男子,都可以把厨房收拾得井井有条似的。"妇女们都这样说。因此,那种气味越来越厉害时,她们也不感到惊异,那是芸芸众生的世界与高贵有势的格里尔生家之间的另一联系。

邻家一位妇女向年已八十的法官斯蒂芬斯镇长抱怨。

"可是太太,你叫我对这件事又有什么办法呢?"他说。

"哼,通知她把气味弄掉,"那位妇女说。"法律不是有明文规定吗?"

"我认为这倒不必要,"法官斯蒂芬斯说。"可能是她用的那个黑鬼在院子里打死了一条蛇或一只老鼠。我去跟他说说这件事。"

第二天,他又接到两起申诉,一起来自一个男的,用温和的语气提出意见。"法官,我们对这件事实在不能不过问了。我是最不愿意打扰艾米丽小姐的人,可是我们总得想个办法。"那天晚上全体参议员——三位老人和一位年纪较轻的新一代成员在一起开了个会。

"这件事很简单,"年轻人说。"通知她把屋子打扫干净,限期搞好,不然的话……"

"先生,这怎么行?"法官斯蒂芬斯说,"你能当着一位贵妇人的面说她那里有难闻的气味吗?"

于是,第二天午夜之后,有四个人穿过了艾米丽小姐家的草坪,像夜盗一样绕着屋子潜行,沿着墙角一带以及在地窖通风处拼命闻嗅,而其中一个人则用手从挎在肩上的袋子中掏出什么东西,不断做着播种的动作。他们打开了地窖门,在那里和所有的外屋里都撒上了石灰。等到他们回头又穿过草坪时,原来暗黑的一扇窗户亮起了灯:艾米丽小姐坐在那里,灯在她身后,她那挺直的身躯一动不动像是一尊偶像一样。他们蹑手蹑脚地走过草坪,进入街道两旁洋槐树树荫之中。一两个星期之后,气味就闻不到了。

而这时人们才开始真正为她感到难过。镇上的人想起艾米丽小姐的姑奶奶韦亚特老太太终于变成了十足疯子的事,都相信格里尔生一家人自视过高,不了解自己所处的地位。艾米丽小姐和像她一类的女子对什么年轻男子都看不上眼。长久以来,我们把这家人一直看作一幅画中的人物:身段苗条、穿着白衣的艾米丽小姐立在背后,她父亲叉开双脚的侧影在前面,背对艾米丽,手执一根马鞭,一扇向后开的前门恰好嵌住了他们俩的身影。因此当她年近三十,尚未婚配时,我们实在没有喜幸的心理,只是觉得先前的看法得到了证实。即令她家有着疯癫的血液吧,如果真有一切机会摆在她面前,她也不至于断然放过。

父亲死后,传说留给她的全部财产就是那座房子;人们倒也有点感到高兴。到头来,他们可以对艾米丽表示怜悯之情了。单身独处,贫苦无告,她变得懂人情了。如今她也体会到多一便士就激动喜悦、少一便士便痛苦失望的那种人皆有之的心情了。

她父亲死后的第二天,所有的妇女们都准备到她家拜望,表示哀悼和愿意接济的心意,这是我们的习俗。艾米丽小姐在家门口接待她们,衣着和平日一样,脸上没有一丝哀愁。她告诉她们,她的父亲并未死。一连三天她都是这样,不论是教会牧师访问她也好,还是医生想劝她让他们把尸体处理掉也好。正当他们要诉诸法律和武力时,她垮下来了,于是他们很快地埋葬了她的父亲。

当时我们还没有说她发疯。我们相信她这样做是控制不了自己。我们还记得她父亲赶走了所有的青年男子,我们也知道她现在已经一无所有,只好像人们常常所做的一样,死死拖住抢走了她一切的那个人。

她病了好长一个时期。再见到她时,她的头发已经剪短,看上去像个姑娘,和教堂里彩色玻璃窗上的天使像不无相似之处——有几分悲怆肃穆。

行政当局已订好合同,要铺设人行道,就在她父亲去世的那年夏天开始动工,建筑公司带着一批黑人、骡子和机器来了,工头是个北方佬,名叫荷默·伯隆,个子高大,皮肤黝黑,精明强干,声音洪亮,双眼比脸色浅淡。一群群孩子跟在他身后听他用不堪入耳的话责骂黑人,而黑人则随着铁镐的上下起落有节奏地哼着劳动号子。没有多少时候,全镇的人他都认识了。随便什么时候人们要是在广场上的什么地方听见呵呵大笑的声音,荷默·伯隆肯定是在人群的中心。过了不久,逢到礼拜天的下午我们就看到他和艾米丽小姐一齐驾着轻便马车出游了。那辆黄轮车配上从马房中挑出的栗色辕马,十分相称。

起初我们都高兴地看到艾米丽小姐多少有了一点寄托,因为妇女们都说:"格里尔生家的人绝对不会真的看中一个北方佬,一个拿日工资的人。"不过也有别人,一些年纪大的人说就是悲伤也不会叫一个真正高贵的妇女忘记"贵人举止",尽管口头上不把它叫作"贵人举止"。他们只是说:"可怜的艾米丽,她的亲属应该来到她的身边。"她有亲属在亚拉巴马;但多年以前,她的父亲为了疯婆子韦亚特老太太的产权问题跟他们闹翻了,以后两家就没有来往。他们连丧礼也没派人参加。

　　老人们一说到"可怜的艾米丽",就交头接耳开了。他们彼此说:"你当真认为是那么回事吗?""当然是啰。还能是别的什么事?……"而这句话他们是用手捂住嘴轻轻地说的;轻快的马蹄哒哒驶去的时候,关上了遮挡星期日午后骄阳的百叶窗,还可听出绸缎的窸窣声:"可怜的艾米丽。"她把头抬得高高——甚至当我们深信她已经堕落了的时候也是如此,仿佛她比历来都更要求人们承认她作为格里尔生家族末代人物的尊严;仿佛她的尊严就需要同世俗的接触来重新肯定她那不受任何影响的性格。比如说,她那次买老鼠药、砒霜的情况。那是在人们已开始说"可怜的艾米丽"之后一年多,她的两个堂姐妹也正在那时来看望她。

　　"我要买点毒药。"她跟药剂师说。她当时已三十出头,依然是个削肩细腰的女人,只是比往常更加清瘦了,一双黑眼冷酷高傲,脸上的肉在两边的太阳穴和眼窝处绷得很紧,那副面部表情是你想象中的灯塔守望人所应有的。"我要买点毒药。"她说道。

　　"知道了,艾米丽小姐。要买哪一种?是毒老鼠之类的吗?那么我建——"

　　"我要你们店里最有效的毒药,种类我不管。"

　　药剂师一口说出好几种。"它们什么都毒得死,哪怕是大象。可是你要的是——"

　　"砒霜。"艾米丽小姐说。"砒霜灵不灵?"

　　"是……砒霜?知道了,小姐。可是你要的是……"

　　"我要的是砒霜。"药剂师朝下望了她一眼。她回看他一眼,身子挺直,面孔像一面拉紧了的旗子。"噢噢,当然有,"药剂师说。"如果你要的是这种毒药。不过,法律规定你得说明做什么用途。"

　　艾米丽小姐只是瞪着他,头向后仰了仰,以便双眼好正视他的双眼,一直看到他把目光移开了,走进去拿砒霜包好。黑人送货员把那包药送出来给她;药剂师却没有再露面。她回家打开药包,盒子上骷髅骨标记下注明:"毒鼠用药"。

　　于是,第二天我们大家都说:"她要自杀了";我们也都说这是再好没有的事。我们第一次看到她和荷默·伯隆在一块儿时,我们都说:"她要嫁给他了。"后来又说:"她还得说服他呢。"因为荷默自己说他喜欢和男人来往,大家知道他和年轻人在一家俱乐部一道喝酒,他本人说过,他是无意于成家的人。以后每逢礼拜天下午他们乘着漂亮的轻便马车驰过:艾米丽小姐昂着头,荷默歪戴着帽子,嘴里叼着雪茄烟,戴着黄手套的手握着马缰和马鞭。我们在百叶窗背后都不禁要说一声:"可怜的艾米丽。"

　　后来有些妇女开始说,这是全镇的羞辱,也是青年的坏榜样。男子汉不想干涉,但妇女们终于迫使浸礼会牧师——艾米丽小姐一家人都是属于圣公会的——去拜访她。访问经过他从未透露,但他再也不愿去第二趟了。下个礼拜天他们又驾着马车出现在街上,于是第二天牧师夫人就写信告知艾米丽住在亚拉巴马的亲属。

　　原来她家里还有近亲,于是我们坐待事态的发展。起先没有动静,随后我们得到确讯,他们即将结婚。我们还听说艾米丽小姐去过首饰店,订购了一套银质男人盥洗用具,每件上面刻着"荷伯"。两天之后人家又告诉我们她买了全套男人服装,包括睡衣在内,因此我们说:"他们已经结婚了。"我们着实高兴。我们高兴的是两位堂姐妹比起艾米丽小姐来,更有格里尔生家族的风度。

　　因此当荷默·伯隆离开本城——街道铺路工程已经竣工好一阵子了——时,我们一点也不感到惊异。我们倒因为缺少一番送行告别的热闹,不无失望之感。不过我们都相信他此去是为了迎接艾米丽小姐做一番准备,或者是让她有个机会打发走两个堂姐妹。(这时已经形成了一个秘密小集团,我们都站艾米丽小姐一边,帮她踢开这一对堂姐妹。)一点也不差,一星期后她们就走了。而且,正如我们一直所期待的那样,荷默·伯隆又回到镇上来了。一位邻居亲眼看见那个黑人在一天黄昏时分打开厨房门让他进去了。

这就是我们最后一次看到荷默·伯隆。至于艾米丽小姐呢,我们则有一段时间没有见到过她。黑人拿着购货篮进进出出,可是前门却总是关着。偶尔可以看到她的身影在窗口晃过,就像人们在撒石灰那天夜晚曾经见到过的那样,但却有整整六个月的时间,她没有出现在大街上。我们明白这也并非出乎意料;她父亲的性格三番五次地使她那作为女性的一生平添波折,而这种性格仿佛太恶毒,太狂暴,还不肯消失似的。

等到我们再见到艾米丽小姐时,她已经发胖了,头发也已灰白了。以后数年中,头发越变越灰,变得像胡椒盐似的铁灰色,颜色就不再变了。直到她七十四岁去世之日为止,还是保持着那旺盛的铁灰色,像是一个活跃的男子的头发。

打那时起,她的前门就一直关闭着,除了她四十左右的那段约有六七年的时间之外。在那段时期,她开授瓷器彩绘课。在楼下的一间房里,她临时布置了一个画室,沙多里斯上校的同时代人全都把女儿、孙女儿送到她那里学画,那样的按时按刻,那样的认真精神,简直同礼拜天把她们送到教堂去,还给她们二角五分钱的硬币准备放在捐献盆子里的情况一模一样。这时,她的捐税已经被豁免了。

后来,新的一代成了全镇的骨干和精神,学画的学生们也长大成人,渐次离开了,她们没有让她们自己的女孩子带着颜色盒、令人生厌的画笔和从妇女杂志上剪下来的画片到艾米丽小姐那里去学画。最后一个学生离开后,前门关上了,而且永远关上了。全镇实行免费邮递制度之后,只有艾米丽小姐一人拒绝在她门口钉上金属门牌号,附设一个邮件箱。她怎样也不理睬他们。

日复一日,月复一月,年复一年,我们眼看着那黑人的头发变白了,背也驼了,还照旧提着购货篮进进出出。每年十二月我们都寄给她一张纳税通知单,但一星期后又由邮局退还了,无人收信。不时我们在楼底下的一个窗口——她显然是把楼上封闭起来了——见到她的身影,像神龛中的一个偶像的雕塑躯干,我们说不上她是不是在看着我们。她就这样度过了一代又一代——高贵,宁静,无法逃避,无法接近,怪僻乖张。

她就这样与世长辞了。在一栋尘埃遍地、鬼影幢幢的屋子里得了病,侍候她的只有一个老态龙钟的黑人。我们甚至连她病了也不知道;也早已不想从黑人那里去打听什么消息。他跟谁也不说话,恐怕对她也是如此,他的嗓子似乎由于长久不用变得嘶哑了。

她死在楼下一间屋子里,笨重的胡桃木床上还挂着床帷,她那长满铁灰头发的头枕着的枕头由于用了多年而又不见阳光,已经黄得发霉了。

黑人在前门口迎接第一批妇女,把她们请进来,她们话音低沉,发出咝咝声响,以好奇的目光迅速扫视着一切。黑人随即不见了,他穿过屋子,走出后门,从此就不见踪影了。

两位堂姐妹也随即赶到,他们第二天就举行了丧礼,全镇的人都跑来看看覆盖着鲜花的艾米丽小姐的尸体。停尸架上方悬挂着她父亲的炭笔画像,一脸深刻沉思的表情,妇女们叽叽喳喳地谈论着死亡,而老年男子呢——有些人还穿上了刷得很干净的南方同盟军制服——则在走廊上,草坪上纷纷谈论着艾米丽小姐的一生,仿佛她是他们的同时代人,而且还相信和她跳过舞,甚至向她求过爱,他们把按数学级数向前推进的时间给搅乱了。这是老年人常有的情形。在他们看来,过去的岁月不是一条越来越窄的路,而是一片广袤的连冬天也对它无所影响的大草地,只是近十年来才像窄小的瓶口一样,把他们同过去隔断了。

我们已经知道,楼上那块地方有一个房间,四十年来从没有人见到过,要进去得把门撬开。他们等到艾米丽小姐安葬之后,才设法去开门。

门猛烈地打开,震得屋里灰尘弥漫。这间布置得像新房的屋子,仿佛到处都笼罩着墓室一般的淡淡的阴惨惨的氛围:败了色的玫瑰色窗帘,玫瑰色的灯罩,梳妆台,一排精细的水晶制品和白银作底的男人盥洗用具,但白银已毫无光泽,连刻制的姓名字母图案都已无法辨认了。杂物中有一条硬领和领带,仿佛刚从身上取下来似的,把它们拿起来时,在台面上堆积的尘埃中留下淡淡的月牙痕。椅子上放着一套衣服,折叠得好好的;椅子底下有两只寂寞无声的鞋和一双扔了不要的袜子。

那男人躺在床上。

我们在那里立了好久,俯视着那没有肉的脸上令人莫测的龇牙咧嘴的样子。那尸体躺在那里,显出一度是拥抱的姿势,但那比爱情更能持久、那战胜了爱情的熬煎的永恒的长眠已经使他驯服了。他所遗留下来的肉体已在破烂的睡衣下腐烂,跟他躺着的木床粘在一起,难分难解了。在他身上和他身旁的枕上,均匀地覆盖着一层长年累月积下来的灰尘。

后来我们才注意到旁边那只枕头上有人头压过的痕迹。我们当中有一个人从那上面拿起了什么东西,大家凑近一看——这时一股淡淡的干燥发臭的气味钻进了鼻孔——原来是一绺长长的铁灰色头发。

【文本对话】
一、阅读全文,梳理故事发展的时间线索。
二、艾米丽的家庭环境对她产生了怎样的影响?结合文中的描写分析艾米丽这一形象。
三、福克纳常用意象、象征等手段来烘托气氛,结合文中的描写,理解"玫瑰"的象征意义。

【实践活动】
选读《喧哗与骚动》片段,感受意识流小说的写作特点。

【知识链接】
威廉·福克纳(1897—1962),美国20世纪重要的小说家,意识流文学在美国的代表人物,也是西方最具有影响的现代小说家之一,1949年获得诺贝尔文学奖。他的小说中绝大多数故事都发生在虚构的约克纳帕塔法县,被称为"约克纳帕塔法世系",主要写该县及杰弗逊镇不同社会阶层的若干家庭几代人的故事。最有代表性的作品是描写杰弗逊镇望族康普生家庭的没落及其成员的精神状态和生活遭遇的《喧哗与骚动》。

二、现代诗两首

【阅读提示】

《神女峰》是诗人舒婷看到神女峰美景后有感而作。神女峰是古代女性坚贞忠诚的化身,但作者在诗中对传统的爱情观提出质疑,表达了对这种封建思想的反叛和对纯真爱情的追求,是一首表现女性觉醒意识的抒情诗。

《因为风的缘故》是诗人晚年写给太太的诗歌,诗中既有对爱情的诗意抒写,又有对生命的深情体悟,"言已尽而意有余"。请细心品味这首用"很精练的语言、很有张力的语言"写就的诗歌。

神女峰①

舒婷

在向你挥舞的各色花帕中
是谁的手突然收回
紧紧捂住了自己的眼睛
当人们四散而去,谁
还站在船尾
衣群漫飞,如翻涌不息的云
江涛
高一声
低一声

美丽的梦留下美丽的忧伤
人间天上,代代相传
但是,心
真能变成石头吗
为眺望远天的杳鹤②
错过无数次春江月明
沿着江岸
金光菊和女贞子③的洪流
正煽动新的背叛

---

① 选自《名家经典诗歌系列:舒婷诗精编》(长江文艺出版社,2014年版)。神女峰,山峰名,又名望霞峰、美人峰、仙女峰、神女天下峰,在重庆市巫山县城东约15千米处的巫峡大江北岸,位于著名的长江三峡风景区内,是巫山十二峰之最。相传巫山神女瑶姬居住在此处。
② 杳鹤:杳,远。这里象征虚妄的空名。
③ 金光菊和女贞子:巫峡常见的植物。

与其在悬崖上展览千年
不如在爱人肩头痛哭一晚

1981年6月于长江

因为风的缘故①

洛夫

昨日我沿着河岸
漫步到
芦苇弯腰喝水的地方
顺便请烟囱
在天空为我写一封长长的信
潦是潦草了些
而我的心意
则明亮亦如你窗前的烛光
稍有暧昧之处
势所难免
因为风的缘故

此信你能否看懂并不重要
重要的是
你务必在雏菊尚未全部凋零之前
赶快发怒,或者发笑
赶快从箱子里找出我那件薄衫子
赶快对镜梳你那又黑又柔的妩媚
然后以整生的爱
点燃一盏灯
我是火
随时可能熄灭
因为风的缘故

【文本对话】

一、《神女峰》这首诗中,神女是怎样的一种形象?
二、从用典的角度来分析"为眺望远天的杳鹤/错过无数次春江月明"的意境。
三、如何理解"新的背叛"?请结合诗歌,分析诗人是如何体现这种情绪的?
四、"与其在悬崖上展览千年/不如在爱人肩头痛哭一晚",体现了怎样的爱情观?
五、仔细品味《因为风的缘故》这首诗歌,分析诗中"芦苇""窗前的烛光"等意象。
六、细细品读《因为风的缘故》这首诗歌,结合"雏菊""风""火"等意象,分析诗人对爱情的想象和对生命的思考。

---

① 选自《名家经典诗歌系列:洛夫诗精编》(长江文艺出版社,2015年版)。

七、结合《因为风的缘故》这首诗歌的内容进行分析,诗中体现了哪些现代爱情的情趣？又是怎样体现对爱情的忠贞追求的？

【实践活动】

一、阅读《双桅船》《惊蛰》《致橡树》等诗歌,体会舒婷爱情诗中"对传统爱情的背叛"。

二、意象是解读诗歌的关键,诗歌的艺术性隐藏于意象与意象的组合之中,从历时角度出发分析诗歌中的意象,为我们提供了诗歌鉴赏的另一个角度。结合在中国古典诗歌中出现的"芦苇""烛""镜"等意象,深入领会《因为风的缘故》这首诗的意境和诗人的情感。

【知识链接】

舒婷(1952—),原名龚佩瑜,中国当代女诗人,朦胧诗派代表人物。1979年发表在《诗刊》上的《致橡树》,是她的诗歌第一次公开发表,之后又发表了《祖国,我亲爱的祖国》《这也是一切》。舒婷称《致橡树》和《祖国,我亲爱的祖国》是她飞向诗坛的两只翅膀。有诗集《双桅船》《会唱歌的鸢尾花》等,散文集《心烟》《秋天的情绪》等。

洛夫(1928—2018),原名莫运端、莫洛夫,湖南衡阳人,国际著名诗人、中国最著名的现代诗人之一。其作品中运用的表现手法近乎魔幻,被誉为"诗魔"。因作品《漂木》提名诺贝尔文学奖,有诗集《灵河》《时间之伤》《魔歌》《雨想说的》等。此外还有散文集《一朵午荷》《雪楼随笔》等,评论集《诗人之境》《洛夫诗论选集》等,译著《雨果传》等。

三、透明的红萝卜[①](节选)

莫言

【阅读提示】

《透明的红萝卜》是一篇充满神秘色彩和虚幻色彩的小说,反映了特定背景下农村生活的奇特色彩。小说中描写了人们在穷困、重压下简单的追求,神秘之中又带有感伤的气息。阅读小说,体会其中蕴含的意境,感受作品中的朦胧美。

秋天的一个早晨,潮气很重,杂草上、瓦片上都凝结着一层透明的露水。槐树上已经有了浅黄色的叶片,挂在槐树上的红锈斑斑的铁钟也被露水打得湿漉漉的。队长披着夹袄,一手里扑[②]着一块高粱面饼子,一手里捏着一棵剥皮的大葱,慢吞吞地朝着钟下走。走到钟下时,手里的东西全没了,只有两个腮帮子像秋田里搬运粮草的老田鼠一样饱满地鼓着。他拉动钟绳,钟锤撞击钟壁,"嘡嘡嘡"响成一片。

老老少少的人从胡同里涌出来,会集到钟下,眼巴巴地望着队长,像一群木偶。队长用力把食物吞咽下去,抬起袖子擦擦被络腮胡子包围着的嘴。人们一齐瞅着队长的嘴,只听到那张嘴一张开——那张嘴一张开就骂:"他娘的腿!公社里这些狗娘养的,今日抽两个瓦工,明日调两个木工,几个劳力全被他们给零打碎敲了。小石匠,公社要加宽村后的滞洪闸,每个生产队里抽调一个石匠,一个小工,只好你去了。"队长对着一个高个子宽肩膀的小伙子说。

小石匠长得很潇洒,眉毛黑黑的,牙齿是白的,一白一黑,衬托得满面英姿。他把脑袋轻轻摇了一下,一绺滑到额头上的头发轻轻地甩上去。他稍微有点口吃地问队长去当小工的人是谁,队长怕冷似的把膀子抱起来,双眼像风车一样旋转着,嘴里说:"按说去个妇女好,可妇女要拾棉花。去个男劳力又屈了料。"最后,他的目光停在墙角上。墙角上站着一个十岁左右的男孩子。孩子赤着脚,光着脊梁,穿一条又肥又长的白底带绿条条的大裤头子,裤头上染着一块块的污渍,有的像青草的汁液,有的像干结的鼻血。裤头的下沿齐着膝盖。孩子的小腿上布满了闪亮的小疤点。

"黑孩儿,你还活着?"队长看着孩子那凸起的瘦胸脯,说:"我寻思着你该去见阎王了。打摆子好了吗?"

孩子不说话,只是用两只又黑又亮的眼睛直盯着队长看。他的头很大,脖子细长,挑着这样一个大脑袋显得随时都有压折的危险。

"你是不是要干点活儿挣几个工分?你这个熊样子能干什么?放个屁都怕把你震倒。你跟小石匠到滞洪闸上去当小工吧,怎么样?回家找把小锤子,就坐在那儿砸石头子儿,愿意动弹就多砸几块,不愿动弹就少砸几块,根据历史的经验,公社的差事都是糊弄洋鬼子的干活。"

孩子慢慢地蹭到小石匠身边,扯扯小石匠的衣角。小石匠友好地拍拍他的光葫芦头,说:"回家跟你后娘要把锤子,我在桥头上等你。"

---

① 选自《透明的红萝卜》(山东文艺出版社,2002年版),有删改。
② 扑(qiá):用两手掐住。

黑孩双手扶着风箱杆儿，炉中的火已经很弱了，一绺①蓝色火苗和一绺黄色火苗在煤结上跳跃着，有时，火苗儿被气流托起来，离开炉面很高，在空中浮动着，人影一晃动，两个火苗又落下去。孩子目中无人，他试图用一只眼睛盯住一个火苗，让一只眼黄一只眼蓝，可总也办不到，他没法把双眼视线分开。于是他懊丧地从火上把目光移开，左右巡睃②着，忽然定在了炉前的铁砧上。铁砧踞伏着，像只巨兽。他的嘴第一次大张着，发出一声感叹（感叹声淹没在老铁匠高亢的歌声里）。黑孩的眼睛原本大而亮，这时更变得如同电光源。他看到了一幅奇特美丽的图画：光滑的铁砧子。泛着青幽幽蓝幽幽的光。泛着青蓝幽幽光的铁砧子上，有一个金色的红萝卜。红萝卜的形状和大小都像一个大个阳梨，还拖着一条长尾巴，尾巴上的根根须须像金色的羊毛。红萝卜晶莹透明，玲珑剔透。透明的、金色的外壳里苞孕着活泼的银色液体。红萝卜的线条流畅优美，从美丽的弧线上泛出一圈金色的光芒。光芒有长有短，长的如麦芒，短的如睫毛，全是金色……老铁匠的歌唱被推出去很远很远，像一个小蝇子的嗡嗡声。他像个影子一样飘过风箱，站在铁砧前，伸出了沾满泥土煤屑、挨过砸伤烫伤的小手，小手抖抖索索……当黑孩的手就要捉住小萝卜时，小铁匠猛地蹿起来，他踢翻了一个水桶，水汩汩地流着，渍湿了老铁匠的草铺。他一把将那个萝卜抢过来，那只独眼充着血："你也配吃萝卜？老子肚里着火，嗓里冒烟，正要它解渴！"小铁匠张开牙齿焦黑的大嘴就要啃那个萝卜。黑孩以少有的敏捷跳起来，两只细胳膊插进小铁匠的臂弯里，身体悬空一挂，又嘟噜滑下来，萝卜落到了地上。小铁匠对准黑孩的屁股踢了一脚，黑孩一头扎到姑娘怀里，小石匠大手一翻，稳稳地托住了他。

　　老铁匠停下了嘶哑的歌喉，慢慢地站起来。姑娘和小石匠也站起来。六只眼睛一起瞪着小铁匠。黑孩头很晕，眼前的一切都在转动。使劲晃晃头，他看到小铁匠又拿着萝卜往嘴里塞。他抓起一块煤渣投过去，煤渣擦着小铁匠腮边飞过，碰到闸板上，落在老铁匠铺上。

　　"看我打死你！"小铁匠咆哮着。

　　小石匠跨前一步，说："你要欺负孩子？"

　　"把萝卜还给他！"姑娘说。

　　"还给他？老子偏不。"小铁匠冲出桥洞，扬起胳膊猛力一甩，萝卜带着飕飕的风声向前飞去，很久，河里传来了水面的破裂声。

　　黑孩的眼前出现了一道金色的长虹，他的身体软软地倒在小石匠和姑娘中间。

　　那个金色红萝卜砸在河面上，水花飞溅起来。萝卜漂了一会儿，便慢慢沉入水底。在水底下它慢慢滚动着，一层层黄沙很快就掩埋了它。从萝卜砸破的河面上，升腾起沉甸甸的迷雾，凌晨时分，雾积满了河谷，河水在雾下伤感地鸣咽着。

　　黑孩走出桥洞，爬上河堤，钻进黄麻地。黄麻地里已经有了一条依稀可辨的小径，麻秆儿都向两边分开。走着走着，他停住脚。这儿一片黄麻倒地、像有人打过滚。他用手背揉揉眼睛，抽泣了一声，继续向前走。走了一会，他趴下，爬进萝卜地。那个瘦老头不在，他直起腰，走到萝卜地中央，蹲下去，看到萝卜垄里点种的麦子已经钻出紫红的锥芽，他双膝跪地，拔出了一个萝卜，萝卜的细根与土壤分别时发出水泡破裂一样的声响。黑孩认真地听着这声响，一直追着它飞到天上去。天上纤云也无，明媚秀丽的秋阳一无遮拦地把光线投下来。黑孩把手中那个萝卜举起来，对着阳光察看。他希望还能看到那天晚上从铁砧上看到的奇异景象，他希望这个萝卜在阳光照耀下能像那个隐藏在河水中的萝卜一样晶莹剔透，泛出一圈金色的光芒。但

---

① 绺（liǔ）：量词，指一束丝、线、须、发、火焰等。
② 巡睃（suō）：环视，扫视。

是这个萝卜使他失望了。它不剔透也不玲珑,既没有金色光圈,更看不到金色光圈里苞孕着的活泼的银色液体。他又拔出一个萝卜,又举到阳光下端详,他又失望了。以后的事情就变得很简单了。他膝行一步。拔两个萝卜。举起来看看。扔掉。又膝行一步,拔,举,看,扔……

看菜园的老头子眼睛像两滴混浊的水,他蹲在白菜地里捉拿钻心虫儿。捉一个用手指捏死,再捉一个还捏死。天近中午了,他站起来,想去叫醒正在看院屋子里睡觉的队长。队长夜里误了觉,白天村里不安宁,难以补觉,看院屋子里只能听到秋虫浅吟,正好睡觉。老头儿一直起腰,就听到脊椎骨"叭哽叭哽"响。他恍然看到阳光下的萝卜地一片通红,好像遍地是火苗子。老头打起眼罩,急步向前走,一直走到萝卜地里,他才看得那遍地通红的竟是拔出来的还没有完全长成的萝卜。

"作孽啊!"老头子大叫一声。他看到一个孩子正跪在那儿,举着一个大萝卜望太阳。孩子的眼睛是那么大,那么亮,看着就让人难受。但老头子还是不客气地抓住他,扯起来,拖到看园屋子里,叫醒了队长。

"队长,坏了,萝卜,让这个小熊给拔了一半。"

队长睡眼惺忪地跑到萝卜地里看了看,走回来时他满脸杀气。对着黑孩的屁股他狠踢了一脚,黑孩半天才爬起来。队长没等他清醒过来,又给了他一耳巴子。

"小兔崽子,你是哪个村的?"

黑孩迷惘的眼睛里满是泪水。

"谁让你来搞破坏?"

黑孩的眼睛清澈如水。

"你叫什么名字?"

黑孩的眼睛里水光潋滟。

"你爹叫什么名字?"

两行泪水从黑孩眼里流下来。

"他娘的,是个小哑巴。"

黑孩的嘴唇轻轻嚅动着。

"队长,行行好,放了他吧。"瘦老头说。

"放了他?"队长笑着说,"是要放了他。"

队长把黑孩的新褂子、新鞋子、大裤头子全剥下来,团成一堆,扔到墙角上,说:"回家告诉你爹,让他来给你拿衣裳。滚吧!"

黑孩转身走了,起初他还好像害羞似的用手捂住身体,走了几步就松开了手。老头子看着这个一丝不挂的男孩,抽抽搭搭地哭起来。

黑孩钻进了黄麻地,像一条鱼儿游进了大海。扑簌簌黄麻叶儿抖,明晃晃秋天阳光照。

黑孩——黑孩——

【文本对话】

一、小说开头的环境描写和对黑孩儿的描写有何作用?

二、文中写黑孩儿想要抓住那个奇特的红萝卜,后来又写疯狂地在地里寻找红萝卜,结合你对小说的理解,分析"红萝卜"的象征意义。

三、小说末尾黑孩儿被赶走的情景有什么含义?

【实践活动】

阅读《透明的红萝卜》全文。

【知识链接】

莫言(1955—),山东高密人,原名管谟业,中国当代著名作家。1981年开始发表作品,1984年因《透明的红萝卜》成名,代表作有《红高粱家族》《檀香刑》《丰乳肥臀》《生死疲劳》《天堂蒜薹之歌》等,2011年凭借小说《蛙》获得茅盾文学奖。2012年获诺贝尔文学奖,理由是"通过幻觉现实主义将民间故事、历史与当代社会融合在一起。"

四、秋夜[①]

鲁迅

【阅读提示】

这是一篇寓意深刻的散文,作者用象征、拟人等手法,赋予不同景物以不同的人格特征和象征意义。文章借景抒情,以物言志,表达了对黑暗势力的抗争和愤怒以及在艰难中顽强求索的精神。

在我的后园,可以看见墙外有两株树,一株是枣树,还有一株也是枣树。

这上面的夜的天空,奇怪而高,我生平没有见过这样奇怪而高的天空。他仿佛要离开人间而去,使人们仰面不再看见。然而现在却非常之蓝,闪闪地睒[②]着几十个星星的眼,冷眼。他的口角上现出微笑,似乎自以为大有深意,而将繁霜洒在我的园里的野花草上。

我不知道那些花草真叫什么名字,人们叫他们什么名字。我记得有一种开过极细小的粉红花,现在还开着,但是更极细小了,她在冷的夜气中,瑟缩[③]地做梦,梦见春的到来,梦见秋的到来,梦见瘦的诗人将眼泪擦在她最末的花瓣上,告诉她秋虽然来,冬虽然来,而此后接着还是春,蝴蝶乱飞,蜜蜂都唱起春词来了。她于是一笑,虽然颜色冻得红惨惨地,仍然瑟缩着。

枣树,他们简直落尽了叶子。先前,还有一两个孩子来打他们,别人打剩的枣子,现在是一个也不剩了,连叶子也落尽了。他知道小粉红花的梦,秋后要有春;他也知道落叶的梦,春后还是秋。他简直落尽叶子,单剩干子,然而脱了当初满树是果实和叶子时候的弧形,欠伸得很舒服。但是,有几枝还低亚[④]着,护定他从打枣的竿梢所得的皮伤,而最直最长的几枝,却已默默地铁似的直刺着奇怪而高的天空,使天空闪闪地鬼睒眼;直刺着天空中圆满的月亮,使月亮窘得发白。

鬼睒眼的天空越加非常之蓝,不安了,仿佛想离去人间,避开枣树,只将月亮剩下。然而月亮也暗暗地躲到东边去了。而一无所有的干子,却仍然默默地铁似的直刺着奇怪而高的天空,一意要制他的死命,不管他各式各样地睒着许多蛊惑的眼睛。

哇的一声,夜游的恶鸟飞过了。

我忽而听到夜半的笑声,吃吃[⑤]地,似乎不愿意惊动睡着的人,然而四围的空气都应和着笑。夜半,没有别的人,我即刻听出这声音就在我嘴里,我也即刻被这笑声所驱逐,回进自己的房。灯火的带子也即刻被我旋高了。

后窗的玻璃上丁丁[⑥]地响,还有许多小飞虫乱撞。不多久,几个进来了,许是从窗纸的破孔进来的。他们一进来,又在玻璃的灯罩上撞得丁丁地响。一个从上面撞进去了,他于是遇到火,而且我以为这火是真的。两三个却休息在灯的纸罩上喘气。那罩是昨晚新换的罩,雪白的

---

① 选自《野草》(天津人民出版社,2016 年)。
② 睒(shǎn):眨眼睛。
③ 瑟缩:身体因寒冷、受惊等而蜷缩抖动。
④ 低亚:低垂。"亚",压。
⑤ 吃吃:象声词,这里指笑声。
⑥ 丁丁:象声词。

纸,折出波浪纹的叠痕,一角还画出一枝猩红色的栀子①。

　　猩红的栀子开花时,枣树又要做小粉红花的梦,青葱地弯成弧形了……我又听到夜半的笑声;我赶紧砍断我的心绪,看那老在白纸罩上的小青虫,头大尾小,向日葵子似的,只有半粒小麦那么大,遍身的颜色苍翠得可爱,可怜。

　　我打一个呵欠,点起一支纸烟,喷出烟来,对着灯默默地敬奠这些苍翠精致的英雄们。

一九二四年九月十五日

【文本对话】

一、"默默地铁似的直刺着奇怪而高的天空,一意要制他的死命,不管他各式各样地眈着许多蛊惑的眼睛"。这句话蕴含了怎样的精神?

二、文中写了天空、枣树、小粉红花、小青虫等事物,结合文章内容,分析其象征意义。

三、作者通过象征等手法的运用,营造了一种冷寂深邃的意境,刻画了一个坚定执着的孤独探索者形象,试结合文中的景物描写分析这个形象。

【实践活动】

阅读《野草》题辞,了解作者思想的变化、写作目的以及思想艺术来源。

【知识链接】

鲁迅(1881—1936),浙江绍兴人,曾用名周樟寿,后改为周树人,字豫才,文学家、思想家、革命家。有小说集《呐喊》《彷徨》《故事新编》,散文集《朝花夕拾》《野草》以及《且介亭杂文》《热风》《华盖集》《而已集》等多部杂文集。

《野草》收录了1924年至1926年间所作散文诗23篇,都写于北洋军阀统治下的北京,书前有《题辞》1篇。记录了作者在当时社会环境下坚持战斗,感到孤独、寂寞,在彷徨中又不断探索的思想感情。作品中隐藏了深邃的哲理,构建了一个象征的世界,创造了一种独特的"独语"式的抒情散文诗。

---

① 猩红色的栀子:栀子一般为白色,红色栀子是罕见的品种。据《广群芳谱》卷三十八引《万花谷》载:"蜀孟昶十月宴芳林园,赏红栀子花;其花六出而红,清香如梅。"

五、家（节选）

巴金

【阅读提示】

《家》描写了20世纪20年代初期四川成都一个封建家庭生活的形态及其衰落、崩溃的历史，控诉了封建制度、封建礼教对生命的摧残和迫害，歌颂了青年一代与封建制度的斗争精神以及他们的觉醒。

风止了，空气还是跟先前一样的冷。夜来了，它却没有带来黑暗。上面是灰色的天空，下面是堆着雪的石板地。一个大天井里铺满了雪。中间是一段垫高的方形石板的过道，过道两旁各放了几盆梅花，枝上积了雪。

觉民在前面走，刚刚走上左边厢房的一级石阶，正要跨过门槛进去，一个少女的声音在左上房窗下叫起来："二少爷，二少爷，你们回来得正好。刚刚在吃饭。请你们快点去，里头还有客人。"说话的婢女鸣凤，是一个十六岁的少女，脑后垂着一根发辫，一件蓝布棉袄裹着她的苗条的身子。瓜子形的脸庞也还丰润，在她带笑说话的时候，脸颊上现出两个酒窝。她闪动着两只明亮的眼睛天真地看他们。觉慧在后面对她笑了一笑。

"好，我们放了伞就来，"觉民高声答道，并不看她一眼就大步跨进门槛去了。

"鸣凤，什么客？"觉慧也踏上了石阶站在门槛上问。"姑太太和琴小姐。快点去罢，"她说了便转身向上房走去。

觉慧望着她的背影笑了一笑，他看见她的背影在上房门里消失了，才走进自己的房间。觉民正从房里走出来，便说："你在跟鸣凤说些什么？快点去吃饭，再晏点恐怕饭都吃完了。"觉民说毕就往外面走。

"好，我就这样跟你去罢，好在我的衣服还没有打湿，不必换它了，"觉慧回答道，他就把伞丢在地板上，马上走了出来。

"你总是这样不爱收拾，屡次说你，你总不听。真是江山易改，本性难移！"觉民抱怨道，但是他的脸上还带着笑容。他又回转身走进房去拾起了伞，把它张开，小心地放在地板上。

"这又有什么办法呢？"觉慧在门口看着他做这一切，带笑地说，"我的性情永远是这样。可笑你催我快，结果反而是你耽搁时间。"

"你总是嘴硬，我说不过你！"觉民笑了笑，就往前走了。觉慧依旧带笑地跟着他的哥哥走。他的脑海里现出来一个少女的影子，但是马上又消失了，因为他走进了上房，在他的眼前又换了新的景象。

围着一张方桌坐了六个人，上面坐着他的继母周氏和姑母张太太，左边坐着张家的琴表姐和嫂嫂李瑞珏，下面坐着大哥觉新和妹妹淑华，右边的两个位子空着。他和觉民向姑母行了礼，又招呼了琴，便在那两个空位子上坐下。女佣张嫂连忙盛了两碗饭米。

"你们今天怎么回来得这样晏？要不是姑妈来玩，我们早吃过饭了，"周氏端着碗温和地说。

---

① 选自《家》第二章（人民文学出版社，2018年版）。

"今天下午朱先生教我们练习演戏,所以到这个时候才回来,"觉民答道。

"刚才还下大雪,外面想必很冷,你们坐轿子回来的吗?"张太太半关心、半客气地问道。

"不,我们走路回来的,我们从来不坐轿子!"觉慧听见说坐轿子,就着急地说。

"三弟素来害怕人说他坐轿子,他是一个人道主义者,"觉新笑着解释道;众人都笑了。

"外面并不太冷。风已经住了。我们一路上谈着话,倒也很舒服,"觉民客气地回答姑母的问话。

"二表哥,你们刚才说演戏,就是预备开游艺会的时候演的吗?你们学堂里的游艺会什么时候开?"琴向觉民问道。琴和觉民同年,只是比他小几个月,所以叫他做表哥。琴是小名。她的姓名是张蕴华。在高家人们都喜欢叫她做"琴"。她是高家的亲戚里面最美丽、最活泼的姑娘,现在是省立一女师三年级的走读生。

"大概在明年春天,下学期开始的时候。这学期就只有一个多礼拜的课了。琴妹,你们学堂什么时候放假?"觉民问道。"我们学堂上个礼拜就放假了。说是经费缺少,所以早点放学,"琴回答道,她已经放下了饭碗。

"现在教育经费都被挪去充作军费用掉了。每个学堂都是一样的穷。不过我们学堂不同一点,因为我们校长跟外国教员订了约,不管上课不上课,总是照约付薪水,多上几天课倒便宜些。……据说校长跟督军有点关系,所以拿钱要方便一点,"觉民解释说。他也放下了碗筷,鸣凤便绞了一张脸帕给他送过来。

"这倒好,只要有书读,别的且不管,"觉新在旁边插嘴道。

"我忘了,他们进的是什么学堂?"张太太忽然这样地问琴。

"妈的记性真不好,"琴带笑答道,"他们进的是外国语专门学校。我早就告诉过妈了。"

"你说得不错。我现在老了,记性坏了,今天打牌有一次连和也忘记了,"张太太带笑地说。这时大家都已放下了碗,脸也揩过了。周氏便对张太太说:"大妹,还是到我屋里去坐罢,"于是推开椅子站起来。众人也一齐站起,向旁边那间屋子走去。

琴走在后面,觉民走到她的旁边低声对她说:"琴妹,我们学堂明年暑假要招收女生。"

她惊喜地回过头,脸上充满光辉,一双水汪汪的大眼睛发光地盯着他的脸,好像得到了一个大喜讯似的。

"真的?"她问道,还带了一点不相信的样子。她疑心他在跟她开玩笑。

"当然是真的。你看我什么时候说过谎话?"觉民正经地说,又回头看一眼站在旁边的觉慧,加了一句:"你不相信,可以问三弟。"

"我并没有说不相信你,不过这个好消息来得太突然了,"琴兴奋地含笑说。

"事情倒是有的,不过能不能实行还是问题,"觉慧在旁边接口说。"我们四川社会里卫道的人太多了。他们的势力还很大。他们一定会反对。男女同校,他们一辈子连做梦都不曾梦到!"他说着,现出愤慨的样子。

"这也没有多大的关系!只要我们校长下了决心就行了,"觉民说,"我们校长说过,假使没有女学生报名投考,他就叫他的太太第一个报名。"

"不,我第一个去报名!"琴好像被一个伟大的理想鼓舞着,她热烈地说。

"琴儿,你为什么不进来?你们站在门口说些什么?"张太太在里面唤道。

"你去对姑妈说,你到我们屋里去耍,我把这件事情详细告诉你,"觉民小声怂恿琴道。

琴默默地点一下头,就向着她的母亲那边走去,在母亲的耳边说了两三句话,张太太笑了一笑说道:"好,可是不要耽搁久了。"琴点点头,向着觉民弟兄走来,又和他们一路走出了上房。

她刚走出门,便听见麻将牌在桌子上磨擦的声音。她知道她的母亲至少还要打四圈麻将。

【文本对话】

一、"风止了,空气还是跟先前一样的冷。夜来了,它却没有带来黑暗。"文章开头的描写有何作用?

二、文中的觉慧是一个怎样的形象,请进行分析。

【实践活动】

巴金说:"我要写一些可爱的年轻的生命怎样在那里面受苦、挣扎、而终于不免灭亡……"《家》塑造了一系列性格鲜明、具有典型意义的人物形象。阅读《家》,感受那些"可爱的年轻的生命"是如何鲜活、如何抗争,然后妥协和陨落的。

【知识链接】

巴金(1904—2005),四川成都人,原名李尧棠,字芾甘,现代文学家、出版家、翻译家。主要作品有"激流三部曲"《家》《春》《秋》,"爱情的三部曲"《雾》《雨》《电》,"人间三部曲"《憩园》《第四病室》《寒夜》,"革命三部曲"《灭亡》《死去的太阳》《新生》,"抗战三部曲"《火》《冯文淑》《田惠世》,散文集《随想录》。

"激流三部曲"是我国新文学史上第一次以长篇小说的形式,对封建家庭崩溃过程的深入描写,是巴金呼吁自由、民主和人性解放的旗帜。其中《家》的艺术成就最高,原篇名为《激流》。

第三单元

足迹人生

【单元导读】

　　足迹是人生的足迹,人生是足迹的人生。怀着对生命的崇敬,每个人都曾经在土地的某个角落留下过或多或少的生命痕迹。生命之树常青,生命之花永艳。在土地上行走,不同的足迹彰显不同的人生,不同的人生诠释不同的生命意义。对于个人,人生的精彩不是寿命的数字有多大,不是享受到的快乐有多丰富,而是生命轨迹上到底留下多少有意义的印记。古人"登山则情满于山,观海则意溢于海",讲的就是人生轨迹在生活境界陶冶下的生命意义。

　　本单元的五篇课文,都是足迹人生的美好例证。

　　"西出阳关无故人"。阳关在唐朝时就已经为众多文人墨客称道,并演绎了丰富的诗意文化。历史上,河西走廊曾经作为中华文明的摇篮,孕育了华夏几千年的文明。如今,那块号称"西北大漠"的神奇土地,带给我们现代人的是难以领会到的深层次思考,原因就是深层次思考的背后那厚重的历史文化。作家余秋雨凭借《阳关雪》这篇散文,以深邃的目光洞察了阳关的真正面目,并站在个人视野的层面,表达了对华夏悠久文明的自豪感,同时抒发了由自豪感引发的文化忧虑。

　　"一出玉门关,两眼泪不干,前面是戈壁,后面是沙滩。"同样的西北大地,同样的现代人眼光。较之于《阳关雪》,香港诗人张诗剑则以长诗《香妃梦回》,通过对历史上关于著名的香妃故事进行回顾,并在回顾中描绘了新疆一线的秀美风光以及风光深处的丰厚文化底蕴。课文虽然是节选,但香妃那种胡杨树般的倔强个性和故土情感,自然而然地流露于字里行间。诗人通过对香妃的倾慕和敬仰,表达了期盼各民族共同团结进步的美好祝愿。

　　"生之现象,非常普遍"。但生之意义,非同一般。生命作为被时间规定了的存在,显示着当下感。如何要让当下的生命诠释人生的永恒?著名教育家罗家伦通过《生命的意义》一文,从三个不同层面分析了生命固有的意义,由此来表达作者的生命观,劝告人们要"把自己的生命,换成有永久价值的事业",才能让有限的生命活出无限的生命魅力。

　　在时间的轨迹中,生命的存在往往受到挑战。有时,战争的残暴,直接以死亡的信号威胁着和平的人类。《难民》是美国女作家赛珍珠的长篇小说《龙子》中的一个节选。作者通过众人视野的眼光和正义者的笔调,正视了历史的真实,控诉了抗日战争时期日本帝国主义在中国犯下的滔天罪行。文章通过中国农民林郯一家和一群逃难人躲避战乱的经历,表达了生命在受到死亡威胁时,人性对灵魂深处进行的拷问。

危难之处显身手,患难之时见真情。战争考验了生命,战争也拉近了向往和平的人们的情感。孙犁的《山地回忆》就是表达革命战士同人民群众之间鱼水情深的一篇文章。文章通过抗日战争时期军民之间的一些日常琐事,表现了军民各自的淳朴心理,赞美了淳朴心理下流露着的纯朴真挚的崇高情感。全文采用以小见大的手法,让"细枝末节"都能放射出友爱的光芒,让友爱的光都能留下永恒的足迹。

一、阳关雪①

余秋雨

【阅读提示】

《阳关雪》作为一篇现代散文,作者以深邃的目光和激情般的灵性,对自然和历史积淀下的景观进行了充满智慧的思考。纵观全文,作者一路行吟,字里行间把关注的焦点定位在阳关故地背后所蕴藏的文化内涵上,表达了阳关故地厚重的历史感和沧桑感。同时,作者通过对寒风、苇草、群山、白雪、烽火台等物象的直接凭吊,饱蘸着作者的民族自豪感和对文化的深层忧虑。因此,作者笔下的阳关,已经不是自然风光中的阳关,而是阳关本身意义的生命和文化等哲学内涵上的超越。

中国古代,一为文人,便无足观。文官之显赫,在官而不在文,他们作为文人的一面,在官场也是无足观的。但是事情又很怪异,当峨冠博带早已零落成泥之后,一杆竹管笔偶尔涂划的诗文,竟能镌刻山河,雕镂人心,永不漫漶②。

我曾有缘,在黄昏的江船上仰望过白帝城,顶着浓冽的秋霜登临过黄鹤楼,还在一个冬夜摸到了寒山寺。我的周围,人头济济,差不多绝大多数人的心头,都回荡着那几首不必引述的诗。人们来寻景,更来寻诗。这些诗,他们在孩提时代就能背诵。孩子们的想象,诚恳而逼真。因此,这些城,这些楼,这些寺,早在心头自行搭建。待到年长,当他们刚刚意识到有足够脚力的时候,也就给自己负上了一笔沉重的宿债③,焦渴地企盼着对诗境实地的踏访。为童年,为历史,为许多无法言传的原因。有时候,这种焦渴,简直就像对失落的故乡的寻找,对离散的亲人的查访。

文人的魔力,竟能把偌大一个世界的生僻角落,变成人人心中的故乡。他们褪色的青衫里,究竟藏着什么法术呢?

今天,我冲着王维的那首《渭城曲》,去寻阳关了。出发前曾在下榻的县城向老者打听,回答是:"路又远,也没什么好看的,倒是有一些文人辛辛苦苦找去。"老者抬头看天,又说:"这雪一时下不停,别去受这个苦了。"我向他鞠了一躬。转身钻进雪里。

一走出小小的县城,便是沙漠。除了茫茫一片雪白,什么也没有,连一个皱褶④也找不到。在别地赶路,总要每一段为自己找一个目标,盯着一棵树,赶过去,然后再盯着一块石头,赶过去。在这里,睁疼了眼也看不见一个目标,哪怕是一片枯叶,一个黑点。于是,只好抬起头来看天。从未见过这样完整的天,一点也没有被吞食,边沿全是挺展展的,紧扎扎地把大地罩了个严实。有这样的地,天才叫天。有这样的天,地才叫地。在这样的天地中独个儿行走,侏儒也变成了巨人。在这样的天地中独个儿行走,巨人也变成了侏儒。

天竟晴了,风也停了,阳光很好。没想到沙漠中的雪化得这样快,才片刻,地上已见斑斑沙

---

① 选自《文化苦旅》(东方出版中心,2003年)。余秋雨,1946年8月23日出生于浙江余姚,中国著名当代文化学者,理论家、文化史学家、作家、散文家。
② 漫漶(màn huàn):模糊不可辨别、犹迷茫不清。
③ 宿债:以前欠下的债务。
④ 皱褶(zhě):由于地壳运动,岩层受到压力而形成的连续弯曲的构造形式。

底,却不见湿痕。天边渐渐飘出几缕烟迹,并不动,却在加深,疑惑半晌,才发现,那是刚刚化雪的山脊。

地上的凹凸已成了一种令人惊骇的铺陈①,只可能有一种理解:那全是远年的坟堆。

这里离县城已经很远,不大会成为城里人的丧葬之地。这些坟堆被风雪所蚀,因年岁而坍②,枯瘦萧条,显然从未有人祭扫。它们为什么会有那么多,排列得又是那么密呢?只可能有一种理解:这里是古战场。

我在望不到边际的坟堆中茫然前行,心中浮现出艾略特③的《荒原》。这里正是中华历史的荒原:如雨的马蹄,如雷的呐喊,如注的热血。中原慈母的白发,江南春闺的遥望,湖湘稚儿的夜哭。故乡柳荫下的诀别,将军圆睁的怒目,猎猎于朔风中的军旗。随着一阵烟尘,又一阵烟尘,都飘散远去。我相信,死者临亡时都是面向朔北④敌阵的;我相信,他们又很想在最后一刻回过头来,给熟悉的土地投注一个目光。于是,他们扭曲地倒下了,化作沙堆一座。

这繁星般的沙堆,不知有没有换来史官们的半行墨迹?史官们把卷帙⑤一片片翻过,于是,这块土地也有了一层层的沉埋。堆积如山的二十五史⑥,写在这个荒原上的篇页还算是比较光彩的,因为这儿毕竟是历代王国的边远地带,长久担负着保卫华夏疆域的使命。所以,这些沙堆还站立得较为自在,这些篇页也还能哗哗作响。就像干寒单调的土地一样,出现在西北边陲的历史命题也比较单纯。在中原内地就不同了,山重水复、花草掩荫,岁月的迷宫会让最清醒的头脑胀得发昏,晨钟暮鼓的音响总是那样的诡秘和乖戾⑦。那儿,没有这么大大咧咧铺张开的沙堆,一切都在重重美景中发闷,无数不知为何而死的怨魂,只能悲愤懊丧地深潜地底。不像这儿,能够袒露出一帙风干的青史,让我用20世纪的脚步去匆匆抚摩。

远处已有树影。急步赶去,树下有水流,沙地也有了高低坡斜。登上一个坡,猛一抬头,看见不远的山峰上有荒落的土墩一座,我凭直觉确信,这便是阳关了。

树愈来愈多,开始有房舍出现。这是对的,重要关隘所在,屯扎兵马之地,不能没有这一些。转几个弯,再直上一道沙坡,爬到土墩底下,四处寻找,近旁正有一碑,上刻"阳关古址"四字。

这是一个俯瞰四野的制高点。西北风浩荡万里,直扑而来,踉跄几步,方才站住。脚是站住了,却分明听到自己牙齿打战的声音,鼻子一定是立即冻红了的。呵一口热气到手掌,捂住双耳用力蹦跳几下,才定下心来睁眼。这儿的雪没有化,当然不会化。所谓古址,已经没有什么故迹,只有近处的烽火台还在,这就是刚才在下面看到的土墩。土墩已坍了大半,可以看见一层层泥沙,一层层苇草,苇草飘扬出来,在千年之后的寒风中抖动。眼下是西北的群山,都积着雪,层层叠叠,直伸天际。任何站立在这儿的人,都会感觉到自己是站在大海边的礁石上,那

---

① 铺陈:摆设,布置。
② 坍(tān):倒塌。
③ 艾略特:托马斯·斯特尔那斯·艾略特(Thomas Stearns Eliot,1888—1965),英国诗人、剧作家和文学批评家,诗歌现代派运动领袖。代表作品有《荒原》《四个四重奏》等。
④ 朔北:泛指我国长城以北地区。
⑤ 卷帙(juànzhì):出自苏辙《次韵子瞻病中赠提刑段绎》中"怜我久别离,卷帙为舒散。"卷帙,意为书籍。书籍可舒卷的叫卷,编次的叫帙。
⑥ 二十五史:中国历代的二十五部纪传体史书的总称,包括《史记》《汉书》《后汉书》《三国志》《晋书》《宋书》《南齐书》《梁书》《陈书》《魏书》《北齐书》《周书》《隋书》《南史》《北史》《旧唐书》《新唐书》《旧五代史》《新五代史》《宋史》《辽史》《金史》《元史》《明史》《新元史》(也有不算《新元史》而计入《清史稿》的)二十五部史书。
⑦ 乖戾(lì):(性情、言语、行为)别扭,不合情理。

些山,全是冰海冻浪。

　　王维实在是温厚到了极点。对于这么一个阳关,他的笔底仍然不露凌厉惊骇之色,而只是缠绵淡雅地写道:"劝君更尽一杯酒,西出阳关无故人。"他瞟了一眼渭城客舍窗外青青的柳色,看了看友人已打点好的行囊,微笑着举起了酒壶。再来一杯吧,阳关之外,就找不到可以这样对饮畅谈的老朋友了。这杯酒,友人一定是毫不推却,一饮而尽的。

　　这便是唐人风范。他们多半不会洒泪悲叹,执袂①劝阻。他们的目光放得很远,他们的人生道路铺展得很广。告别是经常的,步履是放达的。这种风范,在李白、高适、岑参那里,焕发得越加豪迈。在南北各地的古代造像中,唐人造像一看便可识认,形体那么健美,目光那么平静,神采那么自信。在欧洲看蒙娜丽莎的微笑,你立即就能感受,这种恬然的自信只属于那些真正从中世纪的梦魇中苏醒、对前途挺有把握的艺术家们。唐人造像中的微笑,只会更沉着、更安详。在欧洲,这些艺术家们翻天覆地地闹腾了好一阵子,固执地要把微笑输送进历史的魂魄。谁都能计算,他们的事情发生在唐代之后多少年。而唐代,却没有把它的属于艺术家的自信延续久远。阳关的风雪,竟愈见凄迷。

　　王维诗画皆称一绝,莱辛②等西方哲人反复讨论过的诗与画的界线,在他是可以随脚出入的。但是,长安的宫殿,只为艺术家们开了一个狭小的边门,允许他们以卑怯侍从的身份躬身而入,去制造一点娱乐。历史老人凛然肃然,扭过头去,颤巍巍地重又迈向三皇五帝的宗谱。这里,不需要艺术闹出太大的局面,不需要对美有太深的寄托。

　　于是,九州的画风随之黯然。阳关,再也难于享用温醇的诗句。西出阳关的文人还是有的,只是大多成了谪官逐臣③。

　　即便是土墩、是石城,也受不住这么多叹息的吹拂,阳关坍弛④了,坍弛在一个民族的精神疆域中。它终成废墟,终成荒原。身后,沙坟如潮,身前,寒峰如浪。谁也不能想象,这儿,一千多年之前,曾经验证过人生的壮美,艺术情怀的弘广。

　　这儿应该有几声胡笳⑤和羌笛的,音色极美,与自然浑合,夺人心魄。可惜它们后来都成了兵士们心头的哀音。既然一个民族都不忍听闻,它们也就消失在朔风之中。

　　回去罢,时间已经不早。怕还要下雪。

【文本对话】

一、本文重点写寻访阳关,但开头两段却不写阳关,用意何在?

二、联系上下文,说说作者为什么说阳关"再也难于享用温醇的诗句"。

三、你是如何理解文章中"阳关的风雪,竟愈见凄迷"这句话的?请结合文本简要分析。

【实践活动】

本文选自《文化苦旅》,结合本文内容,试分析作者阳关之旅的"苦","苦"在何处?

---

① 袂(mèi):衣袖。
② 莱辛:1729—1781,德国启蒙运动时期剧作家、美学家、文艺批评家。
③ 谪官逐臣:被贬降的官吏和被朝廷放逐的官吏。
④ 坍弛:(山坡、建筑物或堆积的东西等)倒下来。
⑤ 胡笳(jiā):蒙古族边棱气鸣乐器,民间又称潮尔、冒顿潮尔,流行于内蒙古自治区、新疆维吾尔自治区伊犁哈萨克自治州阿勒泰地区。

【知识链接】

余秋雨,1946年8月23日出生于浙江余姚,中国著名当代文化学者,理论家、文化史学家、作家、散文家。1966年毕业于上海戏剧学院戏剧文学系。1980年陆续出版了《戏剧理论史稿》《中国戏剧文化史述》《戏剧审美心理学》。1985年成为当时全国最年轻的文科教授。1986年被授予上海十大学术精英。1987年被授予国家级突出贡献专家的荣誉称号。余秋雨以擅写历史文化散文著称,他的散文集《文化苦旅》在出版后广受欢迎。此外,他还著有《山居笔记》《霜冷长河》《千年一叹》等散文作品。

二、香妃梦回(节选)[①]

张诗剑[②](中国香港)

【阅读提示】

祖国大西北曾经是历史上著名的河西走廊,从戈壁沙海到丝绸之路,从吐鲁番到达阪城,从八百里火焰山到博格达雪山,都彰显着博大深厚的文化底蕴。诗人张诗剑通过《香妃梦回》这首长诗,在写出新疆各地秀美风光的同时,也把诗人心中的香妃形象融入其中。全诗共五个部分,这里节选了第一、二部分。在这首长诗中,诗人并没有对香妃的身世进行叙述,而是紧紧扣住"梦回",抒发其对香妃的倾慕和敬仰之情。"情"是这首诗的根本,内蕴丰富,既包含诗人对香妃的一己之情,也包含香妃对故土的热爱之情,还包含诗人对香妃所代表的少数民族人民的同胞手足之情,这些"情"中都寄托着诗人期盼中国这个多民族国家的各民族相互团结、和谐共处的美好祝愿。

一

挺立——
世人眼中的胡杨树[③]
活着　千年不死
死了　千年不倒
倒下　千年不烂
我崇拜
你的坚毅

青春——
情人心里的红柳
机灵地生于大戈壁
金沙海
亦能战胜盐碱地
我敬仰
你的品性

[①] 选自《文汇报》(中国香港)2001年12月1日。香妃(1734—1788),即容妃,霍卓氏(又作和卓氏),维吾尔族人。相传容妃不仅漂亮,而且身上总是散发奇异的体香,并得到乾隆皇帝的赏识,因此便被称为香妃。其实,为什么叫香妃,说法很多,至今尚无定论。

[②] 张诗剑:原名张思鉴,1938年生于福建长乐,现居香港,当代诗人。

[③] 胡杨树:杨柳科杨属植物,中国主要分布于内蒙古西部、甘肃、青海、新疆等地。因耐干旱、盐碱,对荒漠环境具有很强的适应性,作为宝贵的生物遗传资源已成为抗逆研究的重要木本模式植物。

流香——
残留香妃的梦
你不稀罕三千宠爱
集一身
敬重胡杨　惦念红柳
摒弃金堆玉砌
你要吸纳山川的精华
钟爱莽莽草原
马队羊群
倾心戈壁、沙海
八百里红艳的火焰山①和
大漠孤烟②
千年积雪
塑你玉骨冰肌
天山雪莲
熏浴出绝世奇香
你不想当皇妃③
就做铁扇公主吧
我素爱投火　只求手下留情

二

丝路④遥遥
留下飘影香魂
交河故城⑤、高昌故城⑥
都凝聚你的残梦
吐鲁番地下的五千公里
坎儿井⑦

---

①　火焰山：地名，在今天的新疆吐鲁番市，当地人称为"克孜勒塔格"，意即"红山"，是新疆最著名的景点之一。神话小说《西游记》中孙悟空三借芭蕉扇的故事，把火焰山与唐僧、孙悟空、铁扇公主、牛魔王联系在一起，使火焰山神奇色彩浓郁，成为天下奇山。
②　语出唐代诗人王维《使至塞上》中的"大漠孤烟直，长河落日圆。"
③　相传香妃虽得乾隆皇帝赏识，但毕竟思念西北家乡，因此，心里总是想着回归故里，对宫廷的荣华富贵并不看重。
④　丝路：丝绸之路，一般指陆上丝绸之路。广义上讲又分为陆上丝绸之路和海上丝绸之路。这里特指陆上丝绸之路，即起源于西汉汉武帝派张骞出使西域开辟的以首都长安（今西安）为起点，经甘肃、新疆，到中亚、西亚，并连接地中海各国的陆上通道。它的最初作用是运输中国古代出产的丝绸。
⑤　交河故城：位于新疆吐鲁番市，是今天世界上最大最古老、保存得最完好的生土建筑城市，也是我国保存两千多年最完整的都市遗迹。
⑥　高昌故城：位于新疆吐鲁番市，是中华人民共和国国务院第一批全国重点文物保护单位。
⑦　坎儿井："井穴"的意思，维吾尔语称为"坎儿孜"。坎儿井是荒漠地区的一种特殊灌溉系统，普遍存在于中国新疆吐鲁番地区，与万里长城、京杭大运河并称为中国古代三大工程。

涌着生命之泉
你的血液

我在葡萄沟①的葡萄架下
饮马奶子、奶酒
有饮必醉
醉卧你的梦怀
达坂城②的姑娘
以妒忌的口吻
大唱马车夫之歌③
争吃嫁女抓饭④
梦酣梦回
我感悟到你的辉煌

博格达雪山⑤
三峰起伏形似笔架
梦中
我与你同浴于天池
共赋诗文
冰结的相思　也许
来自一样的体香

【文本对话】
一、胡杨树和红柳各自具有哪些特性？这与香妃"不稀罕三千宠爱"有什么联系？
二、香妃有着圣洁无瑕的身躯，从第一节的哪些内容可以看出来？
三、香妃的血液久久流淌于故里，从乡情的角度看，体现了一种什么样的情怀？
四、文中，"我"对香妃有着哪些挚爱情怀？

【实践活动】
　　下面内容是《香妃梦回》结尾处的最后三小节，这是全诗的最高境界，是对中华民族大团圆、大团结、大和谐的美好愿望。仔细品味，还可以品出什么样的哲学思考？

---

① 葡萄沟：位于新疆吐鲁番市区东北11公里处，因盛产葡萄而得名。
② 达坂城：地名，位于新疆乌鲁木齐市东南。
③ 马车夫之歌：又名《达坂城的姑娘》，是著名音乐家王洛宾创作的歌曲。
④ 抓饭：手抓饭，维吾尔语叫"坡撸"。手抓饭是维吾尔族人接待宾客的风味食品之一。逢年过节、婚丧嫁娶的日子里，都必备"抓饭"待客。客人们全部洗净手坐好后，主人端来几盘"抓饭"，置餐布上（习惯是两至三人一盘），请客人直接用手从盘中抓吃，故取名为"抓饭"。
⑤ 博格达雪山：博格达峰，坐落在新疆阜康市境内，海拔5445米，位于东经88.3度，北纬43.8度，是天山山脉东段的最高峰。

博格达灵山
赠你浮空月镜
巍巍昆仑
馈你雪白的哈达
诚实是最大的智慧
纯洁的爱随缘
你的钟情
阿凡提可以作证
你可抱着绵羊
倾听驼铃的回音

我陪你
在通往塔里木的
沙漠公路飞驰
无边的戈壁丘物
如千军万马在奔腾　旋转

天圆地圆人圆梦圆我们在无限圆中
通向无极……

【知识链接】

张诗剑,原名张思鉴,1938年生于福建长乐,当代诗人,被誉为"港澳文学的守护者"。1965年毕业于厦门大学中文系,1978年定居香港,是香港文学史上著名的"南来作家群"的典型代表作家之一。主要著作有诗集《爱的笛音》、《流花醉火》、《秋的思索》和《写给情人》,长诗《香妃梦回》,散文合集《萍影春情》,散文诗小品《诗剑集》等。

三、生命的意义①

罗家伦

【阅读提示】

《生命的意义》一文主要论述"人生的意义"。在作者看来，人一旦"对于人生的意义不明了"，就会导致行为、态度没有标准，"浑浑噩噩，糊涂一世"。本文从三个层面来论证人生的意义。第一，在宇宙间无数的生命之中，人类的生命为什么有特殊意义，"是因为人能认识和创造人生的价值"；第二，生命变动和物我之间，有着统一性和一贯性，"向着完满的意境前进"并且彰显出"好的人格"；第三，"生命随着时间容易过去"，但人能够凭有限的生命去做出"永不磨灭的事业"。最后，作者提出自己的生命观，即"人生在世"，应"把自己的生命，换成有永久价值的事业"，不应"偷生"和"妄生"。

我们人类的生命很多，宇宙间万物的生命更多。生之现象，非常普遍。但是我们为什么生在世上？这个问题，数千年来经过多少哲学家科学家的研讨和追求。如果做了人而对于人生的意义不明了，浑浑噩噩②，糊涂一世，那他真是白活了。因为对于本身的生命还不明白，我们的行为，就没有标准；我们的态度，也无从确定。有许多人觉得生活很是痛苦，恨不得立刻把自己的生命毁灭掉。他觉得活在世上，乃是尝着无穷尽的痛苦；在生命的背后，似乎有一种黑暗的魔力，时刻逼着他向苦难的路上推动，使他欲生不能，欲死不得；因此他常想设法解除这生命的痛苦。佛教所谓"涅槃③"，也就是谋解除生命痛苦的一个方法。不过是否真能解除，乃是另一问题。又有些人认为生命是快乐的，以为世界上一切事物，宇宙间一切创作，都是供我们享受的，遂成为一种绝对的享乐主义。其他对于生命所抱的态度很多，要皆各有其见解。我们若是不知道生命真正的意义，就会彷徨歧路，感觉生命的空虚，于是一切行动，茫无所措。所以我们对于这个问题，至少应该有一种初步的，也就是基本的反省。

第一，在无量数生命中，人的生命何以有特别意义？

如果就"生命"二字来讲，他的意义非常广泛。谈到宇宙的生命，其含义更深。这个纯粹的哲学问题，此处暂且不讲。生命既然很多，人类的生命，不过为宇宙无穷生命之一部分。庄子说："朝菌不知晦朔，蟪蛄不知春秋④"，朝菌蟪蛄，何尝没有生命？大之如"天山龙"，固曾有其生命，小之如微生物，也有生命。但是在这无量数的生命中，为什么人的生命，才有特殊的意义？为什么人的生命，才有特殊的价值？为什么只有人才对他的生命发生意义和价值的问题？

第二，生命是变动的，物我之间，究有什么关系？

生命是变动的。我们身上的细胞，每天有多少新的生出来，多少陈旧的逐渐死去。这种新陈代谢的变动，可说无一刻停止。一方面我们采取动植矿物的滋养成分为食料，以增加我们的

---

① 选自《中国人的品格》(中国工人出版社出版，2010年)。罗家伦(1897—1969)，字志希，笔名毅，浙江绍兴人，"五四运动"的学生领袖和命名者，中国近代著名的教育家、思想家和社会活动家。
② 浑浑噩噩：形容糊里糊涂，愚昧无知。
③ 涅槃(pán)：佛教用语，意译为无为、自在、不生不灭等。
④ 朝菌(zhāo jūn)不知晦朔，蟪蛄(huì gū)不知春秋：出自《庄子·逍遥游》，意思是朝生暮死的菌类不会懂得什么是黑夜和黎明，寒蝉也不会懂得什么是春天和秋天。

新细胞,维持我们的生长;但一旦人死了,身体的有机组织,又渐腐败分离,为其他动植矿物所吸收。生命之循环,变化无已。我们若分析人类的生命,与其他动植物的生命,可以发生许多哲学上的推论。如近代柏格森①、杜里舒②等哲学系统,都是由此而来的。即梁启超的今日之我非昨日之我,故不惜今日之我与昨日之我宣战的一段话,也是由于观察生命不断变动的现象而来的,不过他得到的是不正确的推论罢了。可见我们总是想到在生命不断的变动当中,物我之间究有什么关系这个问题。

第三,生命随着时间容易过去。

生命随着真实的时空不断地过去。人生上寿,不过百年,转瞬消逝,于是便有"生为尧舜死亦枯骨,生为桀纣死亦枯骨"③之感。在悠悠无穷的时间中,人的一生不过一刹那。印度人认为宇宙曾经多少劫;每劫若干亿万年。人的生命,在这无数劫中,还不是一刹那吗?若仅就生命现在的一刹那看来,时光实在过于短促;生命的价值,如果仅以一刹那之长短来估定,那么人生实在没有多大意义。尧舜苦心经营创制,不过是一刹那的过去;桀纣醉生梦死,作恶殃民,也不过是一刹那的过去。若是把他们的生命价值认为相等,岂非笑话!故以生命之久暂来估定他的意义与价值,当然是不妥的。一个人只要有高尚的思想,伟大的人格,虽不生为百岁老人,亦有何伤?否则上寿百岁与三十四十岁而死者,从无穷尽的时间过程看来,都不过是一刹那。欲从这时间久暂上来求得生命的意义,真是微乎其微。故生命的意义,当然别有所在。这就是我们对于生命初步的反省。我们从此得到了三个认识,就是:生命是无数的,生命是变动的,生命是容易过去的。

人生的意义在能认识和创造生命的价值宇宙间的生命,既是如此的多,何以只是人类的生命,才有特别的意义?想解答这个问题,是属于价值哲学的研究。人的生命之所以有意义,乃是因为人能认识和创造人生的价值。因为人类能够反省,所以他能对于宇宙整个的系统,求得认识;更能从宇宙的整个系统之中,认识其本身价值之所在。人类的生命,虽然限制在一定的时空系统之中,但是他能够扩大经验的范围,不受环境的束缚;能够离开现实的环境而创造理想的意境。其他动物则不能如此。例如蛙在井中,则以井为其唯一的天地;离开了井,他便一无认识。人类则不然,其意境所托,可以另辟天地。只有人才能把世上的事事物物,分析观察,整理成一个系统,探讨彼此间的关系,以求得存在于这个系统内的原理,并且能综合各种原理,以推寻生命的究竟。说到人类能创造价值一层,对于生命的意义,尤其重要。一方面他固须接受前人对于人生已定了的价值表,另一方面更须自己重新定出价值表来,不断地根据这种新的启示,鼓励自己和领导大家从事于创造事业和完成使命。如此,不但个人的生命,不致等闲消失,并且把整个人类生命的意义提高。古圣先哲,终生的努力,就在于此。这是旁的生命所不能做,而为人类生命所能独到的。所以说宇宙间的生命虽是无量数,惟有人类的生命才有特殊的意义。

人格的统一性与一贯性生命不断地变,但必须求得当中不变的真理。我们人类虽每天吸收动植矿物的滋养成分,以促进身体上新陈代谢的变化,但是生命当中所包含的真理,决不因生理上的变化而稍移易。这种生命的一贯性和统一性,就是人格。人因为有人格,所以不致因

---

① 柏格森:亨利·柏格森(Henri Bergson,1859—1941),法国哲学家、心理学家、生物学家。
② 杜里舒:杜里舒(Hans Driesch,1867—1941),德国人,生机主义哲学家。
③ 生为尧舜死亦枯骨,生为桀纣死亦枯骨:尧舜苦心经营创制,不过是一刹那的过去;桀纣醉生梦死,作恶殃民,也不过是一刹那的过去。

为今日食猪肉,就发猪脾气;明天食牛肉,就发牛脾气。只是以一切的物质,为我们生命的燃料罢了!至于"今日之我与昨日之我宣战"的见解,正是因为缺乏了整个的人格观念,所以陷入于可笑的矛盾。世界上人与人相处,彼此之间全赖有人格的认识。大家所共认为是善人的,应该今日如此,明日也必定如此;今年如此,明年也必定如此。若是人类无此维系,便无人类的社会可言。所谓人格,就是一贯的自我。他应当是根据我们对于宇宙系统的研究与反省所得到的精确认识,而向着完满的意境前进,向着真善美的世界发展的。他须努力使生命格外美满和谐,使个人的生命与整个宇宙的生命相协调。他更须佐以渊博的知识,培以丰富纯正的感情,从事于促成生命系统的完善。这种好的人格才真是一贯的;因为是一贯的,所以是经得起困苦艰难,决不会随着变幻的外界现象而转移的。有了这种人格,然后在整个宇宙的生命系统当中,人的生命才可立定一个适当的地位。倘若今日如此,明日如彼;苟且偷安,随波逐流,便认为是自我的满足;那不但是无修养,而且是无人格。人与其他生物的分际,就在人格上。人虽吸收了若干外来的食物成分,变其血轮,变其细胞,变其生理上的一切,但他的人格,理想上的人格,永久不变,这就是人格的统一性与一贯性。可见生命虽不断地变,尚有不变者在。这也是人类生命的特殊性。

要保持生力,从力行中以生命来换取伟大的事业生命随着时间容易过去。《庄子》上所说的朝菌蟪蛄,固然生命很短;楚南冥灵,以五百岁为春,五百岁为秋,上古大椿,以八千岁为春,八千岁为秋,这种生命可以说是很长了,然而在整个时间系统之中,又何尝不是一刹那的过去?故生命的长短,不足以决定生命之价值。生命之价值,要看生命存在的意义如何,乃能决定。吾人之生,决定要有一种作为。生命虽易过去,但有一点不灭,那就是以生命所换来永不磨灭的事业。古今来已死过了的生命不知有多少,若以四万万人每人能活到六十岁来计算,那么,每六十年要死去四万万,一百二十年就死去八万万,照此推算下去,有史以来,过去了的生命,不知若干万万。但是古今来立德立功立言的人,名垂青史,虽在千百年以后,也还是为人所景仰崇拜;那些追随流俗,一事无成的人,他的姓名,及身就不为人所知,到了后代,更如飘忽的云烟,一些痕迹也不曾留着。所以唯有事业,才是人生的成绩,人类的遗产。孔子虽死,他的伦理教训,仍然存在;秦始皇虽死,他为中国立下的大一统规模,依然存在;拿破仑已死,他的法典,仍然存在。生命虽暂,而以生命换来的事业,是不会磨灭的;其事业的精神,也永远会由后人继承了去发扬光大。诸葛亮在隆中,自比管、乐①;管、乐生在数百年前,其遗留的事业精神,诸葛亮继承着去发扬光大。左宗棠平新疆,以"新亮"自居,也就是隐然以诸葛亮自承。所以生命之易消逝,不足为忧;所忧者当在这有限的生命,能否换来无限光荣的事业。若是苟且偷生,闲居待死,就是活到九十或百岁,仍与人类社会无关。生命千万不可浪费,浪费生命是最可惜的事。萧伯纳②曾叹人生活到可以创造事业的年龄,即行死去,觉得太不经济。他想如果人能和基督教创世记所载的眉寿是拉一样,活到九百六十九岁,则文明的进步岂不更有可观。但这是文学家的理想,是做不到的事。然而西洋人利用生命的时间,比中国人却经济多了。西洋人从四十岁到七十岁为从事贡献于政治、文艺、哲学、科学以及工商社会事业的有效时期,而中国人四十岁以后即呈衰老,到六十岁就打算就木。两相比较,中国人生命的短促和浪费,真可惊人!我

---

① 管、乐(yuè):管仲和乐毅两个人。管仲(约公元前723年—公元前645年),姬姓,管氏,名夷吾,字仲,颍上(今安徽颍上县)人。中国古代著名的经济学家、哲学家、政治家、军事家,春秋时期法家代表人物。乐毅,生卒年不详,子姓,乐氏,名毅,字永霸,战国后期杰出的军事家。

② 萧伯纳:乔治·伯纳德·萧(George Bernard Shaw,1856—1950),爱尔兰剧作家。

们既然不能希望活到九百六十九岁的高龄,那我们就得把这七八十年的一段生命,好好利用。我们要有长命的企图,我们同时要有短命的打算。长命的企图是我们不要把生命消耗在无意义的方面。短命的打算是我们要活一天做两天的事,活一年做两年的事。不问何时死去,事业先已成就。我们生在世上一天,就得充分地保持和发挥自己的生力一天。无生力的生命,是不会成就事业的,无永久价值的事业的生命,是无声无臭度过的。

所以人生在世,不要因生命之数量过多及其容易消逝而轻视生命,不要因生命之时常变动而随波逐流,终至侮辱生命。我们须得对人生的价值有认识,对人格能维持其一贯性;以鞠躬尽瘁,死而后已的精神,加紧地去把自己的生命,换成有永久价值的事业。这样,才不是偷生,才不是枉生!

【文本对话】

一、本文从哪三个方面论证人生的意义?

二、下列关于"生命之价值"的理解,不符合原文意思的一项是(　　)

A. 孔子虽然逝去,但他的伦理学说、教化人的思想却永远留存于世,其"生命之价值"显而易见。

B. 秦始皇统一中国,修筑万里长城,保卫了炎黄子孙,保卫了中华国土,其"生命之价值"昭然。

C. 拿破仑以生命换来的事业,没有被磨灭;事业的精神也永远流传,其"生命之价值"不容忽视。

D. 诸葛亮继承管仲、乐毅数百年前遗留的事业精神且使之发扬光大,其"生命之价值"不言而喻。

三、读了这篇课文,你认为一个人,应当怎样对待生命,才能活得有尊严?

【实践活动】

奥斯特洛夫斯基说过,人的一生应该这样度过:当他回首往事的时候,他不因虚度年华而悔恨,也不因碌碌无为而羞愧;当他临死的时候,他能够说"我整个的生命和全部的精力,都已经献给了世界上最壮丽的事业——为人类的解放而进行的斗争"。针对这一观点,要想使自己的人生更有价值,该怎么做?

【知识链接】

罗家伦(1897—1969),字志希,笔名毅,浙江绍兴人。他是"五四运动"的学生领袖和命名者,中国近代著名的教育家、思想家和社会活动家。

四、难民[①]

赛珍珠（美）

【阅读提示】

旧中国的那些战乱年代,美国女作家赛珍珠和丈夫曾经生活在中国宿州。在那些不平静的日子里,赛珍珠曾接触了许多目不识丁、从未见过西方人的中国农民,亲眼看到他们如何在艰难困苦与天灾人祸中挣扎拼搏,她发现这些农民"承担着生活的重负,做得最多,挣得最少。他们与大地最亲近,无论是生是死,是哭是笑,都是最真实的"。她深为他们的纯朴、善良和顽强所感动,认为他们才是中华民族的真正代表。《难民》是美国女作家赛珍珠的长篇小说《龙子》中的一篇节选。课文通过对抗日战争时期江南农民林郯一家的生存遭遇,以及一群在战火中逃难的各色人物的描述,反映了旧中国人民在抗日烽火里的生活境况。

当大家都明白除了下雨天,死亡随时都会到来时,那些住在城里的人便开始做两件事。一件事是大家纷纷拥到庙里,求菩萨下雨,但又担心会发水灾,所以也不敢求得过多。另一件事便是纷纷到城外去找房子,或是住在乡村的小旅店里或是挤在农民家的屋角里,要不然就睡在坟场上或大树下。林郯[②]从未见过现在这样的凄惨景象,逃难的人群扶老携幼,拖儿带女,背着仅剩下的行装走着,只有极少数有钱人才雇得起车子。他曾看见过发大水时从北方逃难来的灾民,但那些都是穷人,是暂时失去土地的农民,他们不可能年年如此,他们总是要返回家园的。

而现在,逃难的人有穷人也有富人,而且他们不知道自己能否回去。有时他对有钱人比对穷人更惋惜更同情,因为富人是这么娇气,这么孤立无援,几乎不晓得到哪里去找食物。往日他们都是过着饭来张口的生活,不必过问粮食是从哪里来的,或者饭是怎么做出来的,而穷人则比富人强得多,就像往常一样总是习惯于这种忍饥挨饿的日子。更有甚者,那些胆大的冒着生命危险留在城里的穷人,每每冒险到富人留下的空宅中去拿他们所喜欢的东西。

这些逃难的人像泛滥的河水一样,从城里拥向乡下。人流中融入了大批从东边撤过来的人群。因为随着敌人一步一步地侵占了大片土地,逃难的人们便逐步往后退,这样越来越多的逃难的人流便向西边内地拥去,他们不知道往哪儿去,只知道若是停下来,便只有死路一条。

起初,林郯敞开自家的大门,让这些逃难的进来,女人们忙着做饭给他们吃,对他们遭的难非常同情。逃难的人中还有被炸伤的大人和小孩子,他们无法再往前逃了,只好留下来,这些人不得不和那些愿意收留他们的人住在一起,其他的人多半都死了。敌人在一步步进逼,没有一个人认为他家是个安全的地方,这反倒救了林郯。敌人一刻也不停止,步步进逼,一直到江对岸大山后面的腹地。到了山那边,敌人不敢再向前了,害怕被切断退路。

现在对老二来说倒是个出走的机会,他和玉儿耐心地等着,寻找着好机会。他们想和那些没有老弱病残的人,和那些没有那么多小孩拖累的逃难人群一块走。他们就这么一天天地等

[①] 选自《龙子》(漓江出版社,1998年3月)第五章,丁国华,吴银根,刘锋译。题目是编者加的。赛珍珠(1892—1973),直译珀尔·巴克(Pearl S. Buck),美国女作家、人权和女权活动家。

[②] 郯:念 tán。

着,终于有一天,来了一帮男女青年,四十个人左右。那些女的一个个都是大脚,从未裹过小脚,玉儿一看到她们便喜欢上她们了。她们和她一样都剪着短发,小小的包袱里包着好多书。

"我们都是学生,"她们告诉她,"我们要到几千里以外的地方去,我们老师早已去了。那儿有许多窑洞,我们就在窑洞里继续我们的学业,打完仗以后,我们就回来重建和平生活。"

这些青年中没有一个人谈到要在战争中浪费掉自己的青春,这使林郯高兴异常。他们没在他家过夜,只向他要了点水,拿出他们自带的干粮,在他家歇了一个中午,所以他听到了他们的谈话,赞扬他们说:

"如果一定要打仗的话,应该让那些没有文化的人去打仗。你们有知识,这是宝贵财富,决不能像血一样流掉,应把它保存好,等将来我们需要它的时候派上用场。现在这种时候,知识是没有用的,现在除了运气没有什么东西能救我们,不过这个该死的战争结束后,我们就需要知识了。"

因为院子太小,容不下这么多人,所以他们都聚在门外柳树荫下。林郯问了他们很多问题,使他惊奇的是他们一个个都回答得那么好。过了一会,林郯都不记得究竟是男的还是女的回答他的问题了。从他们那里,他第一次了解到沿海究竟发生了什么事,为什么敌人要进攻他们。他们在一起谈了很久。

这个林郯,尽管和他的祖先一样一直生活在这个山沟里,可他的思想却是敏锐的。他总是对他儿子说生活没有变。人们虽然在各个时期用不同的餐具吃饭,可是饭还是饭。他们睡的床虽然不同,但同样都是睡觉。所以他相信变的只是人所处的时代,而人本身并没有变。因此,当他向这些年轻人提问题时,他问的是敌人用的是什么武器而不是问敌人是谁。当他听说敌人垂涎①他的国家辽阔的土地时,他马上就明白了整个战争及其原因。

"土地,"他顿了顿,环顾一下一张张年轻的面孔,将水烟盒装满烟,继续说,"土地是人们打心底里喜欢的东西。要是谁的土地太多,而另一些人的又太少,那就要打仗。因为土地能生产出粮食,有了土地也就有了栖身之地。要是地太少,粮就少,房子也就小。要是出现这种情况,人的头脑和心胸就会狭窄。"

学生们听他讲,显得很尊敬他,但不大相信,因为对他们来说,林郯只是一个目不识丁的大老粗,怎么能理解他们从书本上学到的东西?但是他们始终遵循他们父母的教导,没有表现出失礼的地方,看上去似乎很赞同他的看法。

"你说得对,老伯。"他们说,可心里根本就不相信他。

不管他们是否相信他的话,他对他们感到很满意,所以,当老二中午跑来跟他讲他和玉儿想和这帮年轻力壮的人一道走时,他想了一会,接着,便像他往常决定任何事情一样,回去找老伴商量去了。

她对二儿子和儿媳要离开这个家从来就不赞成,林郯找到她时,她正在塘边洗衣服,她马上说出了她的反对意见。她把他的一条老蓝布裤子折成几折,放在一块平滑的石头上,拿起棒槌使劲捶着,边捶边说道:

"我弄不懂玉儿这样挺着大肚子为什么要出去逃难,"她说,"她坐月子哪个来照顾她?为什么我们的孙子要像野兔一样生在外面呢?假如我们儿子想走,他走好了,但是,我说玉儿应该留下来,让孙子体面地生下来。"

接着,林郯以沉重的语气说道:"我们家年轻女人要越少越好,玉儿太漂亮了,会给我们家

---

① 垂涎(xián):见到好吃的东西流下口水。这里比喻对别人的东西特别羡慕,很想得到。

带来不幸的。"他一直为他听说的一件事烦恼着。有个年轻人曾把他拉到一边悄悄地告诉过他,有些妇女落到敌人手里后惨遭了不幸。所以他急切地想要让他家的女人统统出去躲避躲避,不过他老伴不要紧,因为她现在已是老太婆了,又黑又老,满脸皱纹,没人看得出她年轻时的风采了。

她停下棒槌,看了看他。

"你在说些什么?"她反问道,"对一个年轻媳妇来说,还有什么地方比在她夫家更安全的?哪个人的眼睛比我们眼睛更尖?老二走了,我就不会让她的脚迈出房门一步。我告诉你,就是你儿子纵容她,才使她敢不听我的话的,就是他让她自说自话的。要是老二不在的话,我没有多话跟她讲。让老二走,我马上就不准她的脚迈出大门一步,一直要等到老二回来。"

"生人会来的。"林郯说。

林嫂继续捶着衣服。"我谁也不怕,"她大声说,"如果有生人敢踏进我们家门槛,你瞧着吧,不是我,就是那黄狗也要先咬他一口!"

"不管怎么样,女人总应跟她男人在一起。"林郯争辩道,"如果玉儿不跟他去,哪个照顾儿子?"

"没有人会说你的性子比我还急的。"她回答道,"玉儿要不是怀着你的孙子,她首先该侍候你。"

"我看不是这样。"他平静地说,不等她说出他不想干的事便走开了。她知道他为什么走开,但也只好用棒槌捶裤子来出气,等她醒悟过来提起裤子一看,已经捶出洞时,她才后悔不迭,要老天爷作证,这可不是她的过错,而是这个时代弄得人心神不定。

林郯回到家里悄悄地叫他二儿子赶紧带着玉儿走,因为他从那个年轻人那儿打听到敌人又占了好几百里地,现在离这儿只有几百里了。

"给我来信告诉我孙子是什么时候生的。"他顿了顿,"如果是男孩,就在信封里夹一根红头绳寄来,如果是女孩就寄根蓝头绳来。"他想要是当初把老二送去读几年书多好,老二外出就可以写信回来,他就可以拿着信去叫他三堂兄念给他听了。不过,哪个会想到有这么一天儿子要离家出走呢?

"我会的。"老二自豪地答道,"玉儿会把一切都写信告诉你老人家呀!"

听儿子这么说,林郯惊奇地叫起来:"她会写信?媒婆没有跟我们说过这件事呀!"

"她肯定认为这不会抬高她的身价的,所以就没讲了。"老二说,咧开嘴得意地笑了。

"我也从来没有说过用得着女人看书识字呀!"林郯说,"不过这件事只能证明我们这个世道太古怪了。"他坐在院子里一边吧嗒吧嗒抽着烟,一边想着,这时他的二儿子赶紧回屋去告诉玉儿他们马上就要走了。

玉儿早就说过要跟这帮青年学生一起走,所以她早把一些必需品捆成两个包袱,现在正坐在床沿等老二哩。当老二进屋里,她抬起大眼看着他,问道:

"我们走不走?"

"走。"他答道。他说着就在她旁边坐了下来,伸出胳膊,搂住她的肩,体贴地说,"现在我们就要走了,我想知道这对你来说是不是太苦了。我真希望能替你怀娃儿。"

"这个日子不远了。"她答道。

她边说边站起来,他发现玉儿已经穿戴好,做好了长途跋涉的准备。她布鞋上绑了两条草襻①,就和他平时下地干活一样。她还换了一身非常结实的蓝布外套,就像乡下妇女穿的那样,还有裥子、裤子,而没有穿她最好的长旗袍,她穿上那件袍子就像城里的少妇了。

"我准备好了。"她说着,拿起包袱。但是老二却在屋里走来走去。"我从来也没有想到我的孩子会不在我出生的地方出生。"他伤心地说。

"他会找到一个他自己的出生地的。"她安慰道。

"是的,但是我们一定要把这个地方记下来。"他说,"对一个人来说在哪里出生是非常重要的,我们一定要记住孩子是生在山里呢还是在河谷里或是在镇上,是不是靠近水边,是夜里生的还是白天生的,天晴还是天阴,生在哪个省,当地人讲的什么话,所有这一切我们都要记住,将来好告诉他听。"

"噢,晓得了。"她烦躁地说,"要走,我们马上就走!"

可是,他还在那里徘徊。"我好像还能记得我在这屋里出生的那一时刻。"他说,"我好像记得当时很暗,后来亮了,似乎很疼,于是我就哭出声来了。然后我感到我的膀子压在身子底下。"

"你到底跟不跟我走?"她大声叫道,"我讨厌说走又不走。"

他听出她的声音中有一种恐惧和担心,这是一个女人对自己孩子的安全的担心,于是他站起来和她一块走了出去,双双向他爹和大哥鞠了个躬,并和其他人道了别。可是到处找也没找到他母亲,因为那帮青年人急着要离开这儿,赶往别处去过夜,所以他们只好不和她辞行了。

"对我娘说,我们找过她。走之前没能见上一面真不走运。"他说。

"我会告诉她的。"他爹说。他看到儿子就要离家到一个陌生的地方,不知道什么时候才能回来,也许永远也不会回来,因为谁能说得出他们重逢前会发生什么,谁又能说得出他们能否再见面?他不愿将此时此刻的心情对他儿子说。他跟着儿子和儿媳出了大门,站在打谷场上目送他们离去,和他站在一起送行的还有他全家,只有他妻子不在。这是一个炎热而宁静的夏日,天空是蔚蓝的,一朵朵银白色的雨云笼罩在绿色的山峦上。谁也说不准这些云彩会不会再飘走,有时这种云会形成风暴,有时则不会。

林郯觉得他周围的一切都和平常一样,似乎没有战争。他怀疑自己让儿子带着儿媳离开这个家是不是太愚蠢了,因为对他们全家来说,他那怀着孩子的儿媳是非常宝贵的。他还怀疑那些年轻人说的是不是都是真的。在他看来,敌军正向这个地方进逼的说法好像也不真实,一只小鸟正在他家门口的梨树上唱歌,梨子刚熟,黄澄澄的,他家的谷子在烈日曝晒②下一动也不动。那绿色正在逐渐褪去,要不了多久就会转成金黄色。

他割稻时会想念他这个壮实的二儿子的,而且,现在他似乎觉得他的这个二儿子比其他子女在各方面都强。他脑子比老大敏锐,笑起来有股机灵劲,使他的笑声更风趣滑稽。他从不像老大那样出于礼貌和安慰别人而故作笑容。老三除了放牛之外,其他什么事也不能干。不论林嫂是怎么评价玉儿的,林郯知道玉儿是他家年轻女人中最出色的一个。他看着二儿媳,这是她进他家门以来第二次直接和她说话,因为他是一个举止庄重的人,他始终遵循着长辈和晚辈之间的规矩,平常从不直接和儿媳说话。第一次是她当新娘进这个家门时,他作为老公公一定要向她祝贺的,这次是给她送行,

"孩子,"他说,"记住你男人是我的儿子,他的儿子就是我孙子,这一切都托付给你了。只

---

① 草襻(pàn):襻本意是把衣服的带子系住,襻又引申指用绳线把分开的东西连起来。
② 曝(bào)晒:暴露在阳光下晒。

要女人守本分,就不会有灾祸。女人好比根,男人就是树,树要长高只有根强壮。"

她没有吭声,不过她那平时总是绷得笔直的可爱的嘴巴,此时动了动,露出一丝微笑。她是不是相信他说的话,那微笑并未告诉他。

他们走了,他站在那里看着他们渐渐远去的背影,直到最后消失在人群中。

他回到家,看见厨房里灶火生了,走过去一看,灶后坐着他老伴,正在往灶肚里添柴草。

"你到哪儿去啦?"他大声问道,"我们到处找你。"

"我不愿看着儿子走。"她说,"如果他一定要走,还是不要让我亲眼看到好。"

"你哭啦?"他看着她,说道。她的眼睛红红的,脸上留下两道银白色的泪痕。

"没有,"她摇摇头,"是烟把我眼睛熏红的。"

他看见泪水又涌出了她的眼眶,他站在那里,毫无办法。她很少哭,如果她哭,他总是感到自己就像块石头,一动也不能动了。

【文本对话】

一、分析课文中林郯这个人物的性格特点。

二、本文题目为"难民",感知本文难民的难民生涯,并分析难民们沦为难民的缘由。

【实践活动】

下面这段话是瑞典皇家学院在授予赛珍珠诺贝尔文学奖后举行的宴会上,为她作的一番介绍,仔细体会,分析赛珍珠作品的中国情结。

"赛珍珠女士,你通过自己质地精良的文学著作,使西方世界对于人类的一个伟大而重要的组成部分——中国人民有了更多的理解和重视。你用你的作品,使我们懂得如何在这人口众多的群体中看到个人,并向我们展示了家庭的兴衰变化,以及土地在构建家庭中的基础作用。由此,你赋予了我们西方人一种中国精神,使我们意识到那些弥足珍贵的思想情感。正是这样的思想情感,才把我们大家作为人类在这地球上连接在一起。"

【知识链接】

赛珍珠(Pearl S. Buck,1892—1973),直译珀尔·巴克,美国作家、人权和女权活动家。出生4个月后即被身为传教士的双亲带到中国,在镇江度过了童年、少年,进入到青年时代,前后长达18年之久。赛珍珠在中国生活了近40年,她把中文称为"第一语言",把镇江称为"中国故乡"。在镇江风车山上在她小时候就读过现在仍然存在的崇实女中内有她的故居。同时在南京大学鼓楼校区北园的西墙根下,矗立着一座三层的西式小洋楼,也是赛珍珠居住工作过的地方。作为以中文为母语的美国女作家,她曾在这里写下了描写中国农民生活的长篇小说《大地》(The Good Earth),1932年凭借其小说,获得普利策小说奖,并在1938年以此获得美国历史上第二个诺贝尔文学奖。1934年,赛珍珠告别了中国,回国定居。回国后她笔耕不辍,还积极参与美国人权和女权活动。1942年赛珍珠夫妇创办"东西方联合会"(East and West Association),致力于亚洲与西方的文化理解与交流。

五、山地回忆[1]

孙犁

【阅读提示】

《山地回忆》用第一人称回忆的笔法,扣住一个小物件——一双袜子展开故事,通过河边"争吵"、贩枣、买机等生活片段,生动地表现了在抗日战争艰难困苦的环境中建立起来的革命战士同人民群众之间的鱼水深情,赞美了纯朴真挚的人情。主人公妞儿是个普通的农村女性。她出场时那挑衅的姿态,咄咄逼人的话语,就显示出这一人物的独特个性。小说写得很平实。从"一位农民代表"身上的"山地蓝"粗布裤衫引起的回忆作起笔,写了洗脸、做饭、纺线、贩枣等家常琐事和片段对话,随着人物情感流动的轨迹,以"争吵"和"做袜"为描写重点,到买布做旗,戛然而止,读来余韵缭绕。从"送袜子"到"做国旗",反映了两个时代的伟大进程,表现了革命群众对战斗赢得的胜利和新中国的无比欢欣和热爱,从中也体现了孙犁小说以小见大,让"细枝末节"放射出时代光芒的特点。小说显得情浓意深,耐人寻味,充满了生活气息和情韵,具有诗的意境。

从阜平乡下来了一位农民代表,参观天津的工业展览会。我们是老交情,已经快有十年不见面了。我陪他去参观展览,他对于中纺的织纺,对于那些改良的新农具特别感到兴趣。临走的时候,我一定要送点东西给他,我想买几尺布。

为什么我偏偏想起买布来?因为他身上穿的还是那样一种浅蓝的土靛染的粗布裤褂。这种蓝的颜色,不知道该叫什么蓝,可是它使我想起很多事情,想起在阜平穷山恶水之间度过的三年战斗的岁月,使我记起很多人。这种颜色,我就叫它"阜平蓝"或是"山地蓝"吧。

他这身衣服的颜色,在天津是很显得突出,也觉得土气。但是在阜平,这样一身衣服,织染既是不容易,穿上也就觉得鲜亮好看了。阜平土地很少,山上都是黑石头,雨水很多很暴,有些泥土就冲到冀中平原上来了——冀中是我的家乡。阜平的农民没有见过大的地块,他们所有的,只是像炕台那样大,或是像锅台那样大的一块土地。在这小小的、不规整的,有时是尖形的,有时是半圆形的,有时是梯形的小块土地上,他们费尽心思,全力经营。他们用石块垒起,用泥土包住,在边沿栽上枣树,在中间种上玉黍。

阜平的天气冷,山地不容易见到太阳。那里不种棉花,我刚到那里的时候,老大娘们手里搓着线锤。很多活计[2]用麻[3]代线,连袜底也是用麻纳的。

就是因为袜子,我和这家人认识了,并且成了老交情。那是个冬天,该是一九四一年的冬天,我打游击打到了这个小村庄,情况缓和了,部队决定休息两天。

我每天到河边去洗脸,河里结了冰,我登在冰冻的石头上,把冰砸破,浸湿毛巾,等我擦完

---

[1] 选自《白洋淀纪事》,中国青年出版社1963年版。孙犁(1913—2002),原名孙树勋,河北省衡水市安平人,现当代著名小说家、散文家,"荷花淀派"的创始人。

[2] 活计:手艺或缝纫、刺绣等。

[3] 麻:从各种麻类植物取得的纤维,包括一年生或多年生草本双子叶植物皮层的韧皮纤维和单子叶植物的叶纤维。韧皮纤维作物主要有苎麻、黄麻、青麻、大麻、亚麻、罗布麻和槿麻等。其中麻、亚麻、罗布麻等胞壁不木质化,纤维的粗细长短同棉相近,可作纺织原料,织成各种凉爽的细麻布等。

脸,毛巾也就冻挺了。有一天早晨,刮着冷风,只有一抹阳光,黄黄的落在河对面的山坡上。我又登在那块石头上去,砸开那个冰口,正要洗脸,听见在下水流有人喊:

"你看不见我在这里洗菜吗?洗脸到下边洗去!"

这声音是那么严厉,我听了很不高兴。这样冷天,我来砸冰洗脸,反倒妨碍了人。心里一时挂火,就也大声说:

"离着这么远,会弄脏你的菜!"

我站在上风头,狂风吹送着我的愤怒,我听见洗菜的人也恼了,那人说:

"菜是下口①的东西呀!你在上流洗脸洗屁股,为什么不脏?"

"你怎么骂人?"我站立起来转过身去,才看见洗菜的是个女孩子,也不过十六七岁。风吹红了她的脸,像带霜的柿叶,水冻肿了她的手,像上冻的红萝卜。她穿的衣服很单薄,就是那种蓝色的破袄裤。

十月严冬的河滩上,敌人往返烧毁过几次的村庄的边沿,在寒风里,她抱着一篮子水沤②的杨树叶,这该是早饭的食粮。

不知道为什么,我一时心平气和下来。我说:

"我错了,我不洗了,你在这块石头上来洗吧!"

她冷冷地望着我,过了一会才说:

"你刚在那石头上洗了脸,又叫我站上去洗菜!"

我笑着说:

"你看你这人,我在上水③洗,你说下水脏,这么一条大河,哪里就能把我脸上的泥土冲到你的菜上去?现在叫你到上水来,我到下水去,你还说不行,那怎么办哩?"

"怎么办,我还得往上走!"

她说着,扭着身子逆着河流往上去了。登在一块尖石上,把菜篮浸进水里,把两手插在袄襟底下取暖,望着我笑了。

我哭不的,也笑不的,只好说:

"你真讲卫生呀!"

"我们是真卫生,你是装卫生!你们尽笑我们,说我们山沟里的人不讲卫生,住在我们家里,吃了我们的饭,还刷嘴刷牙,我们的菜饭再不干净,难道还会弄脏了你们的嘴?为什么不连肠子都刷刷干净!"说着就笑的弯下腰去。

我觉得好笑。可也看见,在她笑着的时候,她的整齐的牙齿洁白的放光。

"对,你卫生,我们不卫生。"我说。

"那是假话吗?你们一个饭缸子,也盛饭,也盛菜,也洗脸,也洗脚,也喝水,也尿泡,那是讲卫生吗?"她笑着用两手在冷水里刨抓。

"这是物质条件不好,不是我们愿意不卫生。等我们打败了日本,占了北平,我们就可以吃饭有吃饭的家伙,喝水有喝水的家伙了,我们就可以一切齐备了。"

"什么时候,才能打败鬼子?"女孩子望着我,"我们的房,叫他们烧过两三回了!"

"也许三年,也许五年,也许十年八年。可是不管三年五年,十年八年,我们总是要打下去,

---

① 下口:用来吃的。
② 沤(òu):长时间地浸泡,使之起变化。
③ 上水:上游。下文的"下水"正好相反,指下游。

我们不会悲观的。"我这样对她讲,当时觉得这样讲了以后,心里很高兴了。

"光着脚打下去?"女孩子转脸望了我脚上一下,就又低下头去洗菜了。

我一时没弄清是怎么回事,就问:

"你说什么?"

"说什么?"女孩子也装没有听见,"我问你为什么不穿袜子,脚不冷吗?也是卫生吗?"

"咳!"我也笑了,"这是没有法子么,什么卫生!从九月里就反'扫荡',可是我们八路军,是非到十月底不发袜子的。这时候,正在打仗,哪里去找袜子穿呀?"

"不会买一双?"女孩子低声说。

"哪里去买呀,尽住小村,不过镇店。"我说。

"不会求人做一双?"

"哪里有布呀?就是有布,求谁做去呀?"

"我给你做。"女孩子洗好菜站起来,"我家就住在那个坡子上,"她用手一指,"你要没有布,我家里有点,还够做一双袜子。"

她端着菜走了,我在河边上洗了脸。我看了看我那只穿着一双"踢倒山"的鞋子,冻的发黑的脚,一时觉得我对于面前这山,这水,这沙滩,永远不能分离了。

我洗过脸,回到队上吃了饭,就到女孩子家去。她正在烧火,见了我就说:

"你这人倒实在,叫你来你就来了。"

我既然摸准了她的脾气,只是笑了笑,就走进屋里。屋里蒸气腾腾,等了一会,我才看见炕上有一个大娘和一个四十多岁的大伯,围着一盆火坐着。在大娘背后还有一位雪白头发的老大娘。一家人全笑着让我炕上坐。女孩子说:

"明儿别到河里洗脸去了,到我们这里洗吧,多添一瓢水就够了!"

大伯说:

"我们妞儿刚才还笑话你哩!"

白发老大娘瘪着嘴笑着说:

"她不会说话,同志,不要和她一样呀!"

"她很会说话!"我说,"要紧的是她心眼儿好,她看见我光着脚,就心疼我们八路军!"

大娘从炕角里扯出一块白粗布,说:

"这是我们妞儿纺了半年线赚的,给我做了一条棉裤,剩下的说给她爹做双袜子,现在先给你做了穿上吧。"

我连忙说:

"叫大伯穿吧!要不,我就给钱!"

"你又装假了,"女孩子烧着火抬起头来,"你有钱吗?"

大娘说:

"我们这家人,说了就不能改移。过后再叫她纺,给她爹赚袜子穿。早先,我们这里也不会纺线,是今年春天,家里住了一个女同志,教会了她。还说再过来了,还教她织布哩!你家里的人,会纺线吗?"

"会纺!"我说,"我们那里是穿洋布哩,是机器织纺的。大娘,等我们打败日本……"

"占了北平,我们就有洋布穿,就一切齐备!"女孩子接下去,笑了。

可巧,这几天情况没有变动,我们也不转移。每天早晨,我就到女孩子家里去洗脸。第二天去,袜子已经剪裁好,第三天她已经纳底子了,用的是细细的麻线。她说:

"你们那里是用麻用线?"

"用线。"我摸了摸袜底,"在我们那里,鞋底也没有这么厚!"

"这样坚实。"女孩子说,"保你穿三年,能打败日本不?"

"能够。"我说。

第五天,我穿上了新袜子。

和这一家人熟了,就又成了我新的家,这一家人身体都健壮,又好说笑,女孩子的母亲,看起来比女孩子的父亲还要健壮。女孩子的姥姥九十岁了,还那么结实,耳朵也不聋,我们说话的时候,她不插言,只是微微笑着,她说:她很喜欢听人们说闲话。

女孩子的父亲是个生产的好手,现在地里没活了,他正计划贩红枣到曲阳去卖,问我能不能帮他的忙。部队重视民运工作,上级允许我帮老乡去作运输,每天打早起,我同大伯背上一百多斤红枣,顺着河滩,爬山越岭,送到曲阳去。女孩子早起晚睡给我们做饭,饭食很好,一天,大伯说:

"同志,你知道我是沾你的光吗?"

"怎么沾了我的光?"

"往年,我一个人背枣,我们妞儿是不会给我吃这么好的!"

我笑了。女孩子说:

"沾他什么,他穿了我们的袜子,就该给我们做活了!"

又说:

"你们跑了快半月,赚了多少钱?"

"你看,她来查账了,"大伯说,"真是,我们也该计算计算了!"他打开放在被垛底下的一个小包袱,"我们这叫包袱账,赚了赔了,反正都在这里面。"

我们一同数了票子,一共赚了五千多块钱,女孩子说:

"够了。"

"够干什么了?"大伯问。

"够给我买张织布机子了!这一趟,你们在曲阳给我买架织布机子回来吧!"

无论姥姥、母亲、父亲和我,都没人反对女孩子这个正义的要求。我们到了曲阳,把枣卖了,就去买了一架机子。大伯不怕多花钱,一定要买一架好的,把全部盈余都用光了。我们分着背了回来,累的浑身流汗。

这一天,这一家人最高兴,也该是女孩子最满意的一天。这像要了几亩地,买回一头牛;这像制好了结婚前的陪送。

以后,女孩子就学习纺织的全套手艺了:纺、拐、浆、落、经、镶、织。

当她卸下第一匹布的那天,我出发了。从此以后,我走遍山南塞北,那双袜子,整整穿了三年也没有破绽。一九四五年,我们战胜了日本强盗,我从延安回来,在碛口地方,跳到黄河里去洗了一个澡,一时大意,奔腾的黄水,冲走了我的全部衣物,也冲走了那双袜子。黄河的波浪激荡着我关于敌后几年生活的回忆,激荡着我对于那女孩子的纪念。

开国典礼那天,我同大伯一同到百货公司去买布,送他和大娘一人一身蓝士林布,另外,送给女孩子一身红色的。大伯没见过这样鲜艳的红布,对我说:

"多买上几尺,再买点黄色的!"

"干什么用?"我问。

"这里家家门口挂着新旗,咱那山沟里准还没有哩!你给了我一张国旗的样子,一块带回去,叫妞儿给做一个,开会过年的时候,挂起来!"

他说妞儿已经有两个孩子了,还像小时那样,就是喜欢新鲜东西,说什么也要学会。

【文本对话】

一、在句中横线处填写词语,与课文作比较,品味作者用词的意味。

(1) 我每天到河边去洗脸,河里结了冰,我登在冰冻的石头上,把冰砸破,浸湿毛巾,等我擦完脸,毛巾也就冻_____了。有一天早晨,刮着冷风,只有一_____阳光,黄黄的落在河对面的山坡上。

(2) 她说着,_____着身子逆着河流往上去了。登在一块尖石上,把菜篮浸进水里,把两手插在袄襟底下取暖,望着我笑了。

(3) 十月严冬的河滩上,敌人往返烧毁过几次的村庄的边沿,在寒风里,她_____着一篮子水沤的杨树叶,这该是早饭的食粮。……她_____着菜走了,我在河边上洗了脸。我看了看我那只穿着一双"踢倒山"的鞋子,冻的发黑的脚,一时觉得我对于面前这山,这水,这沙滩,永远不能分离了。

(4) 这一天,这一家人最高兴,也该是女孩子最_____的一天。这象要了几亩地,买回一头牛;这象制好了结婚前的陪送。

二、下面是一些写小姑娘"笑"的文字,读一读,说说小姑娘的笑声有什么特点,这样写有什么作用?

(1) 把两手插在袄襟底下取暖,望着我笑了。

(2) 说着就笑的弯下腰去。

【实践活动】

下面这段文字是杨绛写的散文《留几本书在窗台》的节选,细细品味,说说读书能带来哪些愉悦之感?

坐在窗台,伸直腿,书搁在腿上,慢慢翻看。午后的阳光透过玻璃笼在书页上,文字构建的美妙意象和感觉瞬间渗入全身,心在字里行间跳跃飞翔,喜悦漫溢开来。窗外,天蓝如洗,云作奇峰。这景被窗户框成了画,清新至极。身边的书故人一般围拢着,久违的亲切感油然而生。捧着书坐着,直到最后一缕阳光从书页里消失,暮色在身边聚集,尤不忍释卷。因为阅读,匆忙枯燥的时间被文字的墨细细研磨了,书香适意怡人。这个下午也变得安静美好,有了回味。其实,日出日落,每天的时间并没有走快一分,是现代生活的快节奏,让我们的神经紧绷了,脚步加快了,也让我们的心浮躁不安。想起时下正流行的"慢生活"观念,提倡慢工作、慢餐、慢运动、慢休闲、慢阅读等,提醒生活在高速发展时代的人们,适时慢下来关注心灵、环境和传统,是多么的重要与必要。是的,即使停一停看看身边的风景,读读手边的书,哪怕是安静地听完一首优美的曲子,也会让单调的生活充满暖暖阳光,使精神舒缓、愉悦、充实。

【知识链接】

孙犁,原名孙树勋,1913年生,河北安平人。1937年参加革命,不久便开始发表小说。中华人民共和国成立后,小说、散文创作取得很大成就。已出版小说集《采蒲台》《荷花淀》《村歌》《孙犁小说选》《芸斋小说》及长篇小说《风云初记》,散文集《津门小记》《晚华集》《秀露集》《孙犁散文选》等。

孙犁是位从解放区成长起来、成绩卓著、影响深远的风格作家。他一贯关注时代风云,体察人民苦乐,贴近现实,直面人生,以博大的人道主义胸怀和对现实主义的执着追求,使作品散发出耐人寻味的清香。在艺术上兼收并蓄,古今相融,从民族气派上追求内在气质和文化内涵。作品语言质朴清新,心理刻画细腻,抒情性强。

第四单元

留影社会

【单元导读】

　　文学创作源于生活又高于生活,社会生活是文学创作的唯一源泉。一个好的作家、文人,其作品和创作宗旨总是脱离不了现实生活,他们创作的笔触深入百姓日常生活,作品总是反映和关注现实社会的方方面面。

　　老舍的短篇小说《月牙儿》取材于20世纪二三十年代,描写北平最底层的一对贫苦母女被社会相继逼迫成暗娼的故事。小说深刻地揭露了黑暗社会底层人民的真实生活,通过主人公母女两代被迫先后沦为暗娼的残酷经历,揭示了那无声的吃人社会。

　　英国著名小说家毛姆曾在评价《呼啸山庄》时说:"我不知道还有哪部小说能像它这样,把爱情的痛苦、迷恋和残酷如此执着地纠缠在一起,并以如此惊人的力量将其描绘出来。"。在希刺克厉夫和凯瑟琳这对旷世情侣身上,极度的爱中混合着极度的恨,人物的"爱"与"恨"形成了极端冲突。整个小说的情境格外的"戏剧化",阴冷而暴力,神秘怪烈又隐含着神圣的温情。

　　女子以花自喻,见花落泪,借花开花落抒发自身的感情,感慨美人之迟暮,人生之得失。黛玉葬花情节,是《红楼梦》里最令人伤感的情节之一,由林黛玉一边葬花一边悲吟,引发了无数读者的悲伤之情。《桃花行》是继《葬花吟》之后,黛玉的又一首顾"花"自怜的抒情诗。《葬花吟》与《桃花行》基本格调一致,将花拟人,以花喻人,把花的命运与人的命运紧密联系,有力地控诉了那些摧残花的自然界和扼杀人的黑暗社会恶势力。明写花,实写人,将人物的遭遇、命运、思想、感情融汇于景与物的描绘之中,创造出内涵丰富、形象鲜明生动的意境,具有强烈的艺术感染力,是林黛玉生命理念和人生价值的真实写照。

　　朱自清的成名作《桨声灯影里的秦淮河》,记叙夏夜泛舟秦淮河的见闻感受,作者在声光色彩的协奏中,敏锐地捕捉到了秦淮河不同时地、不同情境中的卓越风姿。秦淮河在作者笔下如诗、如画、如梦一般,描绘自然风光的部分,以真挚的情意,细致的观察,丰富的想象构成了浓郁诗情的艺术风格。

　　《郑伯克段于鄢》是编年体史书《左传》的一个片段,却俨然是一篇完整而优美的记事散文。文章把发生在两千多年前的这一历史事件,具体可感地呈现在我们眼前,使我们仿佛真的进入了时间隧道,面对面地聆听历史老人绘声绘色地讲述这一事件的缘起、发生、发展和最后结局。从而,不仅让我们明白这一历史事件的真实情况,同时也让我们看到了相关人物的内心世界,并进而感悟到郑国最高统治者内部夺权斗争的尖锐性和残酷性。

一、月牙儿①

老舍②

【阅读提示】

20世纪30年代的旧中国,因帝国主义的侵入,国民党的妥协投降,造成内政外交连连失败。城市里,表面上歌舞升平,实际上是工商业的倒闭,市场萧条,工人失业,百姓一贫如洗。城市底层人民过着痛苦的奴隶式的生活,卖淫现象正是底层人民求生无路和有产者道德败落的畸形产物。老舍看到底层这最黑暗的角落,他一反习俗,写了被传统观念所厌恶的娼妓,写她们那苦涩的追求和深层的悲愤。

一

是的,我又看见月牙儿了,带着点寒气的一钩儿浅金。多少次了,我看见跟现在这个月牙儿一样的月牙儿;多少次了。它带着种种不同的感情,种种不同的景物,当我坐定了看它,它一次一次的在我记忆中的碧云上斜挂着。

它唤醒了我的记忆,像一阵晚风吹破一朵欲睡的花。

二

那第一次,带着寒气的月牙儿确是带着寒气。它第一次在我的云中是酸苦,它那一点点微弱的浅金光儿照着我的泪。那时候我也不过是七岁吧,一个穿着短红棉袄的小姑娘。戴着妈妈给我缝的一顶小帽儿,蓝布的,上面印着小小的花,我记得。我倚着那间小屋的门垛,看着月牙儿。屋里是药味,烟味,妈妈的眼泪,爸爸的病;我独自在台阶上看着月牙,没人招呼我,没人顾得给我作晚饭。我晓得屋里的惨凄,因为大家说爸爸的病……可是我更感觉自己的悲惨,我冷,饿,没人理我。一直的我立到月牙儿落下去。什么也没有了,我不能不哭。可是我的哭声被妈妈的压下去;爸,不出声了,面上蒙了块白布。我要掀开白布,再看看爸,可是我不敢。屋里只有那么点点地方,都被爸占了去。妈妈穿上白衣,我的红袄上也罩了个没缝襟边的白袍,我记得,因为不断地撕扯襟边上的白丝儿。大家都很忙,嚷嚷的声儿很高,哭得很恸,可是事情并不多,也似乎值不得嚷;爸爸就装入那么一个四块薄板的棺材里,到处都是缝子。然后,五六个人把他抬了走。妈和我在后边哭。

我记得爸,记得爸的木匣。那个木匣结束了爸的一切:每逢我想起爸来,我就想到非打开那个木匣不能见着他。但是,那木匣是深深地埋在地里,我明知在城外哪个地方埋着它,可又像落在地上的一个雨点,似乎永难找到。

---

① 《月牙儿》是现代文学家老舍创作的一部中篇小说,原载1935年4月1日、8日、15日《国闻周报》第12卷12期至15期,后收入短篇小说集《樱海集》。

② 老舍(1899—1966),原名舒庆春,字舍予,北京人,中国现代小说家、作家,语言大师、人民艺术家,新中国第一位获得"人民艺术家"称号的作家。代表作有《骆驼祥子》《四世同堂》,剧本《茶馆》。

三

妈和我还穿着白袍,我又看见了月牙儿。那是个冷天,妈妈带我出城去看爸的坟。妈拿着很薄很薄的一罗儿纸。妈那天对我特别的好,我走不动便背我一程,到城门上还给我买了一些炒栗子。什么都是凉的,只有这些栗子是热的;我舍不得吃,用它们热我的手。走了多远,我记不清了,总该是很远很远吧。在爸出殡的那天,我似乎没觉得这么远,或者是因为那天人多;这次只是我们娘儿俩,妈不说话,我也懒得出声,什么都是静寂的;那些黄土路静寂得没有头儿。天是短的,我记得那个坟:小小的一堆儿土,远处有一些高土岗儿,太阳在黄土岗儿上头斜着。妈妈似乎顾不得我了,把我放在一旁,抱着坟头儿去哭。我坐在坟头的旁边,弄着手里那几个栗子。妈哭了一阵,把那点纸焚化了,一些纸灰在我眼前卷成一两个旋儿,而后懒懒地落在地上;风很小,可是很够冷的。妈妈又哭起来。我也想爸,可是我不想哭他;我倒是为妈妈哭得可怜而也落了泪。过去拉住妈妈的手:"妈不哭!不哭!"妈妈哭得更恸了。她把我搂在怀里。眼看太阳就落下去,四外没有一个人,只有我们娘儿俩。妈似乎也有点怕了,含着泪,扯起我就走,走出老远,她回头看了看,我也转过身去:爸的坟已经辨不清了;土岗的这边都是坟头,一小堆一小堆,一直摆到土岗底下。妈妈叹了口气。我们紧走慢走,还没有走到城门,我看见了月牙儿。四外漆黑,没有声音,只有月牙儿放出一道儿冷光。我乏了,妈妈抱起我来。怎样进的城,我就不知道了,只记得迷迷糊糊的天上有个月牙儿。

四

刚八岁,我已经学会了去当东西。我知道,若是当不来钱,我们娘儿俩就不要吃晚饭;因为妈妈但凡有点主意,也不肯叫我去。我准知道她每逢交给我个小包,锅里必是连一点粥底儿也看不见了。我们的锅有时干净得像个体面的寡妇。这一天,我拿的是一面镜子。只有这件东西似乎是不必要的,虽然妈妈天天得用它。这是个春天,我们的棉衣都刚脱下来就入了当铺。我拿着这面镜子,我知道怎样小心,小心而且要走得快,当铺是老早就上门的。

我怕当铺的那个大红门,那个大高长柜台。一看见那个门,我就心跳。可是我必须进去,似乎是爬进去,那个高门槛儿是那么高。我得用尽了力量,递上我的东西,还得喊:"当当!"得了钱和当票,我知道怎样小心的拿着,快快回家,晓得妈妈不放心。可是这一次,当铺不要这面镜子,告诉我再添一号来。我懂得什么叫"一号"。把镜子搂在胸前,我拼命地往家跑。妈妈哭了;她找不到第二件东西。我在那间小屋住惯了,总以为东西不少;及至帮着妈妈一找可当的衣物,我的小心里才明白过来,我们的东西很少,很少。

妈妈不叫我去了。可是,"妈妈咱们吃什么呢?"妈妈哭着递给我她头上的银簪——只有这一件东西是银的。我知道,她拔下过来几回,都没肯交给我去当。这是妈妈出门子时,姥姥家给的一件首饰。现在,她把这末一件银器给了我,叫我把镜子放下。我尽了我的力量赶回当铺,那可怕的大门已经严严地关好了。我坐在那门墩上,握着那根银簪。不敢高声地哭,我看着天,啊,又是月牙儿照着我的眼泪!哭了好久,妈妈在黑影中来了,她拉住了我的手,呕,多么热的手,我忘了一切的苦处,连饿也忘了,只要有妈妈这只热手拉着我就好。我抽抽搭搭地说:"妈!咱们回家睡觉吧。明儿早上再来!"

妈一声没出。又走了一会儿:"妈!你看这个月牙;爸死的那天,它就是这么歪歪着。为什么她老这么斜着呢?"妈还是一声没出,她的手有点颤。

五

  妈妈整天地给人家洗衣裳。我老想帮助妈妈,可是插不上手。我只好等着妈妈,非到她完了事,我不去睡。有时月牙儿已经上来,她还哼哧哼哧地洗。那些臭袜子,硬牛皮似的,都是铺子里的伙计们送来的。妈妈洗完这些"牛皮"就吃不下饭去。我坐在她旁边,看着月牙,蝙蝠专会在那条光儿底下穿过来穿过去,像银线上穿着个大菱角,极快的又掉到暗处去。我越可怜妈妈,便越爱这个月牙,因为看着它,使我心中痛快一点。它在夏天更可爱,它老有那么点凉气,像一条冰似的。我爱它给地上的那点小影子,一会儿就没了;迷迷糊糊的不甚清楚,及至影子没了,地上就特别的黑,星也特别的亮,花也特别的香——我们的邻居有许多花木,那棵高高的洋槐总把花儿落到我们这边来,像一层雪似的。

六

  妈妈的手起了层鳞,叫她给搓搓背顶解痒痒了。可是我不敢常劳动她,她的手是洗粗了的。她瘦,被臭袜子熏的常不吃饭。我知道妈妈要想主意了,我知道。她常把衣裳推到一边,愣着。她和自己说话。她想什么主意呢?我可是猜不着。

七

  妈妈嘱咐我不叫我别扭,要乖乖地叫"爸";她又给我找到一个爸。这是另一个爸,我知道,因为坟里已经埋好一个爸了。妈嘱咐我的时候,眼睛看着别处。她含着泪说:"不能叫你饿死!"哦,是因为不饿死我,妈才另给我找了个爸!我不明白多少事,我有点怕,又有点希望——果然不再挨饿的话。多么凑巧呢,离开我们那间小屋的时候,天上又挂着月牙。这次的月牙比哪一回都清楚,都可怕;我是要离开这住惯了的小屋了。妈坐了一乘红轿,前面还有几个鼓手,吹打得一点也不好听。轿在前边走,我和一个男人在后边跟着,他拉着我的手。那可怕的月牙放着一点光,仿佛在凉风里颤动。

  街上没有什么人,只有些野狗追着鼓手们咬;轿子走得很快。上哪去呢?是不是把妈抬到城外去,抬到坟地去?那个男人扯着我走,我喘不过气来,要哭都哭不出来。那男人的手心出了汗,凉得像个鱼似的,我要喊"妈",可是不敢。一会儿,月牙像个要闭上的一道大眼缝,轿子进了个小巷。

八

  我在三四年里似乎没再看见月牙。新爸对我们很好,他有两间屋子,他和妈住在里间,我在外间睡铺板。我起初还想跟妈妈睡,可是几天之后,我反倒爱"我的"小屋了。屋里有白白的墙,还有条长桌,一把椅子。这似乎都是我的。我的被子也比从前的厚实暖和了。妈妈也渐渐胖了点,脸上有了红色,手上的那层鳞也慢慢掉净。我好久没去当铺了。新爸叫我去上学。有时候他还跟我玩一会儿。我不知道为什么不爱叫他"爸",虽然我知道他很可爱。他似乎也知道这个,他常常对我那么一笑;笑的时候他有很好看的眼睛。可是妈妈偷告诉我叫爸,我也不愿十分的别扭。我心中明白,妈和我现在是有吃有喝的,都因为有这个爸,我明白。是的,在这三四年里我想不起曾经看见过月牙儿;也许是看见过而不大记得了。爸死时那个月牙,妈轿子前面那个月牙,我永远忘不了。那一点点光,那一点寒气,老在我心中,比什么都亮,都清凉,像块玉似的,有时候想起来仿佛能用手摸到似的。

九

　　我很爱上学。我老觉得学校里有不少的花,其实并没有;只是一想起学校就想到花罢了,正像一想起爸的坟就想起城外的月牙儿——在野外的小风里歪歪着。妈妈是很爱花的,虽然买不起,可是有人送给她一朵,她就顶喜欢地戴在头上。我有机会便给她折一两朵来;戴上朵鲜花,妈的后影还很年轻似的。妈喜欢,我也喜欢。在学校里我也很喜欢。也许因为这个,我想起学校便想起花来?

十

　　当我要在小学毕业那年,妈又叫我去当铺了。我不知道为什么新爸忽然走了。他上了哪儿,妈似乎也不晓得。妈妈还叫我上学,她想爸不久就会回来的。
　　他许多日子没回来,连封信也没有。我想妈又该洗臭袜子了,这使我极难受。可是妈妈并没有这么打算。她还打扮着,还爱戴花;奇怪! 她不落泪,反倒好笑;为什么呢? 我不明白! 好几次,我下学来,看见她在门口儿立着。
　　又隔了不久,我在路上走,有人"嗨"我了:"嗨! 给你妈捎个信儿去!"
　　"嗨! 你卖不卖呀? 小嫩的!"我的脸红得冒出火来,把头低得无可再低。
　　我明白,只是没办法。我不能问妈妈,不能。她对我很好,而且有时候极郑重她说我:"念书! 念书!"妈是不识字的,为什么这样催我念书呢? 我疑心;又常由疑心而想到妈是为我才作那样的事。妈是没有更好的办法。疑心的时候,我恨不能骂妈妈一顿。再一想,我要抱住她,央告她不要再作那个事。我恨自己不能帮助妈妈。所以我也想到:我在小学毕业后又有什么用呢?
　　我和同学们打听过了,有的告诉我,去年毕业的有好几个作姨太太的。有的告诉我,谁当了暗门子。我不大懂这些事,可是由她们的说法,我猜到这不是好事。她们似乎什么都知道,也爱偷偷地谈论她们明知是不正当的事——这些事叫她们的脸红红的而显出得意。我更疑心妈妈,是不是等我毕业好去作……这么一想,有时候我不敢回家,我怕见妈妈。妈妈有时候给我点心钱,我不肯花,饿着肚子去上体操,常常要晕过去。看着别人吃点心,多么香甜呢! 可是我得省着钱,万一妈妈叫我去……我可以跑,假如我手中有钱。
　　我最阔的时候,手中有一毛多钱! 在这些时候,即使在白天,我也有时望一望天上,找我的月牙儿呢。我心中的苦处假若可以用个形状比喻起来,必是个月牙儿形的。它无依无靠的在灰蓝的天上挂着,光儿微弱,不大会儿便被黑暗包住。

十一

　　叫我最难过的是我慢慢地学会了恨妈妈。可是每当我恨她的时候,我不知不觉地便想起她背着我上坟的光景。想到了这个,我不能恨她了。我又非恨她不可。我的心像——还是像那个月牙儿,只能亮那么一会儿,而黑暗是无限的。妈妈的屋里常有男人来了,她不再躲避着我。他们的眼像狗似地看着我,舌头吐着,垂着涎。我在他们的眼中是更解馋的,我看出来。在很短的期间,我忽然明白了许多的事。我知道我得保护自己,我觉出我身上好像有什么可贵的地方,我闻得出我已有一种什么味道,使我自己害羞,多感。
　　我身上有了些力量,可以保护自己,也可以毁了自己。我有时很硬气,有时候很软。我不知怎样好。我愿爱妈妈,这时候我有好些必要问妈妈的事,需要妈妈的安慰;可是正在这个时候,我得躲着她,我得恨她;要不然我自己便不存在了。当我睡不着的时节,我很冷静地思索,妈妈是可原谅的。她得顾我们俩的嘴。可是这个又使我要拒绝再吃她给我的饭菜。我的心就这么忽冷忽热,像冬天的风,休息一会儿,刮得更要猛;我静候着我的怒气冲来,没法儿止住。

十二

事情不容我想好方法就变得更坏了。妈妈问我,"怎样?"假若我真爱她呢,妈妈说,我应该帮助她。不然呢,她不能再管我了。这不像妈妈能说得出的话,但是她确是这么说了。她说得很清楚:"我已经快老了,再过二年,想白叫人要也没人要了!"这是对的,妈妈近来擦许多的粉,脸上还露出折子来。她要再走一步,去专伺候一个男人。她的精神来不及伺候许多男人了。为她自己想,这时候能有人要她——是个馒头铺掌柜的愿要她——她该马上就走。可是我已经是个大姑娘了,不像小时候那样容易跟在妈妈的轿后走过去了。我得打主意安置自己。假若我愿意"帮助"妈妈呢,她可以不再走这一步,而由我代替她挣钱。代她挣钱,我真愿意;可是那个挣钱方法叫我哆嗦。我知道什么呢,叫我像个半老的妇人那样去挣钱?!妈妈的心是狠的,可是钱更狠。妈妈不逼着我走哪条路,她叫我自己挑选——帮助她,或是我们娘儿俩各走各的。妈妈的眼没有泪,早就干了。我怎么办呢?

十三

我对校长说了。校长是个四十多岁的妇人,胖胖的,不很精明,可是心热。我是真没了主意,要不然我怎会开口述说妈妈的……我并没和校长亲近过。当我对她说的时候,每个字都像烧红了的煤球烫着我的喉,我哑了,半天才能吐出一个字。校长愿意帮助我。她不能给我钱,只能供给我两顿饭和住处——就住在学校和个老女仆作伴儿。她叫我帮助文书写写字,可是不必马上就这么办,因为我的字还需要练习。两顿饭,一个住处,解决了大大的问题。我可以不连累妈妈了。妈妈这回连轿也没坐,只坐了辆洋车,摸着黑走了。我的铺盖,她给了我。临走的时候,妈妈挣扎着不哭,可是心底下的泪到底翻上来了。她知道我不能再找她去,她的亲女儿。我呢,我连哭都忘了怎么哭了,我只咧着嘴抽达①,泪蒙住了我的脸。我是她的女儿、朋友、安慰。但是我帮助不了她,除非我得作那种我决不肯作的事。在事后一想,我们娘儿俩就像两个没人管的狗,为我们的嘴,我们得受着一切的苦处,好像我们身上没有别的,只有一张嘴。为这张嘴,我们得把其余一切的东西都卖了。我不恨妈妈了,我明白了。不是妈妈的毛病,也不是不该长那张嘴,是粮食的毛病,凭什么没有我们的吃食呢?这个别离,把过去一切的苦楚都压过去了。那最明白我的眼泪怎流的月牙这回会没出来,这回只有黑暗,连点萤火的光也没有。妈妈就在暗中像个活鬼似的走了,连个影子也没有。即使她马上死了,恐怕也不会和爸埋在一处了,我连她将来的坟在哪里都不会知道。我只有这么个妈妈,朋友。我的世界里剩下我自己。

十四

妈妈永不能相见了,爱死在我心里,像被霜打了的春花。我用心地练字,为是能帮助校长抄抄写写些不要紧的东西。我必须有用,我是吃着别人的饭。

我不像那些女同学,她们一天到晚注意别人,别人吃了什么,穿了什么,说了什么;我老注

---

① 抽达:亦作"抽答",一吸一顿地低声哭泣。

意我自己,我的影子是我的朋友。"我"老在我的心上,因为没人爱我。我爱我自己,可怜我自己,鼓励我自己,责备我自己;我知道我自己,仿佛我是另一个人似的。我身上有一点变化都使我害怕,使我欢喜,使我莫名其妙。我在我自己手中拿着,像捧着一朵娇嫩的花。我只能顾目前,没有将来,也不敢深想。嚼着人家的饭,我知道那是晌午或晚上了,要不然我简直想不起时间来;没有希望,就没有时间。我好像钉在个没有日月的地方。想起妈妈,我晓得我曾经活了十几年。对将来,我不像同学们那样盼望放假,过节,过年;假期,节,年,跟我有什么关系呢?可是我的身体是在往大了长呢,我觉得出。觉出我又长大了一些,我更渺茫,我不放心我自己。

　　我越往大了长,我越觉得自己好看,这是一点安慰;美使我抬高了自己的身份。可是我根本没身份,安慰是先甜后苦的,苦到末了又使我自傲。穷,可是好看呢!这又使我怕:妈妈也是不难看的。

十五

　　我又老没看月牙了,不敢去看,虽然想看。我已毕了业,还在学校里住着。晚上,学校里只有两个老仆人,一男一女。他们不知怎样对待我好,我既不是学生,也不是先生,又不是仆人,可有点像仆人。晚上,我一个人在院中走,常被月牙给赶进屋来,我没有胆子去看它,可是在屋里,我会想象它是什么样,特别是在有点小风的时候。微风仿佛会给那点微光吹到我的心上来,使我想起过去,更加重了眼前的悲哀。我的心就好像在月光下的蝙蝠,虽然是在光的下面,可是自己是黑的;黑的东西,即使会飞,也还是黑的,我没有希望。我可是不哭,我只常皱着眉。

十六

　　我有了点进款:给学生织些东西,她们给我点工钱。校长允许我这么办。

　　可是进不了许多,因为她们也会织。不过她们自己急于要用,而赶不来,或是给家中人打双手套或袜子,才来照顾我。虽然是这样,我的心似乎活了一点,我甚至想到:假若妈妈不走那一步,我是可以养活她的。一数我那点钱,我就知道这是梦想,可是这么想使我舒服一点。我很想看看妈妈。假若她看见我,她必能跟我来,我们能有方法活着,我想——可是不十分相信。我想妈妈,她常到我的梦中来。有一天,我跟着学生们去到城外旅行,回来的时候已经是下午四点多了。为是快点回来,我们抄了个小道。我看见了妈妈!

　　在个小胡同里有一家卖馒头的,门口放着个元宝筐,筐上插着个顶大的白木头馒头。顺着墙坐着妈妈,身儿一仰一弯地拉风箱呢。从老远我就看见了那个大木馒头与妈妈,我认识她的后影。我要过去抱住她。可是我不敢,我怕学生们笑话我,她们不许我有这样的妈妈。越走越近了,我的头低下去,从泪中看了她一眼,她没看见我。我们一群人擦着她的身子走过去,她好像是什么也没看见,专心地拉她的风箱。走出老远,我回头看了看,她还在那儿拉呢。我看不清她的脸,只看到她的头发在额上披散着点。我记住这个小胡同的名儿。

十七

　　像有个小虫在心中咬我似的,我想去看妈妈,非看见她我心中不能安静。

　　正在这个时候,学校换了校长。胖校长告诉我得打主意,她在这儿一天便有我一天的饭食与住处,可是她不能保险新校长也这么办。我数了数我的钱,一共是两块七毛零几个铜子。这几个钱不会叫我在最近的几天中挨饿,可是我上哪儿呢?我不敢坐在那儿呆呆地发愁,我得想主意。找妈妈去是第一个念头。可是她能收留我吗?假若她不能收留我,而我找了她去,即使不能引起她与那个卖馒头的吵闹,她也必定很难过。我得为她想,她是我的妈妈,又不是我的妈妈,我们母女之间隔着一层用穷作成的障碍。想来想去,我不肯找她去了。我应当自己担着自己的苦处。可是怎么担着自己的苦处呢?我想不起。我觉得世界很小,没有安置我与我的小铺盖卷的地方。我还不如一条狗,狗有个地方便可以躺下睡;街上不准我躺着。是的,我是人,人可以不如狗。假若我扯着脸不走,焉知新校长不往外撵我呢?我不能等着人家往外推。这是个春天。我只看见花儿开了,叶儿绿了,而觉不到一点暖气。红的花只是红的花,绿的叶只是绿的叶,我看见些不同的颜色,只是一点颜色;这些颜色没有任何意义,春在我的心中是个凉的死的东西。我不肯哭,可是泪自己往下流。

十八

我出去找事了。不找妈妈,不依赖任何人,我要自己挣饭吃。走了整整两天,抱着希望出去,带着尘土与眼泪回来。没有事情给我作。我这才真明白了妈妈,真原谅了妈妈。妈妈还洗过臭袜子,我连这个都作不上。妈妈所走的路是唯一的。学校里教给我的本事与道德都是笑话,都是吃饱了没事时的玩艺。同学们不准我有那样的妈妈,她们笑话暗门子;是的,她们得这样看,她们有饭吃。我差不多要决定了:只要有人给我饭吃,什么我也肯干;妈妈是可佩服的。我才不去死,虽然想到过;不,我要活着。我年轻,我好看,我要活着。羞耻不是我造出来的。

十九

这么一想,我好像已经找到了事似的。我敢在院中走了,一个春天的月牙在天上挂着。我看出它的美来。天是暗蓝的,没有一点云。那个月牙清亮而温柔,把一些软光儿轻轻送到柳枝上。院中有点小风,带着南边的花香,把柳条的影子吹到墙角有光的地方来,又吹到无光的地方去;光不强,影儿不重,风微微地吹,都是温柔,什么都有点睡意,可又要轻软地活动着。月牙下边,柳梢上面,有一对星儿好像微笑的仙女的眼,逗着那歪歪的月牙和那轻摆的柳枝。墙那边有棵什么树,开满了白花,月的微光把这团雪照成一半儿白亮,一半儿略带点灰影,显出难以想到的纯净。这个月牙是希望的开始,我心里说。

二十

我又找了胖校长去,她没在家。一个青年把我让进去。他很体面,也很和气。我平素很怕男人,但是这个青年不叫我怕他。他叫我说什么,我便不好意思不说;他那么一笑,我心里就软了。我把找校长的意思对他说了,他很热心,答应帮助我。当天晚上,他给我送了两块钱来,我不肯收,他说这是他姆母——胖校长——给我的。他并且说他的姆母已经给我找好了地方住,第二天就可以搬过去,我要怀疑,可是不敢。他的笑脸好像笑到我的心里去。我觉得我要疑心便对不起人,他是那么温和可爱。

二十一

他的笑唇在我的脸上,从他的头发上我看着那也在微笑的月牙。春风像醉了,吹破了春云,露出月牙与一两对儿春星。河岸上的柳枝轻摆,春蛙唱着恋歌,嫩蒲①的香味散在春晚的暖气里。我听着水流,像给嫩蒲一些生力,我想象着蒲梗轻快地往高里长。小蒲公英在潮暖的

---

① 蒲:多年生草本植物,生池沼中,高近两米。根茎长在泥里,可食。叶长而尖,可编席、制扇,夏天开黄色花。

地上似乎正往叶尖花瓣上灌着白浆。什么都在溶化着春的力量,把春收在那微妙的地方,然后放出一些香味,像花蕊顶破了花瓣。我忘了自己,像四外的花草似的,承受着春的透入;我没了自己,像化在了那点春风与月的微光中。月儿忽然被云掩住,我想起来自己,我觉得他的热力压迫我。我失去那个月牙儿,也失去了自己,我和妈妈一样了!

二十二

我后悔,我自慰,我要哭,我喜欢,我不知道怎样好。我要跑开,永不再见他;我又想他,我寂寞。两间小屋,只有我一个人,他每天晚上来。他永远俊美,老那么温和。他供给我吃喝,还给我作了几件新衣。穿上新衣,我自己看出我的美。可是我也恨这些衣服,又舍不得脱去。我不敢思想,也懒得思想,我迷迷糊糊的,腮上老有那么两块红。我懒得打扮,又不能不打扮,太闲在了,总得找点事作。打扮的时候,我怜爱自己;打扮完了,我恨自己。我的泪很容易下来,可是我设法不哭,眼终日老那么湿润润的,可爱。

我有时候疯了似的吻他,然后把他推开,甚至于破口骂他;他老笑。

二十三

我早知道,我没希望;一点云便能把月牙遮住,我的将来是黑暗。果然,没有多久,春便变成了夏,我的春梦作到了头儿。有一天,也就是刚响午吧,来了一个少妇。她很美,可是美得不玲珑,像个磁人儿似的。她进到屋中就哭了。不用问,我已明白了。看她那个样儿,她不想跟我吵闹,我更没预备着跟她冲突。她是个老实人。她哭,可是拉住我的手:"他骗了咱们俩!"她说。我以为她也只是个"爱人"。不,她是他的妻。她不跟我闹,只口口声声的说:"你放了他吧!"我不知怎么才好,我可怜这个少妇。我答应了她。她笑了。看她这个样儿,我以为她是缺个心眼,她似乎什么也不懂,只知道要她的丈夫。

二十四

我在街上走了半天。很容易答应那个少妇呀,可是我怎么办呢?他给我的那些东西,我不愿意要;既然要离开他,便一刀两断。可是,放下那点东西,我还有什么呢?我上哪儿呢?我怎么能当天就有饭吃呢?好吧,我得要那些东西,无法。我偷偷的搬了走。我不后悔,只觉得空虚,像一片云那样的无依无靠。搬到一间小屋里,我睡了一天。

二十五

我知道怎样俭省,自幼就晓得钱是好的。凑合着手里还有那点钱,我想马上去找个事。这样,我虽然不希望什么,或者也不会有危险了。事情可是并不因我长了一两岁而容易找到。我很坚决,这并无济于事,只觉得应当如此罢了。妇女挣钱怎这么不容易呢!妈妈是对的,妇人只有一条路走,就是妈妈所走的路。我不肯马上就往那么走,可是知道它在不很远的地方等着我呢。我越挣扎,心中越害怕。我的希望是初月的光,一会儿就要消失。一两个星期过去了,希望越来越小。最后,我去和一排年轻的姑娘们在小饭馆受选阅。很小的一个饭馆,很大的一个老板;我们这群都不难看,都是高小毕业的少女们,等皇赏似的,等着那个破塔似的老板挑选。他选了我。我不感谢他,可是当时确有点痛快。那群女孩子们似乎很羡慕我,有的竟自含着泪走去,有的骂声"妈的!"女人够多么不值钱呢!

二十六

我成了小饭馆的第二号女招待。摆菜、端菜、算账、报菜名,我都不在行。我有点害怕。可是"第一号"告诉我不用着急,她也都不会。她说,小顺管一切的事;我们当招待的只要给客人倒茶,递手中把,和拿账条,别的不用管。奇怪!"第一号"的袖口卷起来很高,袖口的白里子上连一个污点也没有。腕上放着一块白丝手绢,绣着"妹妹我爱你"。她一天到晚往脸上拍粉,嘴唇抹得血瓢似的。给客人点烟的时候,她的膝往人家腿上倚;还给客人斟酒,有时候她自己也喝了一口。对于客人,有的她伺候得非常的周到;有的她连理也不理,她会把眼皮一搭拉,假装没看见。她不招待的,我只好去。我怕男人。我那点经验叫我明白了些,什么爱不爱的,反正男人可怕。

特别是在饭馆吃饭的男人们,他们假装义气,打架似的让座让账;他们拼命的猜拳,喝酒;他们野兽似的吞吃,他们不必要而故意的挑剔毛病,骂人。

我低头递茶递手巾,我的脸发烧。客人们故意的和我说东说西,招我笑;我没心思说笑。晚上九点多钟完了事,我非常的疲乏了。到了我的小屋,连衣裳没脱,我一直地睡到天亮。醒来,我心中高兴了一些,我现在是自食其力,用我的劳力自己挣饭吃。我很早的就去上工。

二十七

"第一号"九点多才来,我已经去了两点多钟。她看不起我,可也并非完全恶意地教训我:"不用那么早来,谁八点来吃饭?告诉你,丧气鬼,把脸别搭拉得那么长;你是女跑堂的,没让你在这儿送殡玩。低着头,没人多给酒钱;你干什么来了?不为挣子儿吗?你的领子太矮,咱这行全得弄高领子,绸子手绢,人家认这个!"我知道她是好意,我也知道设若我不肯笑,她也得吃亏,少分酒钱;小账是大家平分的。我也并非看不起她,从一方面看,我实在佩服她,她是为挣钱。妇女挣钱就得这么着,没第二条路。但是,我不肯学她。我仿佛看得很清楚:有朝一日,我得比她还开通,才能挣上饭吃。可是那得到了山穷水尽的时候;"万不得已"老在那儿等我们女人,我只能叫它多等几天。这叫我咬牙切齿,叫我心中冒火,可是妇女的命运不在自己手里。又干了三天,那个大掌柜的下了警告:再试我两天,我要是愿意往长了干呢,得照"第一号"那么办。"第一号"一半嘲弄,一半劝告的说:"已经有人打听你,干吗藏着乖的卖傻的呢?咱们谁不知道谁是怎着?女招待嫁银行经理的,有的是;你当是咱们低贱呢?闯开脸儿干呀,咱们也他妈的坐几天汽车!"这个,逼上我的气来,我问她:"你什么时候坐汽车?"

她把红嘴唇撇得要掉下去:"不用你耍嘴皮子,干什么说什么;天生下来的香屁股,还不会干这个呢!"我干不了,拿了一块另五分钱,我回了家。

二十八

最后的黑影又向我迈了一步。为躲它,就更走近了它。我不后悔丢了那个事,可我也真怕那个黑影。把自己卖给一个人,我会。自从那回事儿,我很明白了些男女之间的关系。女人把自己放松一些,男人闻着味儿就来了。

他所要的是肉,他所给的也是肉。他咬了你,压着你,发散了兽力,你便暂时有吃有穿;然后他也许打你骂你,或者停止了你的供给。女人就这么卖了自己,有时候还很得意,我曾经觉到得意。在得意的时候说的净是一些天上的话;过了会儿,你觉得身上的疼痛与丧气。不过,卖给一个男人,还可以说些天上的话;卖给大家,连这些也没法说了,妈妈就没说过这样的话。

怕的程度不同,我没法接受"第一号"的劝告:"一个"男人到底使我少怕一点。

可是,我并不想卖我自己。我并不需要男人,我还不到二十岁。我当初以为跟男人在一块儿必定有趣,谁知道到了一块他就要求那个我所害怕的事。是的,那时候我像把自己交给了春风,任凭人家摆布;过后一想,他是利用我的无知,畅快他自己。他的甜言蜜语使我走入梦里;醒过来,不过是一个梦,一些空虚;我得到的是两顿饭,几件衣服。我不想再这样挣饭吃,饭是实在的,实在的去挣好了。可是,若真挣不上饭吃,女人得承认自己是女人,得卖肉!一个多月,我找不到事作。

二十九

我遇见几个同学,有的升入了中学,有的在家里作姑娘。我不愿理她们,可是一说起话儿来,我觉得我比她们精明。原先,在学校的时候,我比她们傻;现在,"她们"显着呆傻了。她们似乎还都作梦呢。她们都打扮得很好,像铺子里的货物。她们的眼溜着年轻的男人,心里好像作着爱情的诗。我笑她们。是的,我必定得原谅她们,她们有饭吃,吃饱了当然只好想爱情,男女彼此织成了网,互相捕捉;有钱的,网大一些,捉住几个,然后从容地选择一个。我没有钱,我连个结网的屋角都找不到。我得直接地捉人,或是被捉,我比她们明白一些,实际一些。

三十

有一天,我碰见那个小媳妇,像磁人似的那个。她拉住了我,倒好像我是她的亲人似的。她有点颠三倒四的样儿。"你是好人!你是好人!我后悔了,"她很诚恳地说,"我后悔了!我叫你放了他,哼,还不如在你手里呢!他又弄了别人,更好了,一去不回头了!"。由探问中,我知道她和他也是由恋爱而结的婚,她似乎还很爱他。他又跑了。我可怜这个小妇人,她也是还作着梦,还相信恋爱神圣。我问她现在的情形,她说她得找到他,她得从一而终。要是找不到他呢?我问。她咬上了嘴唇,她有公婆,娘家还有父母,她没有自由,她甚至于羡慕我,我没有人管着。还有人羡慕我,我真要笑了!

我有自由,笑话!她有饭吃,我有自由;她没自由,我没饭吃,我俩都是女人。

三十一

自从遇上那个小磁人,我不想把自己专卖给一个男人了,我决定玩玩了;换句话说,我要"浪漫"地挣饭吃了。我不再为谁负什么道德责任,我饿。

浪漫足以治饿,正如同吃饱了才浪漫,这是个圆圈,从哪儿走都可以。那些女同学与小磁人都跟我差不多,她们比我多着一点梦想,我比她们更直爽,肚子饿是最大的真理。是的,我开始卖了。把我所有的一点东西都折卖了,作了一身新行头,我的确不难看,我上了市。

三十二

我想我要玩玩,浪漫。啊,我错了。我还是不大明白世故。男人并不像我想的那么容易勾引。我要勾引文明一些的人,要至多只赔上一两个吻。哈哈,人家不上那个当,人家要初次见面便摸我的乳。还有呢,人家只请我看电影,或逛逛大街,吃杯冰激凌;我还是饿着肚子回家。所谓文明人,懂得问我在哪儿毕业,家里作什么事。那个态度使我看明白,他若是要你,你得给他相当的好处;你若是没有好处可贡献呢,人家只用一角钱的冰激凌换你一个吻。要卖,得痛痛快快的,拿钱来,我陪你睡。我明白了这个。小磁人们不明白这个。我和妈妈明白,我很想妈了。

三十三

据说有些女人是可以浪漫地挣饭吃，我缺乏资本；也就不必再这样想了。

我有了买卖。可是我的房东不许我再住下去，他是讲体面的人。我连瞧他也没瞧，就搬了家，又搬回我妈妈和新爸爸曾经住过的那两间房。这里的人不讲体面，可也更真诚可爱。搬了家以后，我的买卖很不错。连文明人也来了。

文明人知道了我是卖，他们是买，就肯来了；这样，他们不吃亏，也不丢身分。初干的时候，我很害怕，因为我还不到二十岁。及至作过了几天，我也就不怕了。多嗒他们像了一摊泥，他们才觉得上了算，他们满意，还替我作义务的宣传。干过了几个月，我明白的事情更多了，差不多每一见面，我就能断定他是怎样的人。有的很有钱，这样的人一开口总是问我的身价，表示他买得起我。他也很嫉妒，总想包了我；逛暗娼他也想独占，因为他有钱。

对这样的人，我不大招待。他闹脾气，我不怕，我告诉他，我可以找上他的门去，报告给他的太太。在小学里念了几年书，到底是没白念，他唬不住我。

"教育"是有用的，我相信了。有的人呢，来的时候，手里就攥着一块钱，唯恐上了当。对这种人，我跟他细讲条件，他就乖乖地回家去拿钱，很有意思。最可恨的是那些油子，不但不肯花钱，反倒要占点便宜走，什么半盒烟卷呀，什么一小瓶雪花膏呀，他们随手拿去。这种人还是得罪不得的，他们在地面上很熟，得罪了他们，他们会叫巡警跟我捣乱。我不得罪他们，我喂着他们；及至我认识了警官，才一个个的收拾他们。世界就是狼吞虎咽的世界，谁坏谁就占便宜。顶可怜的是那像学生样儿的，袋里装着一块钱，和几十铜子，叮当地直响，鼻子上出着汗。我可怜他们，可是也照常卖给他们。我有什么办法呢！还有老头子呢，都是些规矩人，或者家中已然儿孙成群。对他们，我不知道怎样好；但是我知道他们有钱，想在死前买些快乐，我只好供给他们所需要的。这些经验叫我认识了"钱"与"人"。钱比人更利害一些，人若是兽，钱就是兽的胆子。

三十四

我发现了我身上有了病。这叫我非常的苦痛，我觉得已经不必活下去了。

我休息了，我到街上去走；无目的，乱走。我想去看看妈，她必能给我一些安慰，我想象着自己已是快死的人了。我绕到那个小巷，希望见着妈妈；我想起她在门外拉风箱的样子。馒头铺已经关了门。打听，没人知道搬到哪里去。这使我更坚决了，我非找到妈妈不可。在街上丧胆游魂地走了几天，没有一点用。我疑心她是死了，或是和馒头铺的掌柜的搬到别处去，也许在千里以外。这么一想，我哭起来。我穿好了衣裳，擦上了脂粉，在床上躺着，等死。我相信我会不久就死去的。可是我没死。门外又敲门了，找我的。好吧，我伺候他，我把病尽力地传给他。我不觉得这对不起人，这根本不是我的过错。我又痛快了些，我吸烟，我喝酒，我好像已是三四十岁的人了。我的眼圈发青，手心很热，我不再管；有钱才能活着，先吃饱再说别的吧。我吃得并不错，谁肯吃坏的呢！我必须给自己一点好吃食，一些好衣裳，这样才稍微对得起自己一点。

三十五

一天早晨，大概有十点来钟吧，我正披着件长袍在屋中坐着，我听见院中有点脚步声。我十点来钟起来,有时候到十二点才想穿好衣裳,我近来非常的懒,能披着件衣服呆坐一两个钟头。我想不起什么,也不愿想什么,就那么独自呆坐。那点脚步声向我的门外来了,很轻很慢。不久,我看见一对眼睛,从门上那块小玻璃向里面看呢。看了一会儿,躲开了;我懒得动,还在那儿坐着。待了一会儿,那对眼睛又来了。我再也坐不住,我轻轻的开了门。"妈!"

三十六

 我们母女怎么进了屋,我说不上来。哭了多久,也不大记得。妈妈已老得不像样儿了。她的掌柜的回了老家,没告诉她,偷偷地走了,没给她留下一个钱。她把那点东西变卖了,辞退了房,搬到一个大杂院里去。她已找了我半个多月。最后,她想到上这儿来,并没希望找到我,只是碰碰看,可是竟自找到了我。她不敢认我了,要不是我叫她,她也许就又走了。哭完了,我发狂似的笑起来:她找到了女儿,女儿已是个暗娼!她养着我的时候,她得那样;现在轮到我养着她了,我得那样!女人的职业是世袭的,是专门的!

三十七

 我希望妈妈给我点安慰。我知道安慰不过是点空话,可是我还希望来自妈妈的口中。妈妈都往往会骗人,我们把妈妈的诓骗①叫作安慰。我的妈妈连这个都忘了。她是饿怕了,我不怪她。她开始检点我的东西,问我的进项与花费,似乎一点也不以这种生意为奇怪。我告诉她,我有了病,希望她劝我休息几天。没有;她只说出去给我买药。"我们老干这个吗?"我问她。她没言语。可是从另一方面看,她确是想保护我,心疼我。她给我作饭,问我身上怎样,还常常偷看我,像妈妈看睡着了的小孩那样。只是有一层她不肯说,就是叫我不用再干这行了。我心中很明白——虽然有一点不满意她——除了干这个,还想不到第二个事情作。我们母女得吃得穿——这个决定了一切。什么母女不母女,什么体面不体面,钱是无情的。

三十八

 妈妈想照应我,可是她得听着看着人家蹂躏我。我想好好对待她,可是我觉得她有时候讨厌。她什么都要管管,特别是对于钱。她的眼已失去年轻时的光泽,不过看见了钱还能发点光。对于客人,她就自居为仆人,可是当客人给少了钱的时候,她张嘴就骂。这有时候使我很为难。不错,既干这个还不是为钱吗?可是干这个的也似乎不必骂人。我有时候也会慢待人,可是我有我的办法,使客人急不得恼不得。妈妈的方法太笨了,很容易得罪人。

 看在钱的面上,我们不应当得罪人。我的方法或者出于我还年轻,还幼稚;妈妈便不顾一切的单单站在钱上了,她应当如此,她比我大着好些岁。恐怕再过几年我也就这样了,人老心也跟着老,渐渐老得和钱一样的硬。是的,妈妈不客气,她有时候劈手就抢客人的皮夹,有时候留下人家的帽子或值钱一点的手套与手杖。我很怕闹出事来,可是妈妈说的好:"能多弄一个是一个,咱们是拿十年当作一年活着的,等七老八十还有人要咱们吗?"有时候,客人喝醉了,她便把他架出去,找个僻静地方叫他坐下,连他的鞋都拿回来。

 说也奇怪,这种人倒没有来找账的,想是已人事不知,说不定也许病一大场。

 或者事过之后,想过滋味,也就不便再来闹了,我们不怕丢人,他们怕。

---

① 诓(kuāng)骗:说谎话骗人。

三十九

　　妈妈是说对了:我们是拿十年当一年活着。干了二三年,我觉出自己是变了。我的皮肤粗糙了,我的嘴唇老是焦的,我的眼睛里老灰不溜的带着血丝。我起来的很晚,还觉得精神不够。我觉出这个来,客人们更不是瞎子,熟客渐渐的少起来。对于生客,我更努力的伺候,可是也更厌恶他们,有时候我管不住自己的脾气。我暴躁,我胡说,我已经不是我自己了。我的嘴不由得老胡说,似乎是惯了。这样,那些文明人已不多照顾我,因为我丢了那点"小鸟依人"——他们唯一的诗句——的身段与气味。我得和野鸡学了。我打扮得简直不像个人,这才招得动那不文明的人。我的嘴擦得像个红血瓢,我用力咬他们,他们觉得痛快。有时候我似乎已看见我的死,接进一块钱,我仿佛死了一点。钱是延长生命的,我的挣法适得其反。我看着自己死,等着自己死。这么一想,便把别的思想全止住了,不必想了,一天一天地活下去就是了,我的妈妈是我的影子,我至好不过将来变成她那样,卖了一辈子肉,剩下的只是一些白头发与抽皱的黑皮。这就是生命。

四十

　　我勉强地笑,勉强地疯狂,我的痛苦不是落几个泪所能减除的。我这样的生命是没什么可惜的,可是它到底是个生命,我不愿撒手。况且我所作的并不是我自己的过错。死假如可怕,那只因为活着是可爱的。我决不是怕死的痛苦,我的痛苦久已胜过了死。我爱活着,而不应当这样活着。我想象着一种理想的生活,像作着梦似的;这个梦一会儿就过去了,实际的生活使我更觉得难过。这个世界不是个梦,是真的地狱。妈妈看出我的难过来,她劝我嫁人。嫁人,我有了饭吃,她可以弄一笔养老金。我是她的希望。我嫁谁呢?

四十一

　　因为接触的男子很多了,我根本已忘了什么是爱。我爱的是我自己,及至我已爱不了自己,我爱别人干什么呢?但是打算出嫁,我得假装说我爱,说我愿意跟他一辈子。我对好几个人都这样说了,还起了誓;没人接受。在钱的管领下,人都很精明。嫖不如偷,对,偷省钱。我要是不要钱,管保人人说爱我。

四十二

　　正在这个期间,巡警把我抓了去。我们城里的新官儿非常的讲道德,要扫清了暗门子。正式的妓女倒还照旧作生意,因为她们纳捐;纳捐的便是名正言顺的,道德的。抓了去,他们把我放在了感化院,有人教给我作工。洗、做、烹调、编织,我都会;要是这些本事能挣饭吃,我早就不干那个苦事了。

　　我跟他们这样讲,他们不信,他们说我没出息,没道德。他们教给我工作,还告诉我必须爱我的工作。假如我爱工作,将来必定能自食其力,或是嫁个人。他们很乐观。我可没这个信心。他们最好的成绩,是已经有十几多个女的,经过他们感化而嫁了人。到这儿来领女人的,只须花两块钱的手续费和找一个妥实的铺保就够了。这是个便宜,从男人方面看;据我想,这是个笑话。我干脆就不受这个感化。当一个大官儿来检阅我们的时候,我唾了他一脸吐沫。他们还不肯放了我,我是带危险性的东西。可是他们也不肯再感化我。我换了地方,到了狱中。

四十三

狱里是个好地方,它使人坚信人类的没有起色;在我作梦的时候都见不到这样丑恶的玩艺。自从我一进来,我就不再想出去,在我的经验中,世界比这儿并强不了许多。我不愿死,假若从这儿出去而能有个较好的地方;事实上既不这样,死在哪儿不一样呢。在这里,在这里,我又看见了我的好朋友,月牙儿!多久没见着它了!妈妈干什么呢?我想起来一切。

【文本对话】
一、本文共有43节,一共可以分成几部分,每部分内容是什么?
二、本文中"月牙儿"一共出现了几次,每次出现具有什么样的作用?
三、小说中造成母女两人悲剧命运的原因是什么?你认为她们有可能摆脱这样的命运吗?
四、文中"月牙儿"这一中心意象具有怎样的特征?

【实践活动】
从《月牙儿》这篇小说可以看出老舍与鲁迅在国民性批判上有什么不同?试通过具体作品比较分析讨论。

【知识链接】
老舍(1899—1966),原名舒庆春,字舍予,另有笔名絜青、鸿来、非我等。因为老舍生于阴历立春这日,父母为他取名"庆春",大概含有庆贺春来、前景美好之意。上学后,自己更名为舒舍予,含有"舍弃自我",亦即"忘我"的意思。老舍是中国现代小说家、作家、语言大师、人民艺术家,新中国第一位获得"人民艺术家"称号的作家。代表作有《骆驼祥子》《四世同堂》,剧本《茶馆》。

老舍的一生,总是忘我地工作,他是文艺界当之无愧的"劳动模范"。1966年,老舍自沉于北京太平湖。1968年,老舍获诺贝尔文学奖提名,且获投票第一名,但是老舍当时不在人世,此次的诺奖给了川端康成。1978年初,老舍得到平反,恢复了"人民艺术家"的称号。

老舍的文学创作历时40年,作品多以城市人民生活为题材,爱憎分明,有强烈的正义感。人物性格鲜明,细节刻画真实。他能纯熟地驾驭语言,善于准确地运用北京话表现人物、描写事件,使作品具有浓郁的地方色彩和强烈的生活气息。

二、呼啸山庄(节选)①

艾米莉·勃朗特②

【阅读提示】

本文节选自《呼啸山庄》的第八章,小说前面几章希刺克厉夫与凯瑟琳在朝夕相处中所形成的特殊感情,在凯瑟琳遇到埃德加后,感情开始发生细微的变化,感情的天平开始倾向埃德加,凯瑟琳因为追求传统的"人间的爱"而背弃了希刺克厉夫,成了画眉山庄的女主人。

一个晴朗的六月天的早晨,第一个要我照应的漂亮小婴孩,也就是古老的恩萧家族的最后一个,诞生了。我们正在远处的一块田里忙着耙草,经常给我们送早饭的姑娘提前一个钟头就跑来了。她穿过草地,跑上小路,一边跑一边喊我。

"啊,多棒的一个小孩!"她喘着说,"简直是从来没有的最好的男孩!可是大夫说太太一定要完啦,他说好几个月来她就有肺痨病。我听见他告诉辛德雷先生的。现在她没法保住自己啦,不到冬天就要死了。你一定得马上回家。要你去带那孩子,耐莉,喂他糖和牛奶,白天夜里照应着。但愿我是你,因为到了太太不在的时候,就全归你啦!"

"可是她病得很重吗?"我问,丢下耙,系上帽子。

"我想是的,但看样子她还心宽。"那姑娘回答,"而且听她说话好像她还想活下去看孩子长大成人哩。她是高兴得糊涂啦,那是个多么好看的孩子:我要是她,准死不了:我光是瞅他一眼,也就会好起来的,才不管肯尼兹说什么呢。我都要对他发火啦,奥彻太太把这小天使抱到大厅给主人看,他脸上才有喜色,那个老家伙就走上前,他说:'恩萧,你的妻给你留下这个儿子真是福气。她来时,我就深信保不住她啦。现在,我不得不告诉你,冬天她大概就要完了。别难过,别为这事太烦恼啦,没救了。而且,你本应该聪明些,不该挑这么个不值什么的姑娘!'"

"主人回答什么呢!"我追问着。

"我想他咒骂来着,可我没管他,我就是要看看孩子,"她又开始狂喜地描述起来。在我这方面我和她一样热心,兴高采烈地跑回家去看。虽然我为辛德雷着想,也很难过。他心里只放得下两个偶像——他的妻子和他自己。他两个都爱,只崇拜一个,我不能设想他怎么担起这损失。

我们到了呼啸山庄的时候,他正站在门前。在我进去时,我问:"孩子怎么样?"

"简直都能跑来跑去啦,耐儿③!"他回答,露出愉快的笑容。

"女主人呢?"我大胆地问,"大夫说她是——"

"该死的大夫!"他打断我的话,脸红了,"弗兰西斯还好好的哩,下星期这时候她就要完全好啦。你上楼吗?你可不可以告诉她,只要她答应不说话,我就来,我离开了她,因为她说个不停,她一定得安静些。——告诉她,肯尼兹大夫这样说的。"

---

① 选自《呼啸山庄》(译林出版社,杨苡译)第八章。
② 艾米莉·勃朗特(Emily Jane Bronte,1818—1848),19世纪英国作家与诗人,著名的勃朗特三姐妹之一,这部作品是艾米莉·勃朗特一生中唯一的一部小说,奠定了她在英国文学史以及世界文学史上的地位。此外,她还创作了193首诗,被认为是英国天才型的女作家。
③ 耐儿:Nell,耐莉的爱称。

我把这话传达给恩萧夫人,她看来兴致勃勃,而且挺开心地回答:

"艾伦,我简直没说一个字,他倒哭着出去两次啦。好吧,说我答应了我不说话,可那并不能管住我不笑他呀!"

可怜的人!直到她临死的前一个星期,那颗欢乐的心一直没有丢开她。她的丈夫固执地——不,死命地——肯定她的健康日益好转。当肯尼兹警告他说,病到这个地步,他的药是没用了,而且他不必来看她,让他别再浪费钱了,他却回嘴说:

"我知道你不必再来了——她好啦——她不需要你再看她了。她从来没有生肺痨。那只是发烧,已经退了。她的脉搏现在跳得和我一样慢,脸也一样凉。"

他也跟妻子说同样的话,而她好像也信了他。可是一天夜里,她正靠在丈夫的肩上,正说着她想明天可以起来了,一阵咳嗽呛住了她的话——极轻微的一阵咳嗽——他把她抱起来。她用双手搂着恩萧的脖子,脸色一变,她就死了。

正如那姑娘所料,这个孩子哈里顿完全归我管了。恩萧先生对他的关心,只限于看见他健康,而且绝不要听见他哭,就满足。至于他自己,变得绝望了,他的悲哀是属于哭不出来的那种。他不哭泣,也不祷告。他诅咒又蔑视,憎恨上帝同人类,过起了恣情放荡的生活。仆人们受不了他的暴虐行为,不久都走了。约瑟夫和我是仅有的两个愿留下的人。我不忍心丢开我所照应的孩子,而且,你知道我曾经是恩萧的共乳姊妹,总比一个陌生人对他的行为还能够宽恕些。约瑟夫继续威吓着佃户与那些干活的,因为待在一个有好多事他可以骂个没完的地方,就是他的职业。

主人的坏作风和坏朋友给凯瑟琳与希刺克厉夫做出一个糟糕的榜样。他对希刺克厉夫的待遇足以使得圣徒变成恶魔。而且,真的,在那时期,那孩子好像真有魔鬼附体似的。他幸灾乐祸地眼看辛德雷堕落得不可救药,那野蛮的执拗与残暴一天天地变得更显著了。我们的住宅活像地狱,简直没法向你形容。副牧师不来拜访了,最后,没有一个体面人走近我们。埃德加·林惇可以算是唯一的例外,他还常来看凯蒂小姐。到了十五岁,她就是乡间的皇后了,没有人能比得上她,她果然变成一个傲慢任性的尤物!自从她的童年时代过去后,我承认我不喜欢她了;我为了要改掉她那妄自尊大的脾气,我常常惹恼她,尽管她从来没有对我采取憎厌的态度。她对旧日喜爱的事物保持一种古怪的恋恋不舍之情;甚至希刺克厉夫也为她所喜爱,始终不变。年轻的林惇,尽管有他那一切优越之处,却发觉难以给她留下同等深刻的印象。他是我后来的主人,挂在壁炉上的就是他的肖像。本来一向是挂在一边,他妻子的挂在另一边。可是她的被搬走了,不然你也许可以看看她从前是怎样的人。你看得出吗?

丁太太举起蜡烛,我分辨出一张温和的脸,极像山庄上那位年轻夫人,但是在表情上更显得沉思而且和蔼。那是一幅可爱的画像。长长的浅色头发在额边微微卷曲着,一对大而严肃的眼睛,浑身上下几乎是太斯文了。凯瑟琳·恩萧会为了这么个人,而忘记了旧友,我可一点也不感到奇怪。但若是他,有着和他本人相称的思想,能想得出此刻我对凯瑟琳·恩萧的看法,那才使我诧异哩。

"一幅非常讨人喜欢的肖像,"我对管家说,"像不像他本人?"

"像的,"她回答,"可是在他兴致好的时候还好看些;那是他平日的相貌,通常他总是精神不振的。"

凯瑟琳自从跟林惇他们同住了五个星期后,就和他们继续来往。既然在一起时,她不愿意表现出她那粗鲁的一面,而且在那儿,她见的都是些温文尔雅的举止,因此,她也懂得无礼是可羞的。她乖巧而又亲切地,不知不觉地骗住了老夫人和老绅士,赢得了伊莎贝拉的爱慕,还征服了她哥哥的心灵——这收获最初挺使她得意。因为她是野心勃勃的，这使她养成一种双重性格，也不一定是有意要去欺骗什么人。在那个她听见希刺克厉夫被称作一个"下流的小坏蛋"和"比个畜生还糟"的地方，她就留意着自己的举止不要像他。可在家，她就没有什么心思去运用那种只会被人嘲笑的礼貌了，而且也无意约束她那种放浪不羁的天性，因为约束也不会给她带来威望和赞美。

埃德加先生很少能鼓起勇气公开地来拜访呼啸山庄。他对恩萧的名声很有戒心，生怕遇到他。但是我们总是尽量有礼貌地招待他。主人知道他是为什么来的，自己也避免冒犯他。如果他不能文文雅雅的话，就索性避开。我简直认为他的光临挺让凯瑟琳讨厌；她不耍手段，从来也不卖弄风情，显然极力反对她这两个朋友见面。因为当希刺克厉夫当着林惇的面表示出轻蔑时，她可不像在林惇不在场时那样附和他；而当林惇对希刺克厉夫表示厌恶，无法相容的时候，她又不敢冷漠地对待他的感情，好像是人家看轻她的伙伴和她没任何关系似的。我总笑她那些困惑和说不出口的烦恼，我的嘲笑她可是躲不过的哩。听起来好像我心狠，可她太傲了，大家才不会去怜悯她的苦痛呢，除非她收敛些，放谦和些。最后她自己招认了，而且向我吐露了衷曲。除了我，还有谁能做她的顾问。

一天下午，辛德雷先生出去了，希刺克厉夫借此想给自己放一天假。我想，那时他十六岁了，相貌不丑，智力也不差，他却偏要想法表现出里里外外都让人讨厌的印象，自然他现在的模样并没留下任何痕迹。首先，他早年所受的教育，到那时已不再对他起作用了，连续不断的苦工，早起晚睡，已经扑灭了他在追求知识方面所一度有过的好奇心，以及对书本或学问的喜爱。他童年时由于老恩萧先生的宠爱而注入他心里的优越感，这时已经消失了。他长久努力想要跟凯瑟琳在她的求学上保持平等的地位，却带着沉默的而又痛切的遗憾，终于舍弃了；而且他是完全舍弃了。当他发觉他必须，而且必然难免，沉落在他以前的水平以下的时候，谁也没法劝他往上走一步。随后人的外表也跟内心的堕落互相呼应了：他学了一套萎靡不振的走路样子和一种不体面的神气；他天生的沉默寡言的性情扩大成为一种几乎是痴呆的、过分不通人情的坏脾气。而他在使他的极少数的几个熟人对他反感而不是对他尊敬时，却显然是得到了一种苦中作乐的乐趣呢。

在他干活间休时，凯瑟琳还是经常跟他做伴；可是他不再用话来表示对她的喜爱了，而是愤愤地、猜疑地躲开她那女孩子气的抚爱，好像觉得人家对他滥用感情是不值得引以为乐的。在前面提到的那一天，他进屋来，宣布他什么也不打算干，这时我正帮凯蒂小姐整理她的衣服。她没有算计到他脑子里会生出闲散一下的念头；以为她可以占据这整个大厅，已经想法通知埃德加先生说她哥哥不在家，而且她准备接待他。

"凯蒂，今天下午你忙吗？"希刺克厉夫问，"你要到什么地方去吗？"

"不，下着雨呢。"她回答。

"那你干吗穿那件绸上衣？"他说，"我希望，没人来吧？"

"我不知道有没有人来，"小姐结结巴巴地说道，"可你现在应该在地里才对，希刺克厉夫。吃过饭已经一个钟头啦，我以为你已经走了。"

"辛德雷总是讨厌地妨碍我们，很少让我们自由自在一下，"这男孩子说，"今天我不再干活了，我要跟你待在一起。"

"啊，可是约瑟夫会告状的，"她绕着弯儿说，"你最好还是去吧！"

"约瑟夫在盘尼斯呑岩那边装石灰哩，他要忙到天黑，他决不会知道的。"

说着，他就磨磨蹭蹭到炉火边，坐下来了。凯瑟琳皱着眉想了片刻——她觉得需要为即将来访的客人排除障碍。

"伊莎贝拉和埃德加·林惇说过今天下午要来的,"沉默了一下之后,她说,"既然下雨了,我也不用等他们了。不过他们也许会来的,要是他们真来了,那你可不保险又会无辜挨骂了。"

"叫艾伦去说你有事好了,凯蒂,"他坚持着,"别为了你那些可怜的愚蠢的朋友倒把我撵出去!有时候,我简直要抱怨他们——可是我不说吧——"

"他们什么?"凯瑟琳叫起来,怏怏不乐地瞅着他。"啊,耐莉!"她性急地嚷道,把她的头从我手里挣出来,"你把我的卷发都要梳直啦!够啦,别管我啦。你简直想要抱怨什么,希刺克厉夫?"

"没什么——就看看墙上的日历吧。"他指着靠窗挂着的一张配上框子的纸,接着说:"那些十字的就是你跟林惇他们一起消磨的傍晚,点子是跟我在一起度过的傍晚。你看见没有?我天天都打记号的。"

"是的,很傻气,好像我会注意似的!"凯瑟琳回答,怨声怨气的。"那又有什么意思呢?"

"表示我是注意了的。"希刺克厉夫说。

"我就应该总是陪你坐着吗?"她质问,更冒火了。"我得到什么好处啦?你说些什么呀?你到底跟我说过什么话——,或是做过什么事来引我开心,你简直是个哑巴,或是个婴儿呢!"

"你以前从来没告诉过我,嫌我说话太少,或是你不喜欢我做伴,凯蒂。"希刺克厉夫非常激动地叫起来。

"什么都不知道,什么话也不说的人根本谈不上做伴,"她咕噜着。

她的同伴站起来了,可他没有时间再进一步表白他的感觉了,因为石板路上传来马蹄声,而年轻的林惇,轻轻地敲了敲门之后便进来了,他的脸上由于他得到这意外的召唤而容光焕发。无疑的,凯瑟琳在这一个进来,另一个出去的当儿,看出来她这两个朋友气质的截然不同。犹如你刚看完一个荒凉的丘陵产煤地区,又换到一个美丽的肥沃山谷;而他的声音和彬彬有礼也和他相貌同样的与之恰恰相反。他有一种悦耳的低声的说话口气,而且吐字也跟你一样。比起我们这儿讲话来,没有那么粗声粗气的,却更为柔和些。

"我没来得太早吧?"他问,看了我一眼。我已开始揩盘子,并且清理橱里顶那头的几个抽屉。

"不早,"凯瑟琳回答,"你在那儿干吗,耐莉?"

"干我的事,小姐,"我回答。(辛德雷先生曾吩咐过我,只要在林惇私自拜访时我就得做个第三者。)

她走到我背后,烦恼地低声说:"带着你的抹布走开,有客在家的时候,仆人不该在客人所在的房间打扫!"

"现在主人出去了,正是个好机会,"我高声回答,"他讨厌我在他面前收拾这些东西。我相信埃德加先生一定会谅解我的。"

"可我讨厌你在我面前收拾,"小姐蛮横地嚷着,不容她的客人有机会说话——自从和希刺克厉夫小小争执之后,她还不能恢复她的平静。

"我很抱歉,凯瑟琳小姐。"这是我的回答,我还继续一心一意地做我的事。

她,以为埃德加看不见她,就从我手里把抹布夺过去,而且使劲狠狠地在我胳膊上拧了一下,拧得很久。我已经说过我不爱她,而且时时以伤害她的虚荣心为乐;何况她把我弄非常痛,所以我本来蹲着的,马上跳起来,大叫:"啊,小姐,这是很下流的手段!你没有权利掐我,我可受不了。"

"我并没有碰你呀,你这说谎的东西!"她喊着,她的手指头直响,想要再来一次,她的耳朵因发怒而通红。她从来没有力量掩饰自己的激动,总是使她的脸变得通红。

"那么,这是什么?"我回嘴,指着我明摆着的紫斑作为见证来驳倒她。

她跺脚,犹豫了一阵,然后,无法抗拒她那种顽劣的情绪,便狠狠地打了我一个耳光,打得我的两眼都溢满泪水。

"凯瑟琳,亲爱的!凯瑟琳!"林惇插进来,看到他的偶像犯了欺骗与粗暴的双重错误大为震惊。

"离开这间屋子,艾伦!"她重复说,浑身发抖。

小哈里顿原是到处跟着我的,这时正挨近我坐在地板上,一看见我的眼泪,他自己也哭起来,而且哭着骂"坏凯蒂姑姑",这把她的怒火又惹到他这不幸的孩子的头上来了。她抓住他的肩膀,摇得这可怜的孩子脸都变青了。埃德加连想也没想便抓住她的手好让她放掉他。刹那间,有一只手挣脱出来,这吓坏了的年轻人才发觉这只手已打到了他自己的耳朵,看样子绝不可能被误会为是开玩笑。她惊慌失措地缩回了手。我把哈里顿抱起来,带着他走到厨房去,却把进出的门开着,因为我很好奇,想看看他们怎么解决他们的不愉快。这个被侮辱了的客人走到他放帽子的地方,面色苍白,嘴唇直颤。

"那才对!"我自言自语,"接受警告,滚吧!让你看一眼她真正的脾气,这才是好事哩。"

"你到哪儿去?"凯瑟琳走到门口追问着。

他偏过身子,打算走过去。

"你可不能走!"她执拗地叫嚷着。

"我非走不可,而且就要走!"他压低了声音回答。

"不行,"她坚持着,握紧门柄,"现在还不能走,埃德加·林惇。坐下来,你不能就这样离开我。我要整夜难过,而且我不愿意为你难过!"

"你打了我,我还能留下来么?"林惇问。

凯瑟琳不吭气了。

"你已经使得我怕你,为你害臊了,"他接着说,"我不会再到这儿来了!"

她的眼睛开始发亮,眼皮直眨。

"而且你有意撒谎!"他说。

"我没有!"她喊道,又开腔了,"我什么都不是故意的。好,走吧,随你的便——走开!现在我要哭啦——我要一直哭到半死不活!"

她跪在一张椅子跟前,开始认真痛切地哭起来。埃德加保持他的决心径直走到院子里;到了那儿,他又踌躇起来。我决定去鼓励他。

"小姐是非常任性的,先生,"我大声叫,"坏得像任何惯坏了的孩子一样。你最好还是骑马回家,不然她要闹得死去活来,不过是折磨我们大家罢了。"

这软骨头斜着眼向窗里望:他简直没有力量走开,正像一只猫无力离开一只半死的耗子或是一只吃了一半的鸟一样。啊!我想,可没法挽救他了,他已经注定了,而且朝着他的命运飞去了!真是这样,他猛然转身,急急忙忙又回到屋里,把他背后的门关上。过了一会当我进去告诉他们,恩萧已经大醉而归,准备把我们这所老宅都毁掉(这是在那样情况下他通常有的心情),这时我看见这场争吵反而促成一种更密切的亲昵——已经打破了年轻人的羞怯的堡垒,并且使他们抛弃了友谊的伪装而承认他们自己是情人了。

辛德雷先生到达的消息促使林惇迅速地上马,也把凯瑟琳赶回她的卧房。我去把小哈里顿藏起来,又把主人的猎枪里的子弹取出,这是他在疯狂的兴奋状态中喜欢玩的,任何人惹了他,或甚至太引他注意,就要冒性命危险。我想出了把子弹拿开的办法,这样如果他真闹到开枪的地步的话,也可以少闯点祸。

【文本对话】

一、人物形象探究。

(1) 文中提到凯瑟琳的"双重性格",在本文中她的双重性格体现在哪些方面?"双重性格"下的凯瑟琳是一个什么样的人物形象?

(2) 希刺克厉夫和埃德加分别具有怎样的性格特点?

二、请分析本文中对凯瑟琳人物形象的塑造运用了哪些方法?

三、文中"我"——耐莉在本文中对小说故事情节的发展起到了什么样的作用?

【实践活动】

一、请课后读完《呼啸山庄》后,以小组合作的形式,任选一章节内容,用表演的方式演绎出来。

二、每个人都会选择埃德加,可每个人内心深处都有一个希刺克厉夫。请结合自身情况谈谈你的看法。

【知识链接】

《呼啸山庄》叙述的是一个爱情和复仇的故事。故事发生在英格兰北方约克郡几乎与世隔绝的呼啸山庄和画眉山庄里两个家庭与一个外来者的故事。呼啸山庄的主人恩萧先生带回了一个身份不明的孩子,取名希刺克厉夫。主人死后,辛德雷为报复把希刺克厉夫贬为奴仆,并百般迫害,可是凯瑟琳跟他亲密无间。后来,凯瑟琳受外界影响,改而爱上了画眉山庄里的文静青年埃德加。希刺克厉夫愤而出走,三年后致富回乡,凯瑟琳已嫁埃德加。希刺克厉夫为此进行疯狂的报复,通过赌博夺走了辛德雷的家财。辛德雷本人酒醉而死,儿子哈里顿成了奴仆。他还故意娶了林顿的妹妹伊莎贝拉,进行迫害。内心痛苦不堪的凯瑟琳在生产中死去。十年后,希刺克厉夫又施计使埃德加的女儿小凯瑟琳,嫁给了自己即将死去的儿子小林顿。埃德加和小林顿都死了,希刺克厉夫最终把埃德加的财产也据为己有。复仇得逞了,但是他无法从对死去的凯瑟琳的恋情中解脱出来,最终不吃不喝苦恋而死。小凯瑟琳和哈里顿继承了呼啸山庄和画眉山庄的产业,两人终于相爱,去画眉山庄安了家。

三、《红楼梦》①诗词两首

曹雪芹②

【阅读提示】

《红楼梦》这部小说中,林黛玉创作的《葬花吟》缘于她和宝玉间的一场误会。那日晚饭后她去怡红院探视宝玉,不料门里的晴雯没听出是黛玉,这小丫头性子一上来就是不开门。后来黛玉发现,此时宝玉和宝钗正在院内。敏感的黛玉联想起自己寄人篱下的身世,悲戚之情油然而生。黛玉由满地的落花,联想到自己的身世,触景伤情,唱出一曲令人肠断的《葬花吟》。

《桃花行》是继《葬花吟》之后,林黛玉的又一首顾"花"自怜的抒情诗。此时的贾府已不同往昔,距离由盛而衰已经相去不远了。在时令上来说虽然是"万物逢春",对黛玉所处的贾府来说却是夕阳晚景。机敏如黛玉,或许对贾府的这一切变化早已有所洞察,自己孤苦无依,也只能以笔宣泄自己的情感,以花寄托自己的身世飘零,通过鲜艳明媚的桃花和孤独悲伤的人多方映衬、反复对比,塑造了一个孤独、忧愁、哀怨、伤感的少女形象。

《葬花吟》③

花谢花飞花满天,红消香断有谁怜?
游丝软系飘春榭④,落絮轻沾扑绣帘。
闺中女儿惜春暮,愁绪满怀无释处。
手把花锄出绣帘,忍踏落花来复去。
柳丝榆荚自芳菲,不管桃飘与李飞;
桃李明年能再发,明年闺中知有谁?
三月香巢已垒成,梁间燕子太无情!
明年花发虽可啄,却不道人去梁空巢也倾。
一年三百六十日,风刀霜剑严相逼;
明媚鲜妍能几时,一朝漂泊难寻觅。
花开易见落难寻,阶前愁杀葬花人,
独倚花锄泪暗洒,洒上空枝见血痕。
杜鹃无语正黄昏,荷锄归去掩重门;
青灯照壁人初睡,冷雨敲窗被未温。

---

① 《红楼梦》:中国古代章回体长篇小说,又名《石头记》等,被列为中国古典四大名著之首,一般认为是清代作家曹雪芹所著。小说以贾、史、王、薛四大家族的兴衰为背景,以富贵公子贾宝玉为视角,描绘了一批举止见识出于须眉之上的闺阁佳人的人生百态,展现了真正的人性美和悲剧美,是一部从各个角度展现女性美的史诗。

② 曹雪芹(约1715—约1763),名沾,字梦阮,号雪芹,又号芹溪、芹圃,出生于江宁(今南京)。他出身于一个"百年望族"的大官僚地主家庭,因家庭的衰败饱尝人世辛酸,后以坚韧不拔之毅力,历经多年艰辛创作出极具思想性、艺术性的伟大作品《红楼梦》。

③ 这是清代文学家曹雪芹的小说《红楼梦》第二十七回中女主角林黛玉所吟诵的一首古体诗。本文选自程高通行本《葬花吟》。

④ 榭(xiè):建在高土台或水面(或临水)上的建筑,是一种借助于周围景色而见长的园林或景区休憩建筑。

怪奴底事倍伤神？半为怜春半恼春。
怜春忽至恼忽去，至又无言去未闻。
昨宵庭外悲歌发，知是花魂与鸟魂？
花魂鸟魂总难留，鸟自无言花自羞；
愿侬此日生双翼，随花飞到天尽头。
天尽头，何处有香丘①？
未若锦囊收艳骨，一抔净土②掩风流。
质本洁来还洁去，强于污淖陷渠沟。
尔今死去侬收葬，未卜侬身何日丧？
侬今葬花人笑痴，他年葬侬知是谁？
试看春残花渐落，便是红颜老死时；
一朝春尽红颜老，花落人亡两不知！

《桃花行》③

桃花帘外东风软④，桃花帘内晨妆懒⑤。
帘外桃花帘内人，人与桃花隔不远。
东风有意揭帘栊⑥，花欲窥人帘不卷。
桃花帘外开仍旧，帘中人比桃花瘦。
花解怜人花也愁，隔帘消息风吹透。
风透湘帘花满庭，庭前春色倍伤情。
闲苔院落⑦门空掩，斜日栏杆人自凭。
凭栏人向东风泣，茜裙偷傍桃花立⑧。
桃花桃叶乱纷纷，花绽新红叶凝碧⑨。
雾裹烟封一万株⑩，烘楼照壁红模糊。

---

① 香丘：是根据佛教名词"香山"新造的词，意思是香气缭绕的小山丘，比喻有一小方受佛教庇护，可以安居乐业的土地。不奢求香气缭绕的蓬莱仙境。
② 一抔（póu）：意思是一捧之土。典出《史记·张释之冯唐列传》："假令愚民取长陵一抔土，陛下何以加其法乎？"净土：佛教专用名词，原意指完全被佛教度化的土地，净土上除了佛教之外没有任何其他外道。与"一抔"联用后成为双关语，也指只有汉文化，不被佛教文化沾染的土地。
③ 《桃花行》是清代小说家曹雪芹所作的七言古诗，是《红楼梦》第七十回林黛玉所作。行，这里是指古代诗歌的一种体裁，即歌行体。
④ 东风软：指柔和无力的春风轻轻地吹过来，把冰冻的冬天吹散，吹得万物苏醒，看那桃树，也被这柔和的春风吹得在这初春的季节里，抢先开花了。东风：即春风。
⑤ 晨妆懒：早晨起床望着窗外盛开的挑花，想着它们花开无几日，不日将凋谢。联想到自己的命运与花相似，不禁落下泪来。想到此也就在这早晨懒得梳妆打扮自己了。
⑥ 帘栊（lóng）：挂着帘子的窗户。
⑦ 闲苔院落：指庭院里长满了无数的荒苔。院子中特别的寂静，青苔也无人问津。
⑧ 凭栏人向东风泣，茜裙偷傍桃花立：此句指身着红色衣裙，悄悄地倚着桃树而立。茜裙：茜纱裙，红色的裙子，这里是指穿着茜纱裙的人。
⑨ 花绽新红叶凝碧：花儿刚红，叶儿已成碧绿色。花绽：花已饱满裂开。叶凝碧：桃叶颜色碧绿。
⑩ 雾裹烟封一万株：千万桃树盛开花朵，看上去就像被裹在一片红色的烟雾中。

天机烧破鸳鸯锦①，春酣欲醒移珊枕②。
侍女金盆进水来，香泉影蘸胭脂冷！
胭脂鲜艳何相类，花之颜色人之泪。
若将人泪比桃花，泪自长流花自媚。
泪眼观花泪易干，泪干春尽花憔悴③。
憔悴花遮憔悴人，花飞人倦易黄昏。
一声杜宇④春归尽，寂寞帘栊空月痕⑤！

【文本对话】
一、《葬花吟》这首诗在红楼梦里的作用是什么？
二、请任选一首中国古典诗词中描写"桃花"意象的诗作，并将其与《桃花行》中的"桃花"进行对比。
三、结合以上两首诗歌对林黛玉人物形象进行分析。

【实践活动】
请认真研读文本，仔细揣摩人物心理，用戏剧表演的方式将这两首诗歌演绎出来。

【知识链接】
金陵十二钗正册："金陵十二钗"是《红楼梦》里太虚幻境"薄命司"里记录的南京十二个最优秀的女子。林黛玉、薛宝钗、贾元春、贾迎春、贾探春、贾惜春、王熙凤、贾巧姐、史湘云、妙玉、李纨、秦可卿。
金陵十二钗副册：香菱、薛宝琴、尤二姐、尤三姐、邢岫烟、李纹、李绮、夏金桂、秋桐、小红、龄官、娇杏；
金陵十二钗又副册：晴雯、袭人、平儿、鸳鸯、紫鹃、莺儿、玉钏、金钏、彩云、司棋、芳官、麝月。
人名隐意：书中很多人物的名字，其谐音都有特殊的含义，或讽刺，或感叹，是为红楼梦的艺术之一。脂砚斋的批文指明了部分的隐意。
贾宝玉——假宝玉；林黛玉——怜待玉；薛宝钗——削宝折；贾府——假府；甄士隐——真事隐；甄英莲——真应怜；甄宝玉——真宝玉；贾雨村——假语村（言）或假语存；元春、迎春、探春、惜春——原应叹息或惜叹姻缘；贾政、贾敬——假正经；潇湘馆——消香馆；梨香院——离乡怨；蘅芜院——恨无缘；怡红院——遗红怨；群芳髓——群芳碎；千红一窟——千红一哭；万艳同杯——万艳同悲；霍启——火起、祸起；封肃——风俗；贾化——假话；娇杏——侥幸；冯

---

① 天机烧破鸳鸯锦：此句中，天机：天上织女的织机；鸳鸯锦：带有鸳鸯图案的丝织物。传说天上有仙女以天机织云锦，这是说桃花如红色云锦烧破落于地面。"烧""鸳鸯（表示喜兆的图案）"皆表示红色。
② 春酣欲醒移珊枕：春梦长酣，睡眠欲醒，移动一下红珊瑚枕，即不忍晨兴之意。春酣：春梦沉酣。亦说酒酣，以醉颜喻红色。珊枕：珊瑚枕，即珊瑚做的枕头，或因张宪诗"珊瑚枕暖人初醉"而用其词。
③ 泪眼观花泪易干，泪干春尽花憔悴：泪水流干，春色也消逝，花儿也随之枯萎。憔悴：瘦弱萎靡，也泛指受折磨、困苦。
④ 杜宇：即杜鹃鸟，也叫子规，过去有"杜鹃啼血"的说法，传说古代蜀王名杜宇，号望帝，死后魂魄化为此鸟，啼声悲切，又说它的叫声很像说"不如归去"，所以后人称杜鹃为杜宇。
⑤ 寂寞帘栊空月痕：寂静的窗棂上只留下月儿的光痕。寂寞：寂静。

渊——逢冤;秦可卿——擒可轻、情可倾、情可钦、情可情、情可轻、情可亲;秦钟——情种;詹光——沾光;卜固修——不顾羞;卜世仁——不是人吴新登——无星戥;石呆子——实呆子;抱琴,司棋,侍书,入画——琴棋书画(抱琴——元春的大丫头,司棋——迎春的大丫头,侍书——探春的大丫头,入画——惜春的大丫头);单聘仁——擅骗人;戴权——大权;张友士——张有事;秦业——情孽;钱槐——奸坏;青埂峰——情根风;仁清巷——人情巷;十里街——势利街;王仁——亡仁;王熙凤:站在冰山山上孤零零的雌凤。(一说"亡西凤"或"枉为犀利的女子")

四、桨声灯影里的秦淮河[1]

朱自清[2]

【阅读提示】

《桨声灯影里的秦淮河》是现代散文家朱自清与友人俞平伯同游秦淮河时所作的散文。秦淮河的灯月交辉,画舫凌波,与游览者的快意、渴慕之情相谐调,而山歌妓卖唱引起的怅惘、矛盾、幻灭等情思,意使"清艳的夜景也为之减色",融情于景,给读者展现了一幅令人怀念的桨声灯影里的秦淮河影。

一九二三年八月的一晚,我和平伯同游秦淮河;平伯是初泛,我是重来了。我们雇了一只"七板子",在夕阳已去,皎月方来的时候,便下了船。于是桨声"汩——汩"[3],我们开始领略那晃荡着蔷薇色的历史的秦淮河的滋味了。

秦淮河里的船,比北京,颐和园的船好,比西湖的船好,比扬州瘦西湖的船也好。这几处的船不是觉着笨,就是觉着简陋、局促;都不能引起乘客们的情韵,如秦淮河的船一样。秦淮河的船约略可分为两种:一是大船;二是小船,就是所谓"七板子"。大船舱口阔大,可容二三十人。里面陈设着字画和光洁的红木家具,桌上一律嵌着冰凉的大理石面。窗格雕镂颇细,使人起柔腻之感。窗格里映着红色蓝色的玻璃;玻璃上有精致的花纹,也颇悦人目。"七板子"规模虽不及大船,但那淡蓝色的栏杆,空敞的舱,也足系人情思。而最出色处却在它的舱前。舱前是甲板上的一部。上面有弧形的顶,两边用疏疏的栏杆支着。里面通常放着两张藤的躺椅。躺下,可以谈天,可以望远,可以顾盼两岸的河房。大船上也有这个,便在小船上更觉清隽罢了。舱前的顶下,一律悬着灯彩;灯的多少,明暗,彩苏的精粗,艳晦,是不一的。但好歹总还你一个灯彩。这灯彩实在是最能钩人的东西。夜幕垂垂地下来时,大小船上都点起灯火。从两重玻璃里映出那辐射着的黄黄的散光,反晕出一片朦胧的烟霭;透过这烟霭,在黯黯的水波里,又逗起缕缕的明漪。在这薄霭和微漪里,听着那悠然的间歇的桨声,谁能不被引入他的美梦去呢?只愁梦太多了,这些大小船儿如何载得起呀?我们这时模模糊糊的谈着明末的秦淮河的艳迹,如《桃花扇》及《板桥杂记》里所载的。我们真神往了。我们仿佛亲见那时华灯映水,画舫凌波的光景了。于是我们的船便成了历史的重载了。我们终于恍然秦淮河的船所以雅丽过于他处,而又有奇异的吸引力的,实在是许多历史的影象使然了。

秦淮河的水是碧阴阴的;看起来厚而不腻,或者是六朝金粉所凝么?我们初上船的时候,天色还未断黑,那漾漾的柔波是这样的恬静,委婉,使我们一面有水阔天空之想,一面又憧憬着纸醉金迷之境。等到灯火明时,阴阴的变为沉沉了:黯淡的水光,像梦一般;那偶然闪烁着的光芒,就是梦的眼睛了。我们坐在舱前,因了那隆起的顶棚,仿佛总是昂着首向前走着似的;于是飘飘然如御风而行的我们,看着那些自在的湾泊着的船,船里走马灯般的人物,便像是下界

---

[1] 该文1924年1月25日发表于《东方杂志》第21卷第2号20周年纪念号。
[2] 朱自清(1898—1948),原名自华,号秋实,后改名自清,字佩弦。原籍浙江绍兴,1898年11月22日生于江苏东海。
[3] 汩汩(gǔ):水流的声音;水流的样子。

一般,迢迢①的远了,又像在雾里看花,尽朦朦胧胧的。这时我们已过了利涉桥,望见东关头了。沿路听见断续的歌声:有从沿河的妓楼飘来的,有从河上船里度来的。我们明知那些歌声,只是些因袭的言词,从生涩的歌喉里机械的发出来的;但它们经了夏夜的微风的吹漾和水波的摇拂,袅娜着到我们耳边的时候,已经不单是她们的歌声,而混着微风和河水的密语了。于是我们不得不被牵惹着,震撼着,相与浮沉于这歌声里了。从东关头转弯,不久就到大中桥。大中桥共有三个桥拱,都很阔大,俨然是三座门儿;使我们觉得我们的船和船里的我们,在桥下过去时,真是太无颜色了。桥砖是深褐色,表明它的历史的长久;但都完好无缺,令人太息于古昔工程的坚美。桥上两旁都是木壁的房子,中间应该有街路?这些房子都破旧了,多年烟熏的迹,遮没了当年的美丽。我想象秦淮河的极盛时,在这样宏阔的桥上,特地盖了房子,必然是髹漆②得富富丽丽的;晚间必然是灯火通明的。现在却只剩下一片黑沉沉!但是桥上造着房子,毕竟使我们多少可以想见往日的繁华;这也慰情聊胜无了。过了大中桥,便到了灯月交辉,笙歌彻夜的秦淮河;这才是秦淮河的真面目哩。

　　大中桥外,顿然空阔,和桥内两岸排着密密的人家的大异了。一眼望去,疏疏的林,淡淡的月,衬着蓝蔚的天,颇像荒江野渡光景;那边呢,郁丛丛的,阴森森的,又似乎藏着无边的黑暗:令人几乎不信那是繁华的秦淮河了。但是河中眩晕着的灯光,纵横着的画舫,悠扬着的笛韵,夹着那吱吱的胡琴声,终于使我们认识绿如茵陈酒的秦淮水了。此地天裸露着的多些,故觉夜来的独迟些;从清清的水影里,我们感到的只是薄薄的夜——这正是秦淮河的夜。大中桥外,本来还有一座复成桥,是船夫口中的我们的游踪尽处,或也是秦淮河繁华的尽处了。我的脚曾踏过复成桥的脊,在十三四岁的时候。但是两次游秦淮河,却都不曾见着复成桥的面;明知总在前途的,却常觉得有些虚无缥缈似的。我想,不见倒也好。这时正是盛夏。我们下船后,借着新生的晚凉和河上的微风,暑气已渐渐消散;到了此地,豁然开朗,身子顿然轻了——习习的清风荏苒③在面上,手上,衣上,这便又感到了一缕新凉了。南京的日光,大概没有杭州猛烈;西湖的夏夜老是热蓬蓬的,水像沸着一般,秦淮河的水却尽是这样冷冷地绿着。任你人影的憧憧,歌声的扰扰,总像隔着一层薄薄的绿纱面幂似的;它尽是这样静静的,冷冷的绿着。我们出了大中桥,走不上半里路,船夫便将船划到一旁,停了桨由它宕着。他以为那里正是繁华的极点,再过去就是荒凉了;所以让我们多多赏鉴一会儿。他自己却静静的蹲着。他是看惯这光景的了,大约只是一个无可无不可。这无可无不可,无论是升的沉的,总之,都比我们高了。

　　那时河里闹热极了;船大半泊着,小半在水上穿梭似的来往。停泊着的都在近市的那一边,我们的船自然也夹在其中。因为这边略略的挤,便觉得那边十分的疏了。在每一只船从那边过去时,我们能画出它的轻轻的影和曲曲的波,在我们的心上;这显着是空,且显着是静了。那时处处都是歌声和凄厉的胡琴声,圆润的喉咙,确乎是很少的。但那生涩的,尖脆的调子能使人有少年的,粗率不拘的感觉,也正可快我们的意。况且多少隔开些儿听着,因为想象与渴慕的做美,总觉更有滋味;而竞发的喧嚣,抑扬的不齐,远近的杂沓,和乐器的嘈嘈切切,合成另一意味的谐音,也使我们无所适从,如随着大风而走。这实在因为我们的心枯涩久了,变为脆弱;故偶然润泽一下,便疯狂似的不能自主了。但秦淮河确也腻人。即如船里的人面,无论是

---

① 迢迢(tiáo tiáo):形容遥远。也作"迢递"如千里迢迢。也表述漫长、长久,如夜迢迢恨迢迢。
② 髹(xiū)漆:用漆涂在器物上。
③ 荏苒(rěn rǎn):意思是指(时间)渐渐过去。常形容时光易逝。出处是汉·丁廙妻《寡妇赋》:"时荏苒而不留,将迁灵以大行。"

和我们一堆儿泊着的,无论是从我们眼前过去的,总是模模糊糊的,甚至渺渺茫茫的;任你张圆了眼睛,揩净了眦垢①,也是枉然。这真够人想呢。在我们停泊的地方,灯光原是纷然的;不过这些灯光都是黄而有晕的。黄已经不能明了,再加上了晕,便更不成了。灯愈多,晕就愈甚;在繁星般的黄的交错里,秦淮河仿佛笼上了一团光雾。光芒与雾气腾腾的晕着,什么都只剩了轮廓了;所以人面的详细的曲线,便消失于我们的眼底了。但灯光究竟夺不了那边的月色;灯光是浑的,月色是清的,在浑沌的灯光里,渗入了一派清辉,却真是奇迹!那晚月儿已瘦削了两三分。她晚妆才罢,盈盈的上了柳梢头。天是蓝得可爱,仿佛一汪水似的;月儿便更出落得精神了。岸上原有三株两株的垂杨树,淡淡的影在水里摇曳着。它们那柔细的枝条浴着月光,就像一支支美人的臂膊,交互的缠着,挽着;又像是月儿披着的发。而月儿偶然也从它们的交叉处偷偷窥看我们,大有小姑娘怕羞的样子。岸上另有几株不知名的老树,光光的立着;在月光里照起来,却又俨然是精神矍铄②的老人。远处——快到天际线了,才有一两片白云,亮得现出异彩,像美丽的贝壳一般。白云下便是黑黑的一带轮廓;是一条随意画的不规则的曲线。这一段光景,和河中的风味大异。但灯与月竟能并存着,交融着,使月成了缠绵的月,灯射着渺渺的灵辉;这正是天之所以厚秦淮河,也正是天之所以厚我们了。

这时却遇着了难解的纠纷。秦淮河上原有一种歌妓,是以歌为业的。从前都在茶舫上,唱些大曲之类。每日午后一时起;什么时候止,却忘记了。晚上照样也有一回。也在黄晕的灯光里。我从前过南京时,曾随着朋友去听过两次。因为茶舫里的人脸太多了,觉得不大适意,终于听不出所以然。前年听说歌妓被取缔了,不知怎的,颇涉想了几次——却想不出什么。这次到南京,先到茶舫上去看看,觉得颇是寂寥,令我无端的怅怅了。不料她们却仍在秦淮河里挣扎着,不料她们竟会纠缠到我们,我于是很张皇了。她们也乘着"七板子",她们总是坐在舱前的。舱前点着石油汽灯,光亮炫人眼目;坐在下面的,自然是纤毫毕见了——引诱客人们的力量,也便在此了。舱里躲着乐工等人,映着汽灯的余晖蠕动着;他们是永远不被注意的。每船的歌妓大约都是二人;天色一黑。她们的船就在大中桥外往来不息的兜生意。无论行着的船,泊着的船,都要来兜揽的。这都是我后来推想出来的。那晚不知怎样,忽然轮着我们的船了。我们的船好好的停着,一只歌舫划向我们来的;渐渐和我们的船并着了。烁烁的灯光逼得我们皱起了眉头;我们的风尘色全给它托出来了,这使我踧踖不安③了。那时一个伙计跨过船来,拿着摊开的歌折,就近塞向我的手里,说,"点几出吧"!他跨过来的时候,我们船上似乎有许多眼光跟着。同时相近的别的船上也似乎有许多眼睛炯炯的向我们船上看着。我真窘了!我也装出大方的样子,向歌妓们瞥了一眼,但究竟是不成的!我勉强将那歌折翻了一翻,却不曾看清了几个字;便赶紧递还那伙计,一面不好意思地说,"不要,我们……不要。"他便塞给平伯。平伯掉转头去,摇手说,"不要!"那人还腻着不走。平伯又回过脸来,摇着头道,"不要!"于是那人重到我处。我窘着再拒绝了他。他这才有所不屑似的走了。我的心立刻放下,如释了重负一般。我们就开始自白了。

我说我受了道德律的压迫,拒绝了她们;心里似乎很抱歉的。这所谓抱歉,一面对于她们,一面对于我自己。她们于我们虽然没有很奢的希望;但总有些希望的。我们拒绝了她们,无论

---

① 眦垢(zì gòu):亦作"眥垢"。眼眵。俗称眼屎。
② 精神矍铄(jué shuò):指老人有精神而强健不失风采,出自《后汉书·卷二十四·马援传》。矍:惊视的样子。
③ 踧踖(cù jí)不安:恭敬而不安,意谓恭敬而不自然的样子。出自清代曹雪芹《红楼梦》第七十五回:"宝玉因贾政在坐,早已踧踖不安。"

理由如何充足，却使她们的希望受了伤；这总有几分不做美了。这是我觉得很怅怅的。至于我自己，更有一种不足之感。我这时被四面的歌声诱惑了，降服了；但是远远的，远远的歌声总仿佛隔着重衣搔痒似的，越搔越搔不着痒处。我于是憧憬着贴耳的妙音了。在歌舫划来时，我的憧憬，变为盼望；我固执的盼望着，有如饥渴。虽然从浅薄的经验里，也能够推知，那贴耳的歌声，将剥去了一切的美妙；但一个平常的人像我的，谁愿凭了理性之力去丑化未来呢？我宁愿自己骗着了。不过我的社会感性是很敏锐的；我的思力能拆穿道德律的西洋镜，而我的感情却终于被它压服着，我于是有所顾忌了，尤其是在众目昭彰①的时候。道德律的力，本来是民众赋予的；在民众的面前，自然更显出它的威严了。我这时一面盼望，一面却感到了两重的禁制：一，在通俗的意义上，接近妓者总算一种不正当的行为；二，妓是一种不健全的职业，我们对于她们，应有哀矜勿喜之心，不应赏玩的去听她们的歌。在众目睽睽之下，这两种思想在我心里最为旺盛。她们暂时压倒了我的听歌的盼望，这便成就了我的灰色的拒绝。那时的心实在异常状态中，觉得颇是昏乱。歌舫去了，暂时宁靖之后，我的思绪又如潮涌了。两个相反的意思在我心头往复：卖歌和卖淫不同，听歌和狎妓②不同，又干道德甚事？——但是，但是，她们既被逼的以歌为业，她们的歌必无艺术味的；况她们的身世，我们究竟该同情的。所以拒绝倒也是正办。但这些意思终于不曾撇③开我的听歌的盼望。它力量异常坚强；它总想将别的思绪踏在脚下。从这重重的争斗里，我感到了浓厚的不足之感。这不足之感使我的心盘旋不安，起坐都不安宁了。唉！我承认我是一个自私的人！平伯呢，却与我不同。他引周启明先生的诗，"因为我有妻子，所以我爱一切的女人，因为我有子女，所以我爱一切的孩子。"④他的意思可以见了。他因为推及的同情，爱着那些歌妓，并且尊重着她们，所以拒绝了她们。在这种情形下，他自然以为听歌是对于她们的一种侮辱。但他也是想听歌的，虽然不和我一样，所以在他的心中，当然也有一番小小的争斗；争斗的结果，是同情胜了。至于道德律，在他是没有什么的；因为他很有蔑视一切的倾向，民众的力量在他是不大觉着的。这时他的心意的活动比较简单，又比较松弱，故事后还怡然自若；我却不能了。这里平伯又比我高了。

  在我们谈话中间，又来了两只歌舫。伙计照前一样的请我们点戏，我们照前一样的拒绝了。我受了三次窘，心里的不安更甚了。清艳的夜景也为之减色。船夫大约因为要赶第二趟生意，催着我们回去；我们无可无不可的答应了。我们渐渐和那些晕黄的灯光远了，只有些月色冷清清的随着我们的归舟。我们的船竟没个伴儿，秦淮河的夜正长哩！到大中桥近处，才遇着一只来船。这是一只载妓的板船，黑漆漆的没有一点光。船头上坐着一个妓女；暗里看出，白地小花的衫子，黑的下衣。她手里拉着胡琴，口里唱着青衫的调子。她唱得响亮而圆转；当她的船箭一般驶过去时，余音还袅袅的在我们耳际，使我们倾听而向往。想不到在弩末的游踪里，还能领略到这样的清歌！这时船过大中桥，森森的水影，如黑暗张着巨口，要将我们的船吞了下去，我们回顾那渺渺的黄光，不胜依恋之情；我们感到了寂寞了！这一段地方夜色甚浓，又有两头的灯火招邀着；桥外的灯火不用说了，过了桥另有东关头疏疏的灯火。我们忽然仰头看见依人的素月，不觉深悔归来之早了！走过东关头，有一两只大船湾泊着，又有几只船向我们来着。嚣嚣的一阵歌声人语，仿佛笑我们无伴的孤舟哩。东关头转弯，河上的夜色更浓了；

---

① 众目昭彰：（对坏人坏事）大家都看得非常清楚。昭彰：明显。
② 狎（xiá）妓：指玩弄妓女。
③ 撇（piē）：丢开，抛弃。
④ 原诗是："我为了自己的儿女才爱小孩子，为了自己的妻才爱女人"，见《雪朝》第48页。

临水的妓楼上,时时从帘缝里射出一线一线的灯光;仿佛黑暗从酣睡里眨了一眨眼。我们默然的对着,静听那汩——汩的桨声,几乎要入睡了;朦胧里却温寻着适才的繁华的余味。我那不安的心在静里愈显活跃了!这时我们都有了不足之感,而我的更其浓厚。我们却只不愿回去,于是只能由懊悔而怅惘了。船里便满载着怅惘了。直到利涉桥下,微微嘈杂的人声,才使我豁然一惊;那光景却又不同。右岸的河房里,都大开了窗户,里面亮着晃晃的电灯,电灯的光射到水上,蜿蜒曲折,闪闪不息,正如跳舞着的仙女的臂膊。我们的船已在她的臂膊里了;如睡在摇篮里一样,倦了的我们便又入梦了。那电灯下的人物,只觉像蚂蚁一般,更不去萦念。这是最后的梦;可惜是最短的梦!黑暗重复落在我们面前,我们看见傍岸的空船上一星两星的,枯燥无力又摇摇不定的灯光。我们的梦醒了,我们知道就要上岸了;我们心里充满了幻灭的情思。

一九二三年十月十一日作完,于温州

【文本对话】

一、本文在结构上的主要特点是什么?它与作者所要阐发的情感、旨意有什么内在联系?
二、从作者对月光、水色、灯影的描绘中,可以体察到作者当时内心处于怎样的情感状态?
三、请结合文本分析说明本文情景交融的特点。
四、有人认为朱自清的早期散文如《背影》《荷塘月色》《桨声灯影里的秦淮河》等,其文字"都有点做作","不怎么自然","缺少一个灵魂"和一种"生气"。结合课文谈谈你对朱自清语言风格的体会。

【实践活动】

一九二三年,朱自清和俞平伯这对当时还是风华正茂的年轻朋友,一同游览了历史上有名的南京秦淮河,他们都写了记游的文章,题目也都用《桨声灯影里的秦淮河》。《桨声灯影里的秦淮河》是俞平伯与朱自清的同题、齐名之作,被誉为早期白话美文的双璧。试比较两文在风格上有何不同。

【知识链接】

朱自清的散文创作,从清秀隽永到质朴腴厚再到激进深邃,都打上鲜明的时代印记,显示出他独特的艺术风格和审美旨趣。郁达夫在《新文学大系·现代散文导论》中说:"朱自清虽则是一个诗人,可是他的散文仍能够贮满那一种诗意。"应该说,这是对朱自清散文艺术的一个很精致的评价。

朱自清的散文主要是叙事性和抒情性的小品文。其作品的题材可分为三个系列:一是以写社会生活抨击黑暗现实为主要内容的一组散文,代表作品有《生命价格——七毛钱》、《白种人——上帝的骄子》和《执政府大屠杀记》。二是以《背影》《儿女》《悼亡妇》为代表的一组散文,主要描写个人和家庭生活,表现父子、夫妻、朋友间的人伦之情,具有浓厚的人情味。三是以写自然景物为主的一组借景抒情的小品,《绿》《春》《桨声灯影里的秦淮河》《荷塘月色》等,是其代表佳作。后两类散文,是朱自清写得最出色的,其中《背影》《荷塘月色》更是脍炙人口的名篇。其散文素朴缜密、清隽沉郁,以语言洗练、文笔清丽著称,极富有真情实感。

五、郑伯克段于鄢①

左丘明

【阅读提示】

《郑伯克段于鄢》是春秋时期史学家左丘明创作的一篇散文。这篇文章主要讲述鲁隐公元年(公元前722年)郑庄公同其胞弟共叔段之间为了夺国君君权位而进行的一场你死我活的斗争。全文语言生动简洁,人物形象饱满,情节丰富曲折,是一篇极富文学色彩的历史散文。

初②,郑武公③娶于申④,曰武姜⑤。生庄公及共叔段⑥。庄公寤生⑦,惊⑧姜氏,故名曰"寤生",遂恶之⑨。爱共叔段,欲立之,亟请于武公⑩,公弗许⑪。及庄公即位⑫,为之请制⑬。公曰:"制,岩邑⑭也,虢叔死焉⑮,佗邑唯命⑯。"请京⑰,使居之,谓之京城大叔⑱。祭仲⑲曰:"都城过百雉⑳,国之害也。先王之制:大都不过参国之一;中,五之一;小,九之一㉑。今京不度㉒,非制

---

① 《郑伯克段于鄢》选自《左传·隐公元年》,是《左传》第一篇。《左传》与《公羊传》《谷梁传》合称为"春秋三传",它是中国第一部叙事详细的编年体史书,同时也是杰出的历史散文巨著。
② 初:当初,这是回述往事时的说法。
③ 郑武公:名掘突,郑桓公的儿子,郑国第二代君主。
④ 娶于申:从申国娶妻。申,春秋时国名,姜姓,河南省南阳市北。
⑤ 武姜:郑武公之妻,"姜"是她娘家的姓,"武"是她丈夫武公的谥号。
⑥ 共(gōng)叔段:郑庄公的弟弟,名段。他在兄弟之中年岁小,因此称"叔段"。
⑦ 寤(wù)生:难产的一种,胎儿的脚先生出来。寤,通"牾",逆,倒着。
⑧ 惊:使动用法,使姜氏惊。
⑨ 遂恶(wù)之:因此厌恶他。遂,连词,因而。恶,厌恶。
⑩ 亟(qì)请于武公:屡次向武公请求。亟,屡次。于,介词,向。
⑪ 公弗许:武公不答应她。弗,不。
⑫ 及庄公即位:到了庄公做国君的时候。及,介词,到。即位,君主登上君位。
⑬ 制:地名,即虎牢,河南省荥(xíng)阳市西北。
⑭ 岩邑:险要的城镇。岩,险要。邑,人所聚居的地方。
⑮ 虢(guó)叔死焉:东虢国的国君死在那里。虢,指东虢,古国名,为郑国所灭。焉,介词兼指示代词相当于"于是""于此"。
⑯ 佗邑唯命:别的地方,听从您的吩咐。佗,同"他",指示代词,别的,另外的。唯命,只听从您的命令。
⑰ 京:地名,河南省荥阳市东南。
⑱ 谓之京城大(tài)叔:京地百姓称共叔段为京城太叔。大,同"太"。王力、朱骏声作古今字。《说文》段注:"太从大声,后世凡言大,而以为形容未尽则作太,如大宰,俗作太宰,大子,俗作太子,周大王俗作太王是也。"
⑲ 祭(zhài)仲:郑国的大夫。祭:特殊读音。
⑳ 都城过百雉(zhì):都邑的城墙超过了300丈。都:《左传·庄公二十八年》"凡邑有宗庙先君之主曰都"。指次于国都而高于一般邑等级的城市。雉:古代城墙长一丈,宽一丈,高一丈为一堵,三堵为一雉,即长三丈。
㉑ 大都不过参(sān)国之一:大城市的城墙不超过国都城墙的三分之一,参,同"三"。中,五之一:中等城市城墙不超过国都城墙的五分之一。小,九之一:小城市的城墙不超过国都城墙的九分之一。
㉒ 不度:不合法度。

也①,君将不堪②。"公曰:"姜氏欲之,焉辟害③?"对曰:"姜氏何厌之有④?不如早为之所,无使滋蔓⑤。蔓,难图⑥也。蔓草犹⑦不可除,况⑧君之宠弟乎?"公曰:"多行不义,必自毙⑨,子姑⑩待之。"

既而⑪大叔命西鄙、北鄙贰于己⑫。公子吕⑬曰:"国不堪⑭贰,君将若之何⑮?欲与大叔,臣请事之⑯;若弗与,则请除之,无生民心⑰。"公曰:"无庸,将自及⑱。"大叔又收贰以为己邑⑲,至于廪延⑳。子封曰:"可矣。厚将得众。"公曰:"不义不暱㉑,厚将崩。"

大叔完聚,缮甲兵㉒,具卒乘㉓,将袭郑。夫人将启之。公闻其期,曰:"可矣!"命子封帅车二百乘㉔以伐京。京叛大叔段。段入㉕于鄢。公伐诸鄢㉖。五月辛丑㉗,大叔出奔共㉘。

书曰:"郑伯克段于鄢。"段不弟㉙,故不言弟;如二君,故曰克㉚。称郑伯,讥失教也㉛;谓之郑志㉜。不言出奔,难之也㉝。

----

① 非制也:不是先王定下的制度。
② 不堪:受不了,控制不住的意思。
③ 焉辟害:哪里能逃避祸害。辟,"避"的古字。
④ 何厌之有:有何厌。有什么满足的。宾语前置 何:疑问代词作宾语定语。之:代词,复指前置宾语。厌:通"餍",满足的意思。
⑤ 无使滋(zī)蔓(màn):不要让他滋长蔓延,"无"通"毋"(wú)。
⑥ 图:除掉。
⑦ 犹:尚且。
⑧ 况:何况。
⑨ 多行不义,必自毙:多做不义的事,必定自己垮台。毙,本义倒下去、垮台。汉以后才有"死"义。
⑩ 姑:姑且,暂且。
⑪ 既而:固定词组,不久。
⑫ 命西鄙北鄙(bǐ)贰于己:命令原属庄公的西部和北部的边境城邑同时也臣属于自己。鄙:边邑也,从邑,啚声,边境上的城邑。贰:两属。
⑬ 公子吕:郑国大夫。
⑭ 堪:承受。
⑮ 若之何:固定结构,对它怎么办? 之,指"大叔命西鄙北鄙贰于己"这件事。
⑯ 臣请事之:那么我请求去侍奉他。事,动词,侍奉。
⑰ 生民心:使动,使民生二心。
⑱ 将自及:将自己赶上灾难,杜预注:"及之难也"。及,本义追赶上。
⑲ 收贰以为己邑:把两属的地方收为自己的领邑。贰,指原来贰属的西鄙北鄙。以为,"以之为"的省略。
⑳ 廪(lǐn)延:地名,河南省延津县北。
㉑ 不义不暱:共叔段对君不义,百姓就对他不亲,暱:同昵,亲近。
㉒ 完聚:修治城郭,聚集百姓。完,修葺;缮甲兵:修整作战用的甲衣和兵器。缮,修理。甲,铠甲。兵,兵器。
㉓ 具卒乘(shèng):准备步兵和兵车。具,准备。卒,步兵。乘,四匹马拉的战车。
㉔ 帅车二百乘:率领二百辆战车。帅,率领。古代每辆战车配备甲士三人,步卒七十二人。二百乘,共甲士六百人,步卒一万四千四百人。
㉕ 入:逃入。
㉖ 公伐诸鄢:庄公攻打共叔段在鄢邑。诸:之于,合音词。
㉗ 辛丑:干支纪日。天干:甲乙丙丁戊己庚辛壬癸。 地支:子丑寅卯辰巳午未申酉戌亥。二者相配,用以纪日,汉以后亦用以纪年。即二十三日。
㉘ 出奔共:出逃到共国避难。奔,逃亡。
㉙ 不弟:不守为弟之道。与"父不父,子不子"用法相同。"《春秋》记载道:"郑伯克段于鄢。"意思是说共叔段不遵守做弟弟的本分
㉚ 如二君,故曰克:兄弟俩如同两个国君一样争斗,所以用"克"字。克,战胜。
㉛ 称郑伯,讥失教也:称庄公为"郑伯",是讥讽他对弟弟失教。讥,讽刺。失教,庄公本有教弟之责而未教。
㉜ 谓之郑志:赶走共叔段是出于郑庄公的本意。志,意愿。
㉝ 不言出奔,难之也:不写共叔段自动出奔,是史官下笔有为难之处。

遂寘姜氏于城颍,而誓之①曰:"不及黄泉,无相见也。"既而悔之。颍考叔为颍谷封人,闻之,有献②于公。公赐之食③。食舍肉④。公问之,对曰:"小人有母,皆尝小人之食矣,未尝君之羹。请以遗之⑤。"公曰:"尔有母遗,繄我独无⑥!"颍考叔曰:"敢问何谓也?"公语之故,且告之悔。对曰:"君何患焉?若阙⑦地及泉,隧而相见,其谁曰不然⑧?"公从之。公入而赋:"大隧之中,其乐也融融!"姜出而赋:"大隧之外,其乐也洩洩⑨!"遂为母子如初。

君子曰:"颍考叔,纯孝也。爱其母,施及庄公。《诗》曰:'孝子不匮,永锡尔类⑩。'其是之谓乎⑪?"

【文本对话】

一、仔细研读课文,选出正确的选项。

1. 对下列句中词的解释,不正确的一项是(　　)。

A. 庄公寤生,惊姜氏　　　　惊:使……受了惊吓
B. 亟请于武公　　　　　　　亟:急切
C. 缮甲兵,具卒乘　　　　　具:准备
D. 公语之故,且告之悔　　　语:告诉

2. 下列文句中,断句正确的一项是(　　)。

A. 姜氏何厌之有/不如早为之所/无使滋蔓/蔓难图也/蔓草犹不可除/况君之宠弟乎
B. 姜氏何厌之/有不如/早为之/所无使滋蔓/蔓难图也/蔓草/犹不可除/况君之宠弟乎
C. 姜氏何厌之/有不如/早为之所/无使滋蔓/蔓难图也/蔓草犹不可除/况君之宠弟乎
D. 姜氏何厌之有/不如/早为之所/无使滋蔓/蔓难图也/蔓草/犹不可除/况君之宠弟乎

3. 下列对原文的解说不正确的一项是(　　)

A. 庄公出生时难产,惊吓过其母姜氏,因此姜氏不喜欢他,而喜欢另一个儿子共叔段,并企图篡位未遂,但最后庄公包容了姜氏的过错,母子和好。

B. 共叔段身为"京城大叔",贪得无厌,修治城郭,集结兵力,修守战备,企图偷袭郑都,多行不义,结果众叛亲离,落荒而逃。

C. 庄公采取"将欲取之,必先予之"的策略,满足其弟共叔段部分欲望,置其于不仁不义之地,说明庄公老谋深算。

D. 庄公粉碎共叔段的阴谋后,发誓有生之年不再与其母相见,但后来"阙地及泉,遂而相见",说明庄公有妇人之仁。

---

① 誓之:为动词,对她发誓。
② 有献:有进献的东西。献作宾语,名词。
③ 赐之食:赏给他吃的。双宾语。
④ 食舍肉:吃的时候把肉放置一边不吃。
⑤ 遗(wèi)之:赠送给她。
⑥ 繄(yī)我独无:我却单单没有啊!繄,句首语气助词,不译。
⑦ 阙:通"掘",挖。
⑧ 其谁曰不然:那谁能说不是这样(不是跟誓词相合)呢?其,语气助词,加强反问的语气。然,代词,代庄公对姜氏发的誓言。
⑨ 大隧之外,其乐也洩洩:走出隧道外,心情多欢快。
⑩ 匮:尽。锡:通"赐",给予。
⑪ 其,表推测语气。之,结构助词,助词宾语前置。

二、将下列句子翻译为现代汉语。
①多行不义,必自毙,子姑待之。
②君何患焉?若阙地及泉,隧而相见,其谁曰不然?
三、从文章中找出能体现庄公有孝心的两个事例(可自己概括,也可引用原文)。
四、分析庄公、共叔段和姜氏的性格特征。

【实践活动】
文末写到姜氏与庄公"遂而相见"的情节化解了母子之间的矛盾,也体现了庄公对母亲的孝敬之心,到后来演变成了"掘地见母"的历史典故。"首孝悌"是我们中华民族的传统美德,请收集在中国历史长河中孝子的故事,并在实际生活中用自己的方式表达和践行对父母的爱。

【知识链接】
左丘明(约公元前502年—约公元前422年),姓丘,名明,(一说复姓左丘,名明),春秋末期鲁国都君庄(今山东省肥城市石横镇东衡鱼村)人。史学家,因其父任左史官,故称左丘明。为炎帝后裔,是姜子牙的子孙,世代居住在齐国的都城营丘(今山东临淄一带)。为逃避灾难,全家人先到楚国,后又辗转来到鲁国,左丘明博览天文、地理、文学、历史等大量古籍,学识渊博。任鲁国左史官,在任时尽职尽责,德才兼备,为时人所崇拜。他是中国传统史学的创始人,曾任鲁太史,与孔子同时代或略早于孔子。

为了著述历史,左丘明曾与孔子一同前往周室,在周太史那里查阅档案,回鲁后孔子便写了文字简明的《春秋》,而左丘明则写成了内容浩繁的《左传》。鲁国是周公的封地,相传周公治礼作乐,鲁国保存了前代的多种礼乐制度和文献,所以鲁国一向有"礼乐之邦"的美称。西周灭亡后,周室文化在西方荡然无存,却在东方鲁国保留得相当完整。《左传》的编撰,是左丘明史官生涯中最大的成就,其在中国思想史、史学史、文学史和学术史上都占有重要地位。

左丘明晚年双目失明,因春秋时有称为瞽的盲史官,记诵、讲述有关古代历史和传说,口耳相传,以补充和丰富文字的记载,左丘明即为瞽之一,故后人亦称盲左。

第五单元

人文情怀

【单元导读】

　　人生于世,我们都在不断感应与思索世间万事万物,总是在寻求一种关于自我、自然与社会的平衡点,这是一种人文的追寻、情思的熏染里程。人文情怀是一种基于人之为人的反思态度和批判精神,是对人之所以为人所持守的价值目标。

　　钱钟书的《窗》围绕生活中常见的事物"窗"来展开,从春天说起,用审美的方式议论门和窗的区别,让人倍感妙从中来。《窗》从头到尾,妙语如珠,作者层出不穷的奇思妙想和巧妙的表述方式珠联璧合,从智慧和审美两方面让读者得到满足。

　　诗人海子的《亚洲铜》将"亚洲铜"作为统领全篇的核心意象,在此有着深刻的双重象征含义。一方面,"铜"因色质为黄色,是祖国形象的精妙比喻,从视觉形象上容易让人联想起北方广袤的黄土地,联想到母亲河——黄河。另一方面,"铜"与"胴"谐音,又让人从"亚洲铜"这个名称上看到浓厚的东方色彩——黄皮肤的东方血统。从这两个层面看,这不仅代表着中华民族传统文化的形象,还从铜的神圣和高贵中彰显了厚重的历史文化底蕴。

　　徐志摩的《雪花的快乐》一诗,借雪花的纯洁、飘逸、潇洒、自由等特点,化实景为虚境,虚实结合,创造出了一个优美的生命意境,达到借物抒情的效果,抒写了诗人对美好生活的执着追求和纯洁向往。

　　梁实秋的《雅舍》如同一个思想的弹簧,以"陋"写"雅",以苦为乐,语言幽默,妙趣横生。文章语言特点鲜明,骈散结合,雅俗共赏,是典型的适合大众阅读欣赏的小品文。

　　众所周知,古今文学家都有自己独立的思想,但他们的真切感受、独立判断却是令人敬佩和欣羡的。穿越千百年的历史城网,在柳永、辛弃疾、纳兰性德等名家的引领下,一起领略古词的风采,从中可以再一次品析到古人美丽的人文思想光辉。

一、窗

钱钟书

【阅读提示】

钱钟书的《窗》以小见大,见解独到,语言妙趣横生,启人心智。智慧就在于从矛盾中发现为人们所忽视或所误会或存掩盖的内在统一。

又是春天,窗子可以常开了。春天从窗外进来,人在屋子里坐不住,就从门里出去。不过屋子外的春天太贱了!到处是阳光,不像射破屋里阴深的那样明亮;到处是给太阳晒得懒洋洋的风,不像搅动屋里沉闷的那样有生气。就是鸟语,也似乎琐碎而单薄,需要屋里的寂静来做衬托。我们因此明白,春天是该镶嵌在窗子里看的,好比画配了框子。

同时,我们悟到,门和窗有不同的意义。当然,门是造了让人出进的。但是,窗子有时也可作为进出口用,譬如小偷或小说里私约的情人就喜欢爬窗子。所以窗子和门的根本分别,决不仅是有没有人进来出去。若据赏春一事来看,我们不妨这样说:有了门,我们可以出去;有了窗,我们可以不必出去。窗子打通了人和大自然的隔膜,把风和太阳逗引进来,使屋子里也关着一部分春天,让我们安坐了享受,无需再到外面去找。古代诗人像陶渊明对于窗子的这种精神,颇有会心。《归去来辞》①有两句道:"倚南窗以寄傲,审容膝之易安。"不等于说,只要有窗可以凭眺,就是小屋子也住得么?

他又说:"夏月虚闲,高卧北窗之下,清风飒至,自谓羲皇上人。"意思是只要窗子透风,小屋子可成极乐世界;他虽然是柴桑人,就近有庐山,也用不着上去避暑。所以,门许我们追求,表示欲望,窗子许我们占领,表示享受。这个分别,不但是住在屋里的人的看法,有时也适用于屋外的来人。一个外来者,打门请进,有所要求,有所询问,他至多是个客人,一切要等主人来决定。反过来说,一个钻窗子进来的人,不管是偷东西还是偷情,早已决心来替你做个暂时的主人,顾不到你的欢迎和拒绝了。缪塞②(Musset)在《少女做的是什么梦》那首诗剧里,有句妙语,略谓父亲开了门,请进了物质上的丈夫(matériel epoux),但是理想的爱人(ideal),总是从窗子出进的。换句话说,从前门进来的,只是形式上的女婿,虽然经丈人看中,还待博取小姐自己的欢心;要是从后窗进来的,总是女郎们把灵魂肉体完全交托的真正情人。你进前门,先要经门房通知,再要等主人出现,还得寒暄几句,方能说明来意,既费心思,又费时间,那像从后窗进来的直接痛快?好像学问的捷径,在乎书背后的引得,若从前面正文看起,反见得迂远了。这当然只是在社会常态下的分别,到了战争等变态时期,屋子本身就保不住,还讲什么门和窗!

世界上的屋子全有门,而不开窗的屋子我们还看得到。这指示出窗比门代表更高的人类进化阶段。门是住屋子者的需要,窗多少是一种奢侈,屋子的本意,只像鸟窠兽窟,准备人回来过夜的,把门关上,算是保护。但是墙上开了窗子,收入光明和空气,使我们白天不必到户外去,关了门也可生活。

---

① 《归去来辞》:又名《归去来兮辞》,是晋宋之际文学家陶渊明创作的抒情小赋,也是一篇脱离仕途回归田园的宣言。
② 缪塞:阿尔弗雷德·德·缪塞(Alfred de Musset,1810—1857),19世纪法国浪漫主义诗人、小说家、剧作家。主要作品有"四夜组诗",长诗《罗拉》,诗剧《酒杯与嘴唇》等。

屋子在人生里因此增添了意义,不只是避风雨、过夜的地方,并且有了陈设,挂着书画,是我们从早到晚思想、工作、娱乐、演出人生悲喜剧的场子。门是人的进出口,窗可以说是天的进出口。屋子本是人造了为躲避自然的胁害,而向四垛墙、一个屋顶里,窗引诱了一角天进来,驯服了它,给人利用,好比我们笼络野马,变为家畜一样。从此我们在屋子里就能和自然接触,不必去找光明,换空气,光明和空气会来找到我们。所以,人对于自然的胜利,窗也是一个。不过,这种胜利,有如女人对于男子的胜利,表面上看来好像是让步——人开了窗让风和日光进来占领,谁知道来占领这个地方的就给这个地方占领去了!我们刚说门是需要,需要是不由人做得主的。譬如饿了就要吃,渴了就得喝。所以,有人敲门,你总得去开,也许是易卜生所说比你下一代的青年想冲进来,也许像德昆西①论谋杀后闻打门声所说,光天化日的世界想攻进黑暗罪恶的世界,也许是浪子回家,也许是有人借债(更许是讨债),你愈不知道,怕去开,你愈想知道究竟,愈要去开。甚至每天邮差打门的声音,也使你起了带疑惧的希冀,因为你不知道而又愿知道他带来的是什么消息。门的开关是由不得你的。但是窗呢? 你清早起来,只要把窗幕拉过一边,你就知道窗外有什么东西在招呼着你,是雪,是雾,是雨,还是好太阳,决定要不要开窗子。上面说过窗子算得奢侈品,奢侈品原是在人看情形斟酌增减的。

我常想,窗可以算房屋的眼睛。刘熙译名说:"窗,聪也;于内窥外,为聪明也。"正和凯罗②(Gottfried Keller)《晚歌》(Abendlied)起句所谓:"双瞳如小窗(Fensterlein),佳景历历收。"同样地只说着一半。眼睛是灵魂的窗户,我们看见外界,同时也让人看到了我们的内心;眼睛往往跟着心在转,所以孟子认为相人莫良于眸子,梅特林克戏剧里的情人接吻时不闭眼,可以看见对方有多少吻要从心里上升到嘴边。

我们跟戴黑眼镜的人谈话,总觉得捉摸不住他的用意,仿佛他以假面具相对,就是为此。据爱戈门③(Eckermann)记一八三〇年四月五日歌德的谈话,歌德恨一切戴眼镜的人,说他们看得清楚他脸上的皱纹,但是他给他们的玻璃片耀得眼花缭乱,看不出他们的心境。窗子许里面人看出去,同时也许外面人看进来,所以在热闹地方住的人要用窗帘子,替他们私生活做个保障。晚上访人,只要看窗里有无灯光,就约略可以猜到主人在不在家,不必打开了门再问,好比不等人开口,从眼睛里看出他的心思。关窗的作用等于闭眼。天地间有许多景象是要闭了眼才看得见的,譬如梦。假使窗外的人声物态太嘈杂了,关了窗好让灵魂自由地去探胜,安静地默想。有时,关窗和闭眼也有连带关系,你觉得窗外的世界不过尔尔,并不能给予你什么满足,你想回到故乡,你要看见跟你分离的亲友,你只有睡觉,闭了眼向梦里寻去,于是你起来先关了窗。因为只是春天,还留着残冷,窗子也不能整天整夜不关的。

【文本对话】

一、作者说:"春天是该镶嵌在窗子里看的"。下面对这句话的含义阐述不准确的一项是( )

A. 屋外的春天美丽如画,值得欣赏。

B. 阳光,经窗内阴深的映衬,更加明亮。

C. 风,搅动窗内的沉闷,显得更有生气。

---

① 德昆西:德·昆西(Thomas De Quincey,1785—1859),全名:托马斯·德·昆西,英国散文家、文学批评家。

② 凯罗:戈特弗里德·凯勒(Gottfried·Keller 1819—1890),瑞士德语作家。

③ 爱戈门:爱克曼(J. P. Eckermann 1792—1854),德国作家,名著《歌德谈话录》作者。

D. 鸟语,要窗内的寂静作衬托,才克服琐碎和单薄。

二、作者认为,门和窗有不同的意义。作者就住在屋里的人赏春一事,对窗子有何赞赏?请你用一句话简要概括。

三、作者认为门与窗的根本区别是什么?请在第二段中找出相关的句子作答。作者用陶渊明的文句和缪塞诗剧《少女做的是什么梦》强调了"窗"对于人的什么意义?请用一句话简要概括。

【实践活动】
阅读课文,谈谈我们怎样从平淡的生活中审视生活的艺术?

【知识链接】
钱钟书(1910—1998),江苏无锡人,原名仰先,字哲良,后改名钟书,字默存,号槐聚,曾用笔名中书君,中国著名学者、现代文学研究家、作家、文学史家、古典文学研究家,与饶宗颐并称为"南饶北钱"。代表作有长篇小说《围城》、古典文学研究《宋诗选注》和《管锥编》等。

二、亚洲铜[1]

海子

【阅读提示】

《亚洲铜》是海子的成名作,也是最早为海子带来广泛声誉且奠定他日后在中国诗坛重要地位的杰出诗篇。全诗所包蕴的深邃丰富的历史文化及生命情感内涵,使它在海子数量众多的充满纯粹抒情色彩的诗篇中显得卓尔不凡,分外引人瞩目。

  亚洲铜　亚洲铜
  祖父死在这里　父亲死在这里　我也将死在这里
  你是唯一的一块埋人的地方

  亚洲铜　亚洲铜
  爱怀疑和爱飞翔的是鸟　淹没一切的是海水
  你的主人却是青草　住在自己细小的腰上
  守住野花的手掌和秘密

  亚洲铜　亚洲铜
  看见了吗？　那两只白鸽子　它是屈原遗落在沙滩上的白鞋子
  让我们——我们和河流一起　穿上它吧

  亚洲铜　亚洲铜
  击鼓之后　我们把在黑暗中跳舞的心脏叫做月亮
  这月亮主要由你构成

【文本对话】

一、"亚洲铜"在诗中具有怎样的象征含义？
二、按作者的本意,"吉檀迦利"的意思是奉献,就其此意,你认为人生应该做何定位？
三、著名的印度文学专家金克木先生认为,"泰戈尔的'上帝'、'神'是'最上人',就是那个'人格''人心''人性'等,其实无非是指人的感情"。试分析这种"人的感情"的具体内含是什么？

【实践活动】

"我的诗歌理想是在中国成就一种伟大的集体的诗。我不想成为一名抒情诗人,或一位戏剧诗人,甚至不想成为一名史诗诗人,我只想融合中国的行动,成就一种民族和人类的结合,诗

---

[1] 选自《海子诗全编》,1997年三联书店上海分店出版的图书。海子(1964—1989),原名查海生。出版的诗集有《土地》(1990)、《海子、骆一禾作品集》(1991)、《海子的诗》(1995)、《海子诗全编》(1997)。

和真理合一的大诗。"根据海子说的这段话来分析理解海子的诗歌精神。

【知识链接】

海子(1964—1989)是中国新诗史上最有影响力的诗人之一。原名查海生,出生于安徽省安庆市怀宁县高河镇查湾村,在农村长大。1979年15岁时考入北京大学法律系,1982年大学期间开始诗歌创作。代表作有《面朝大海、春暖花开》《五月的麦地》和《以梦为马》等。

三、雪花的快乐

徐志摩

【阅读提示】

　　本文发表于1925年1月的《现代评论》,是徐志摩爱情诗中的代表,展现了他对自由、理想、爱情的追求！在诗中,诗人把它作了升华,既把对爱情的追求与改变现实社会的理想联系在一起,又包含着反封建伦理道德、要求个体解放的积极因素,热烈而清新,真挚而自然,真切地表达了诗人对一切美好事物的执着追求。

假如我是一朵雪花,
翩翩的在半空里潇洒,
我一定认清我的方向
　——飞扬,飞扬,飞扬
　——这地面上有我的方向。

不去那冷寞的幽谷,
不去那凄清的山麓,
也不上荒街去惆怅
　——飞扬,飞扬,飞扬
　——你看,我有我的方向！

在半空里娟娟地飞舞,
认明了那清幽的住处,
等着她来花园里探望
　——飞扬,飞扬,飞扬
　——啊,她身上有朱砂梅的清香！

那时我凭借我的身轻,
盈盈地,沾住了她的衣襟,
贴近她柔波似的心胸
　——消溶,消溶,消溶
　——溶入了她柔波似的心胸！

【文本对话】

一、诗中的雪花具有什么特点？
二、诗中运用了什么艺术表现手法？表现了作者怎样的思想情感？

【实践活动】

有感情地诵读全文:体会作者独特的思想情感和艺术表现方式,发表自己从中得到的审美认识和感悟。

【知识链接】

徐志摩(1897.1—1931.11),浙江海宁硖石人,现代新月派代表诗人、散文家。原名章垿,字槱森,留学英国时改名志摩。曾经用过的笔名:南湖、诗哲、海谷、谷、大兵、云中鹤、仙鹤、删我、心手、黄狗、谔谔等。他的诗歌柔美、清丽、音韵和谐,颂扬理想;表达对爱情、自由、美的追求;擅长细腻的心理捕捉、缠绵的情感刻画,深得青年人的喜爱,影响至今不衰。代表作有《再别康桥》《翡冷翠的一夜》等。

四、雅舍

梁实秋

【阅读提示】

《雅舍》是梁实秋的散文集《雅舍小品》的小篇之首。这表现了作者对战争年代的无奈,对自己生活环境的自我调侃,同时也表现了作者开朗乐观的心态和旷达超脱的情怀。语言典雅清朗而又富于幽默感,偶用文言词句,也是信笔而至,娓娓道来,明白流畅,雅俗共赏。

到四川来,觉得此地人建造房屋最是经济。火烧过的砖,常常用来做柱子,孤零零的砌起四根砖柱,上面盖上一个木头架子,看上去瘦骨嶙嶙,单薄得可怜;但是顶上铺了瓦,四面编了竹篦墙,墙上敷了泥灰,远远的看过去,没有人能说不像是座房子。我现在住的"雅舍"正是这样一座典型的房子。不消说,这房子有砖柱,有竹篦①墙,一切特点都应有尽有。讲到住房,我的经验不算少,什么"上支下摘"、"前廊后厦"、"一楼一底"、"三上三下"、"亭子间"、"茅草棚"、"琼楼玉宇"和"摩天大厦",各式各样,我都尝试过。我不论住在哪里,只要住得稍久,对那房子便发生感情,非不得已我还舍不得搬。这"雅舍",我初来时仅求其能蔽风雨,并不敢存奢望,现在住了两个多月,我的好感油然而生。虽然我已渐渐感觉它是并不能蔽风雨,因为有窗而无玻璃,风来则洞若凉亭,有瓦而空隙不少,雨来则渗如滴漏。纵然不能蔽风雨,"雅舍"还是自有它的个性。有个性就可爱。

"雅舍"的位置在半山腰,下距马路约有七八十层的土阶。前面是阡陌螺旋的稻田。再远望过去是几抹葱翠的远山,旁边有高粱地,有竹林,有水池,有粪坑,后面是荒僻的榛莽未除的土山坡。若说地点荒凉,则月明之夕,或风雨之日,亦常有客到,大抵好友不嫌路远,路远乃见情谊。客来则先爬几十级的土阶,进得屋来仍须上坡,因为屋内地板乃依山势而铺,一面高,一面低,坡度甚大,客来无不惊叹,我则久而安之,每日由书房走到饭厅是上坡,饭后鼓腹而出是下坡,亦不觉有大不便处。

"雅舍"共是六间,我居其二。篦墙不固,门窗不严,故我与邻人彼此均可互通声息。邻人轰饮作乐,咿唔诗章,喁喁细语,以及鼾声、喷嚏声、吮汤声、撕纸声、脱皮鞋声,均随时由门窗户壁的隙处荡漾而来,破我岑寂。入夜则鼠子瞰灯,才一合眼,鼠②便自由行动,或搬核桃在地板上顺坡而下,或吸灯油而推翻烛台,或攀援而上帐顶,或在门框桌脚上磨牙,使得人不得安枕。但是对于鼠子,我很惭愧的承认,我"没有法子"。"没有法子"一语是被外国人常常引用着的,以为这话最足代表中国人的懒惰隐忍的态度。其实我的对付鼠子并不懒惰。窗上糊纸,纸一戳就破;门户关紧,而相鼠有牙,一阵咬便是一个洞洞。试问还有什么法子?洋鬼子住到"雅舍"里,不也是没有法子?比鼠子更骚扰的是蚊子。"雅舍"的蚊虱之盛,是我前所未见的。"聚蚊成雷"真有其事!每当黄昏时候,满屋里磕头碰脑的全是蚊子,又黑又大,骨骼都像是硬的。在别处蚊子早已肃清的时候,在"雅舍"则格外猖獗,来客偶不留心,则两腿伤处累累隆起如玉

---

① 竹篦[bì]:农村常见一种竹棍,一头完好,另一头则划破成数十瓣,磕地有声,常用来恫吓鸡犬,古代可用作制敌兵器。

② 鼠子:这里是只老鼠。

蜀黍①,但是我仍安之。冬天一到,蚊子自然绝迹,明年夏天——谁知道我还是否住在"雅舍"!

"雅舍"最宜月夜——地势较高,得月较先。看山头吐月,红盘乍涌,一霎间,清光四射,天空皎洁,四野无声,微闻犬吠,坐客无不悄然!舍前有两株梨树,等到月升中天,清光从树间筛洒而下,地上阴影斑斓,此时尤为幽绝。直到兴阑人散,归房就寝,月光仍然逼进窗来,助我凄凉。细雨蒙蒙之际,"雅舍"亦复有趣。推窗展望,俨然米氏章法,若云若雾,一片弥漫。但若大雨滂沱,我就又惶悚不安了,屋顶湿印到处都有,起初如碗大,俄而扩大如盆,继则滴水乃不绝,终乃屋顶灰泥突然崩裂,如奇葩初绽,素然一声而泥水下注,此刻满室狼藉,抢救无及。此种经验,已数见不鲜。

"雅舍"之陈设,只当得简朴二字,但洒扫拂拭,不使有纤尘。我非显要,故名公巨卿之照片不得入我室;我非牙医,故无博士文凭张挂壁间;我不业理发,故丝织西湖十景以及电影明星之照片亦均不能张我四壁。我有一几一椅一榻,酣睡写读,均已有着,我亦不复他求。但是陈设虽简,我却喜欢翻新布置。西人常常讥笑妇人喜欢变更桌椅位置,以为这是妇人天性喜变之一征。诬否且不论,我是喜欢改变的。中国旧式家庭,陈设千篇一律,正厅上是一条案,前面一张八仙桌,一旁一把靠椅,两旁是两把靠椅夹一只茶几。我以为陈设宜求疏落参差之致,最忌排偶。"雅舍"所有,毫无新奇,但一物一事之安排布置俱不从俗。人入我室,即知此是我室。笠翁②《闲情偶寄》之所论,正合我意。

"雅舍"非我所有,我仅是房客之一。但思"天地者万物之逆旅",人生本来如寄,我住"雅舍"一日,"雅舍"即一日为我所有。即使此一日亦不能算是我有,至少此一日"雅舍"所能给予之苦辣酸甜,我实躬受亲尝。刘克庄词:"客里似家家似寄。"我此时此刻卜居"雅舍","雅舍"即似我家。其实似家似寄,我亦分辨不清。

长日无俚,写作自遣,随想随写,不拘篇章,冠以"雅舍小品"四字,以示写作所在,且志因缘。

【文本对话】

一、"雅舍"虽以"雅"为名,实乃是一栋典型的"陋室"。大致有:_____、_____、_____、_____、地点荒凉、行走不便、蚊子猖獗等特点。

二、"雅舍"虽有那么多缺点,但"'雅舍'还是自有它的个性"。从文中看,"雅舍的个性"主要体现在:_____。

三、作者为什么先说"'雅舍'非我所有,我仅是房客之一",而后又说"其实似家似寄,我亦分辨不清"?

【实践活动】

用自己对生活的感悟,分析本文的生命自然之美。

【知识链接】

梁实秋(1903—1987),中国散文家、文学评论家、翻译家。原名梁治华,浙江杭县(今杭州)

---

① 玉蜀黍:中药名,高大的一年生栽培植物种子。具有调中开胃,利尿消肿之功效。
② 笠翁:明末清初文学家、戏剧家、戏剧理论家、美学家李渔的号,《闲情偶寄》是他的养生学经典著作。

人,生于北京。留美回国后,曾先后任教于东南大学、暨南大学、青岛大学、北京大学等校。创作以散文小品著称,风格朴实隽永,有幽默感,以《雅舍小品》为代表作。其主要著作有散文集《雅舍小品》(续集),文学评论集《浪漫的与古典的》《文学的纪律》《秋室杂文》,译著《莎士比亚全集》等。

五、词三首

【阅读提示】

词是我国传统的经典文学体裁之一。本文所选三篇不同时代的经典词作,在文学审美和艺术思想上都颇具价值。柳永的《八声甘州》为其名篇,融写景抒情于一体,通过描写羁旅行役之苦,表达了强烈的思归情绪,语浅而情深。上片写所望之景色,词人以如椽之笔描绘江野暮秋萧瑟寥廓、浑莽苍凉的景色;下片写登高远眺的感想,抒写了思乡怀人欲归不得的愁苦。

辛弃疾的《贺新郎·甚矣吾衰矣》是仿陶渊明《停云》"思亲友"之意而作,抒写了作者罢职闲居时的寂寞与苦闷的心情。词的上片叙述词人面对青山产生的种种思绪,感慨岁月流逝、人生短暂而壮志难酬,落寞之情展露无遗。词的下片作者又连用典故,借饮酒抒怀,抒发清心淡泊的高尚节操和超凡脱俗的狂放个性。

纳兰性德的《采桑子·塞上咏雪花》是一首咏雪词,是作者陪同康熙皇帝出巡塞外时所作。借咏雪花而咏怀,抒发了不慕人世间荣华富贵,厌弃仕宦生涯的心情。这种逆反心理是纳兰性德突出的性格特征,也是其词里多有感伤的重要原因之一。

八声甘州

【宋】柳永

对潇潇①暮雨洒江天,一番洗清秋②。渐霜风凄紧③,关河冷落,残照当楼。是处红衰翠减④,苒苒⑤物华休。唯有长江水,无语东流。

不忍登高临远,望故乡渺邈⑥,归思难收。叹年来踪迹,何事苦淹留⑦。想佳人妆楼颙望⑧,误几回、天际识归舟⑨。争⑩知我,倚栏杆处,正恁⑪凝愁!

---

① 潇潇:风雨之声。
② 一番洗清秋:一番风雨,洗出一个凄清的秋天。
③ 霜风凄紧:秋风凄凉紧迫。霜风,秋风。凄紧,一作"凄惨"。
④ 是处红衰翠减:到处花草凋零。是处,到处。红、翠,指代花草树木。语出李商隐《赠荷花》诗:"翠减红衰愁杀人。"
⑤ 苒(rǎn)苒:渐渐。
⑥ 渺邈:遥远。
⑦ 淹留:久留。
⑧ 颙(yóng)望:抬头远望。
⑨ 误几回、天际识归舟:多少次错把远处驶来的船当作心上人回家的船。语出谢朓《之宣城郡出新林浦向板桥》:"天际识归舟,云中辨江树。"
⑩ 争:怎。
⑪ 恁(nèn):如此。凝愁:忧愁凝结不解。

贺新郎①·甚矣吾衰矣

【宋】辛弃疾

邑②中园亭,仆③皆为赋此词。一日,独坐停云④,水声山色,竞来相娱。意溪山欲援例者,遂作数语,庶几仿佛渊明思亲友之意云。

甚矣吾衰矣⑤。怅平生、交游零落,只今馀几！白发空垂三千丈,一笑人间万事。问何物、能令公喜⑥？我见青山多妩媚⑦,料青山见我应如是。情与貌,略相似。

一尊搔首东窗里⑧。想渊明《停云》诗就,此时风味。江左⑨沉酣求名者,岂识浊醪⑩妙理。回首叫、云飞风起。不恨古人吾不见,恨古人不见吾狂耳。知我者,二三子⑪。

采桑子⑫·塞上咏雪花

【清】纳兰性德

非关癖爱⑬轻模样⑭,冷处偏佳。别有根芽⑮,不是人间富贵花⑯。
谢娘⑰别后谁能惜,飘泊天涯。寒月悲笳⑱,万里西风瀚海⑲沙。

【文本对话】

一、阅读柳永《八声甘州》,回答下列问题:

(1) 词描绘了一幅怎样的图景,抒发什么感情？试结合具体内容分析。

(2) 这首词塑造了一位_____形象,深刻地抒写了词人思乡怀人、异乡飘零以及_____之情。

二、阅读辛弃疾《贺新郎·甚矣吾衰矣》,回答下列问题:

"知我者,二三子"表达了作者怎样的思想感情？在此有何表达效果？

三、阅读辛弃疾《采桑子·塞上咏雪花》,回答下列问题:

(1) 下列对这首诗的赏析,不正确的一项是(　　)

---

① 贺新郎:后人创调,又名《金缕曲》《乳燕飞》《貂裘换酒》。
② 邑:指铅山县。辛弃疾在江西铅山期思渡建有别墅,带湖居所失火后举家迁之。
③ 仆:自称。
④ 停云:停云堂,在瓢泉别墅。
⑤ 甚矣吾衰矣:这是孔丘慨叹自己"道不行"的话(梦见周公,欲行其道)。作者借此感叹自己的壮志难酬。
⑥ 问何物、能令公喜:还有什么东西能让我感到快乐。
⑦ 妩媚:潇洒多姿。
⑧ 搔首东窗里:借指陶潜《停云》诗就,自得之意。
⑨ 江左:原指江苏南部一带,此指南朝之东晋。
⑩ 浊醪(láo):浊酒。
⑪ 知我者,二三子:引《论语》的典故:"二三子以我为隐乎"。
⑫ 采桑子:词牌名,词名由乐府相和歌辞《采桑曲》(陌上桑)变来。
⑬ 癖(pǐ)爱:癖好,特别喜爱。
⑭ 轻模样:雪花轻轻飞扬的样子。孙道绚《清平乐·雪》:"悠悠扬扬,做尽轻模样。"此谓显出对于雪花的偏爱。
⑮ 根芽:比喻事物的根源、根由。
⑯ 富贵花:指牡丹或者海棠之类的花。
⑰ 谢娘:晋王凝之妻谢道韫有文才,后人因此称才女为"谢娘"。
⑱ 悲笳(jiā):悲凉的笳声。笳,古代军中号角,其声悲壮。
⑲ 瀚海:沙漠,此指塞外之地。

A. 一二句直抒胸臆,表明诗人喜欢雪花,在于雪花轻盈的形态,不在于雪花处在寒冷之地。

B. 三四句运用了对比手法,写出了雪花与牡丹等人间富贵花的不同,表现雪花高洁的品性。

C. 五六句用典,悲叹东晋咏雪的才女谢道韫死后,再也无人怜惜雪花,雪花只落得飘泊天涯的命运。

D. 整首词中诗人以雪花自况,托物言志,委婉含蓄地表达出诗人追求至清至洁的精神境界。

(2) 请简要赏析"寒月悲笳,万里西风瀚海沙"的妙处。

【实践活动】

朗诵并背诵全文,谈谈古今借景抒情诗歌对自己写作实践的启发。

【知识链接】

柳永(约984—约1053),原名三变,字景庄,后改名柳永,字耆卿,因排行第七,又称柳七,福建崇安人,北宋著名婉约派词人,婉约派代表人物。

柳永曾屡次参加科举考试不中,遂一心填词。柳永是第一位对宋词进行全面革新的词人,也是两宋词坛上创用词调最多的词人。柳永大力创作慢词,将敷陈其事的赋法移植于词,同时充分运用俚词俗语,以适俗的意象、淋漓尽致的铺叙、平淡无华的白描等独特的艺术个性,对宋词的发展产生了深远影响。代表作有《乐章集》《雨霖铃·寒蝉凄切》等。

辛弃疾(1140—1207),原字坦夫,后改字幼安,号稼轩,山东东路济南府历城县(今济南市历城区遥墙镇四凤闸村)人。南宋豪放派词人、将领,有"词中之龙"之称。与苏轼合称"苏辛",与李清照并称"济南二安"。辛弃疾一生以恢复为志,以功业自诩,却命运多舛、壮志难酬。他把满腔激情和对国家兴亡、民族命运的关切、忧虑,全部寄寓于词作之中。其词艺术风格多样,以豪放为主,风格沉雄豪迈又不乏细腻柔媚之处,有词集《稼轩长短句》等传世。

纳兰性德(1655—1685),叶赫那拉氏,字容若,号楞伽山人,清朝初年词人,原名纳兰成德,一度因避讳太子保成而改名纳兰性德。大学士明珠长子,其母为英亲王阿济格第五女爱新觉罗氏。纳兰性德的词以"真"取胜,写景逼真传神,词风"清丽婉约,哀感顽艳,格高韵远,独具特色"。著有《通志堂集》《侧帽集》《饮水词》等。

第六单元

回味自然

【单元导读】

古语云:"人法地,地法天,天法道,道法自然",在遥远的历史长河里顺应自然、敬畏自然,已经是人类生存发展的重要法则。山涧飞瀑,林间鸟鸣,远方落日,鸟翔蓝天,大自然之美如梦,如幻。回味自然,倾听自然,领略天人合一的美妙;欣赏自然,探索自然,谱写人类世代文明的新篇章。

《西游记》第七回"八卦炉里逃大圣,五行山下定心猿",孙悟空带给我们的不仅是一种反抗精神的审美享受,更多的是对命运的深思。主人公孙悟空大闹天宫到最后被如来佛收服于五行山下,最终走上修行养性之路,暗示了一种回归本真的自然之美,表达了人类对朴实之美追求的夙愿。

《明妃曲二首》描写了绝代佳人王昭君离乡去国,思念故土,心系民族的美妙情丝。从初嫁的忧伤到入乡随俗,扎根异域,投身民族团结事业的建设中,展现了各民族和平共荣的生机勃勃的场面,描绘了人类之间的和谐之美。站在国家和民族的角度,传递真情,返璞归真,大爱无言,散发着情感的自然之美。

《晚登三山还望京邑》写出了诗人登上三山时遥望京城和大江美景引起的思乡之情。回望故土,畅想未来,无论走多远,故乡永远牵动着游走的心灵。家乡是缕阳光,冷寂时可以寻得温暖;家乡是个港湾,孤单时可以停泊靠岸。树高千尺,落叶归根,故乡之思,永远都是游子心底最深的挂念。站在他乡望故乡,是人类回归故土,情感返航的本能,再美的词句也无法吟唱这种思乡的心绪。

《随风吹笛》从微雨、凉风中听笛写起,鼓舞人们走向自然、倾听自然、亲近自然以沐浴心灵,怀着对自然的热爱和尊敬之情,体悟自然,仰望苍穹,探触自然之美。

《伤逝——涓生的手记》从子君和涓生的爱情出发,探讨了人类追求心灵之美和不朽之爱的原始初心,展现了如夏花般灿烂美妙的爱情。循着涓生的笔记,踩着故事的脚印,感悟爱情力量的伟大,回味人类自然情爱的纯真与美好。回忆也好,未来也罢,爱情总是甜美而心动的,爱情也总是平凡而低调的,只有珍惜这种朴素,才能拥有长久的爱。请用心感悟和倾听爱情,这是自然给我们最宝贵的礼物馈赠。

一、从八卦炉中逃出到五行山下定心①

吴承恩②

【阅读提示】

《西游记》是我国古代第一部浪漫主义章回体长篇神魔小说，糅合了儒释道的多种理念。该书以"唐僧取经"这一历史事实为蓝本，通过作者的艺术加工，深刻地描绘了封建王朝统治下的种种社会现实。本文内容描述了孙悟空被放进炼丹炉，炼出火眼金睛后再闹天宫的反叛精神，同时又从他没逃出五指山，被压五行山下，暗示了孙悟空与佛有缘，为后文受菩萨点化，保唐僧取经埋下伏笔。不难发现，文中蕴含了孙悟空大闹天宫后被如来佛收服于五行山下回归自然的那种等待与纯真，从侧面反映了顺应自然，听从本心，犹可获得重生的生命哲理。

富贵功名，前缘分定，为人切莫欺心。正大光明，忠良善果弥深。些些狂妄天加谴，眼前不遇待时临。问东君因甚，如今祸害相侵。只为心高图罔极，不分上下乱规箴③。

话表齐天大圣被众天兵押去斩妖台下，绑在降妖柱上，刀砍斧剁，枪刺剑刳④，莫想伤及其身。南斗星奋令火部众神，放火煨烧，亦不能烧着。又着雷部众神，以雷屑钉打，越发不能伤损一毫。那大力鬼王与众启奏道："万岁，这大圣不知是何处学得这护身之法，臣等用刀砍斧剁，雷打火烧，一毫不能伤损，却如之何？"玉帝闻言道："这厮这等，这等……如何处治？"太上老君即奏道："那猴吃了蟠桃，饮了御酒，又盗了仙丹。我那五壶丹，有生有熟，被他都吃在肚里，运用三昧火，锻成一块，所以浑做金钢之躯，急不能伤。不若与老道领去，放在八卦炉中，以文武火锻炼。炼出我的丹来，他身自为灰烬⑤矣。"玉帝闻言，即教六丁、六甲将他解下，付与老君。老君领旨去讫，一壁厢宣二郎显圣，赏赐金花百朵，御酒百瓶，还丹百粒，异宝明珠，锦绣等件，教与义兄弟分享。真君谢恩，回灌江口不题。

那老君到兜率宫，将大圣解去绳索，放了穿琵琶骨之器，推入八卦炉中，命看炉的道人，架火的童子，将火扇起锻炼。原来那炉是乾、坎、艮、震、巽⑥、离、坤、兑八卦。他即将身钻在"巽宫"位下。巽乃风也，有风则无火，只是风搅得烟来，把一双眼熏红了，弄做个老害病眼，故唤作"火眼金睛"。

真个光阴迅速，不觉七七四十九日，老君的火候⑦俱全。忽一日，开炉取丹。那大圣双手捂着眼，正自揉搓流涕，只听得炉头声响，猛睁睛看见光明，他就忍不住将身一纵，跳出丹炉，唿喇⑧一声，蹬倒八卦炉，往外就走。慌得那架火看炉与丁甲一班人来扯，被他一个个都放倒，好似癫痫的白额虎，疯狂的独角龙。老君赶上抓一把，被他一摔，摔⑨了个倒栽葱，脱身走了。即

---

① 选自《西游记》第七回，中国社会出版社，1997年7月出版。题目是编者加的。
② 吴承恩(1500或1506—1583)字汝忠，号射阳山人，明代小说家。
③ 规箴(zhēn)：劝勉告诫的意思。
④ 刳(kū)：剖开后再挖空。
⑤ 灰烬：谓烧成灰。
⑥ 巽(xùn)：八卦中的一卦，画做☴，代表风。
⑦ 火候：这里指老君炼丹的功候。
⑧ 唿喇(hū lǎ)：象声词，亦作"唿啦"。
⑨ 摔(zuó)：撞击。

去耳中掣出如意棒,迎风幌一幌,碗来粗细,依然拿在手中,不分好歹,却又大乱天宫,打得那九曜星①闭门闭户,四天王无影无形。好猴精!有诗为证。诗曰:

混元体正合先天,万劫千番只自然。渺渺无为浑太乙②,如如不动号初玄。
炉中久炼非铅汞,物外长生是本仙。变化无穷还变化,三皈五戒总休言。

又诗:

一点灵光彻太虚,那条拄杖亦如之。或长或短随人用,横竖横排任卷舒。

又诗:

猿猴道体配人心,心即猿猴意思深。大圣齐天非假论,官封"弼马"是知音。
马猿合作心和意,紧缚牢拴莫外寻。万相归真从一理,如来同契住双林。

这一番,那猴王不分上下,使铁棒东打西敌,更无一神可挡。只打到通明殿③里,灵霄殿④外。幸有佑圣真君的佐使王灵官执殿。他看大圣纵横,掣⑤金鞭近前挡住道:"泼猴何往!有吾在此,切莫猖狂!"这大圣不由分说,举棒就打,那灵官鞭起相迎。两个在灵霄殿前厮浑一处。好杀:

赤胆忠良名誉大,欺天诳上声名坏。一低一好幸相持,豪杰英雄同赌赛。铁棒凶,金鞭快,正直无私怎忍耐?这个是太乙雷声应化尊,那个是齐天大圣猿猴怪。金鞭铁棒两家能,都是神宫仙器械。今日在灵霄宝殿弄威风,各展雄才真可爱。一个欺心要夺斗牛宫,一个竭力匡扶玄圣界。苦争不让显神通,鞭棒往来无胜败。

他两个斗在一处,胜败未分,早有佑圣真君,又差将佐发文到雷府,调三十六员雷将齐来,把大圣围在垓心,各骋凶恶鏖战⑥。那大圣全无一毫惧色,使一条如意棒,左遮右挡,后架前迎。一时,见那众雷将的刀枪剑戟⑦、鞭简⑧挝⑨锤、钺⑩斧金瓜、旄镰⑪月铲,来的甚紧。他即摇身一变,变做三头六臂;把如意棒幌一幌,变作三条;六只手使开三条棒,好便似纺车儿一般,滴流流,在那垓心⑫里飞舞,众雷神莫能相近。真个是:

圆陀陀,光灼灼,亘古常存人怎学?入火不能焚,入水何曾溺?光明一颗摩尼珠,剑戟刀枪伤不着。也能善,也能恶,眼前善恶凭他作。善时成佛与成仙,恶处披毛并带角。无穷变化闹天宫,雷将神兵不可捉。

当时众神把大圣攒在一处,却不能近身,乱嚷乱斗,早惊动玉帝。遂传旨着游奕灵官同翊圣真君上西方请佛老降伏。

那二圣得了旨,径到灵山胜境,雷音宝刹之前,对四金刚、八菩萨礼毕,即烦转达。众神随至宝莲台下启知,如来召请。二圣礼佛三匝,侍立台下。如来问:"玉帝何事,烦二圣下临?"二

---

① 九曜(yào)星:指北斗七星及辅佐二星。
② 太乙:道家所称的"道",古指宇宙万物的本原、本体。
③ 通明殿:传说中玉帝的宫殿。
④ 灵霄殿:玉皇大帝上朝的宫殿名,也叫灵霄殿、灵霄宝殿。
⑤ 掣(chè):拔;抽。
⑥ 鏖(áo)战:激烈的战斗,苦战。
⑦ 剑戟(jǐ):泛指武器。
⑧ 鞭简:鞭和简。古代兵器。
⑨ 挝(zhuā):兵器名。
⑩ 钺(yuè):古兵器。圆刃,青铜制。形似斧而较大。盛行于殷周时。又有玉石制的,多用于礼仪。
⑪ 旄(máo)镰:旄,古代指用牦牛尾做竿饰的旗子;镰,镰刀。
⑫ 垓(gāi)心:指重围之中。

圣即启道："向时花果山产一猴，在那里弄神通，聚众猴搅乱世界。玉帝降招安旨，封为弼马温，他嫌官小反去。当遣李天王、哪吒太子擒拿未获，复招安他，封做齐天大圣，先有官无禄。着他代管蟠桃园，他即偷桃；又走至瑶池，偷肴，偷酒，搅乱大会；仗酒又暗入兜率宫，偷老君仙丹，反出天宫。玉帝复遣十万天兵，亦不能收伏。后观世音举二郎真君同他义兄弟追杀，他变化多端，亏老君抛金钢琢打重，二郎方得拿住。解赴御前，即命斩之。刀砍斧剁，火烧雷打，俱不能伤，老君奏准领去，以火锻炼。四十九日开鼎，他却又跳出八卦炉，打退天丁，径入通明殿里，灵霄殿外，被佑圣真君的佐使王灵官挡住苦战，又调三十六员雷将，把他困在垓心，终不能相近。事在紧急，因此玉帝特请如来救驾。"如来闻诏，即对众菩萨道："汝等在此稳坐法堂，休得乱了禅位，待我炼魔救驾去来。"

如来即唤阿傩、迦叶二尊者相随，离了雷音，径至灵霄门外。忽听得喊声振耳，乃三十六员雷将围困着大圣哩。佛祖传法旨："教雷将停息干戈，放开营所，叫那大圣出来，等我问他有何法力。"众将果退，大圣也收了法象，现出原身近前，怒气昂昂，厉声高叫道："你是那方善士，敢来止住刀兵问我？"如来笑道："我是西方极乐世界释迦牟尼尊者，南无阿弥陀佛。今闻你猖狂村野，屡反天宫，不知是何方生长，何年得道，为何这等暴横①？"大圣道："我本：天地生成灵混仙，花果山中一老猿。水帘洞里为家业，拜友寻师悟太玄。炼就长生多少法，学来变化广无边。因在凡间嫌地窄，立心端要住瑶天。灵霄宝殿非他久，历代人王有分传。强者为尊该让我，英雄只此敢争先。"

佛祖听言，呵呵冷笑道："你那厮乃是个猴子成精，焉敢欺心，要夺玉皇上帝龙位？他自幼修持，苦历过一千七百五十劫。每劫该十二万九千六百年。你算，他该多少年数，方能享受此无极大道？你那个初世为人的畜生，如何出此大言！不当人子，不当人子！折了你的寿算②！趁早皈依③，切莫胡说！但恐遭了毒手，性命顷刻而休，可惜了你的本来面目！"大圣道："他虽年劫修长，也不应久占在此。常言道：'皇帝轮流做，明年到我家'。只教他搬出去，将天宫让与我，便罢了；若还不让，定要搅攘，永不清平！"佛祖道："你除了长生变化之法，再有何能，敢占天宫胜境？"大圣道："我的手段多哩！我有七十二般变化，万劫不老长生。会驾筋斗云，一纵十万八千里。如何坐不得天位？"佛祖道："我与你打个赌赛④：你若有本事，一筋斗打出我这右手掌中，算你赢，再不用动刀兵苦争战，就请玉帝到西方居住，把天宫让你；若不能打出手掌，你还下界为妖，再修几劫，却来争吵。"那大圣闻言，暗笑道："这如来十分好呆！我老孙一筋斗去十万八千里。他那手掌，方圆不满一尺，如何跳不出去？"急发声道："既如此说，你可做得主张？"佛祖道："做得，做得！"伸开右手，却似个荷叶大小。那大圣收了如意棒，抖擞神威，将身一纵，站在佛祖手心里，却道声："我出去也！"你看他一路云光，无影无形去了。佛祖慧眼观看，见那猴王风车子一般相似不住，只管前进。大圣行时，忽见有五根肉红柱子，撑着一股青气。他道："此间乃尽头路了。这番回去，如来作证，灵霄宫定是我坐也。"又思量说："且住！等我留下些记号⑤，方好与如来说话。"拔下一根毫毛⑥，吹口仙气，叫："变！"变作一管浓墨双毫笔，在那中

---

① 暴横：指犹横行，引申为横行不法的人。
② 寿算：指寿数，年寿。
③ 皈（guī）依：佛教语。原指佛教的入教仪式。表示对佛、法（教义）、僧三者归顺依附，故也称三皈依。后多指虔诚信奉佛教或参加其他宗教组织。另指身心归向、依托。
④ 赌赛：指拿一件事情能否实现赌输赢。
⑤ 记号：指为引起注意，帮助识别、记忆而做的标记。
⑥ 毫毛：指人或鸟兽身上的细毛或长毛。

间柱子上写一行大字云:"齐天大圣,到此一游。"写毕,收了毫毛。又不庄尊,却在第一根柱子根下撒了一泡猴尿。翻转筋斗云,径回本处,站在如来掌内道:"我已去,今来了。你教玉帝让天宫与我。"如来骂道:"我把你这个尿精猴子!你正好不曾离了我掌哩!"大圣道:"你是不知。我去到天尽头,见五根肉红柱,撑着一股青气①,我留个记在那里,你敢和我同去看么!"如来道:"不消去,你只自低头看看。"那大圣睁圆火眼金睛,低头看时,原来佛祖右手中指写着"齐天大圣到此一游"。大指丫里,还有些猴尿臊气,大圣吃了一惊道:"有这等事,有这等事!我将此字写在撑天柱子上,如何却在他手指上?莫非有个未卜先知的法术。我决不信,不信!等我再去来!"

好大圣,急纵身又要跳出,被佛祖翻掌一扑,把这猴王推出西天门外,将五指化作金木水火土五座联山,唤名"五行山",轻轻的把他压住。众雷神与阿傩、迦叶一个个合掌称扬道:"善哉,善哉!

当年卵化学为人,立志修行果道真。万劫无移居胜境,一朝有变散精神。

欺天罔上思高位,凌圣偷丹乱大伦。恶贯满盈今有报,不知何日得翻身。"

如来佛祖殄灭②了妖猴,即唤阿傩、迦叶同转西方极乐世界。时有天蓬、天佑急出灵霄宝殿道:"请如来少待,我主大驾来也。"佛祖闻言,回首瞻仰③。须臾,果见八景銮舆④,九光宝盖;声奏玄歌妙乐,咏哦无量神章;散宝花,喷真香,直至佛前谢曰:"多蒙大法收殄妖邪,望如来少停一日,请诸仙做一会筵奉谢。"如来不敢违悖,即合掌谢道:"老僧承大天尊宣命来此,有何法力?还是天尊与众神洪福,敢劳致谢?"玉帝传旨,即着雷部众神,分头请三清、四御、五老、六司、七元、八极、九曜、十都,千真万圣,来此赴会,同谢佛恩。又命四大天师、九天仙女,大开玉京金阙、太玄宝宫、洞阳玉馆,请如来高座七宝灵台,调设各班座位,安排龙肝凤髓,玉液蟠桃。

不一时,那玉清元始天尊、上清灵宝天尊、太清道德天尊、五跂真君、五斗星君、三官四圣、九曜真君、左辅、右弼、天王、哪吒,玄虚一应灵通,对对旌旗,双双幡盖,都捧着明珠异宝,寿果奇花,向佛前拜献曰:"感如来无量法力,收伏妖猴。蒙大天尊设宴呼唤,我等皆来陈谢。请如来将此会立一名,如何?"如来领众神之托曰:"今欲立名,可作个安天大会。"各仙老异口同声,俱道:"好个'安天大会'!好个'安天大会'!"言讫,各坐座位,走斝⑤传觞,簪花⑥鼓瑟,果好会也。有诗为证,诗曰:

宴设蟠桃猴搅乱,安天大会胜蟠桃。龙旗鸾辂祥光霭,宝节幢幡瑞气飘。

仙乐玄歌音韵美,凤箫玉管响声高。琼香缭绕群仙集,宇宙清平贺圣朝。

众皆畅然喜会,只见王母娘娘引一班仙子、仙娥、美姬、毛女,飘飘荡荡舞向佛前,施礼曰:"前被妖猴搅乱蟠桃嘉会,请众仙众佛,俱未成功。今蒙如来大法链锁顽猴,喜庆安天大会,无物可谢,今是我净手亲摘大株蟠桃数颗奉献。"真个是:

半红半绿喷甘香,艳丽仙根万载长。堪笑武陵源上种,争如天府更奇强。

---

① 青气:指青色的气体。
② 殄(tiǎn)灭:指消灭、灭绝。
③ 瞻仰:指仰望。
④ 銮(luán)舆(yú):指天子的乘舆。亦借指天子。
⑤ 斝(jiǎ):古代青铜制贮酒器,有鋬(把手)、两柱、三足、圆口,上有纹饰,供盛酒与温酒用。盛行于殷代和西周初期。后借指酒杯、茶杯。
⑥ 簪(zān)花:谓插花于冠。

紫纹娇嫩寰中少,缃核①清甜世莫双。延寿延年能易体,有缘食者自非常。

佛祖合掌向王母谢讫。王母又着仙姬、仙子唱的唱,舞的舞。满会群仙,又皆赏赞。正是:
缥缈天香满座,缤纷仙蕊仙花。玉京金阙②大荣华,异品奇珍无价。
对对与天齐寿,双双万劫增加。桑田沧海任更差,他自无惊无讶。

王母正着仙姬仙子歌舞,觥筹交错③,不多时,忽又闻得:
一阵异香来鼻噢,惊动满堂星与宿。天仙佛祖把杯停,各各抬头迎目候。
霄汉中间现老人,手捧灵芝飞蔼绣。葫芦藏蓄万年丹,宝箓名书千纪寿。
洞里乾坤任自由,壶中日月随成就。遨游四海乐清闲,散淡十洲容辐辏。
曾赴蟠桃醉几遭,醒时明月还依旧。长头大耳短身躯,南极之方称老寿。

寿星又到。见玉帝礼毕,又见如来,申谢曰:"始闻那妖猴被老君引至兜率宫煅炼,以为必致平安,不期他又反出。幸如来善伏此怪,设宴奉谢,故此闻风而来。更无他物可献,特具紫芝瑶草,碧藕金丹奉上。"诗曰:
碧藕金丹奉释迦,如来万寿若恒沙。清平永乐三乘锦,康泰长生九品花。
无相门中真法主,色空天上是仙家。乾坤大地皆称祖,丈六金身福寿赊。

如来欣然领谢。寿星得座,依然走斝传觞。只见赤脚大仙又至。向玉帝前礼毕,又对佛祖谢道:"深感法力,降伏妖猴。无物可以表敬,特具交梨二颗,火枣数枚奉献。"诗曰:
大仙赤脚枣梨香,敬献弥陀寿算长。七宝莲台山样稳,千金花座锦般妆。
寿同天地言非谬,福比洪波话岂狂。福寿如期真个是,清闲极乐那西方。

如来又称谢了,叫阿傩、迦叶,将各所献之物,一一收起,方向玉帝前谢宴。众各酩酊④,只见个巡视灵官来报道:"那大圣伸出头来了。"佛祖道:"不妨,不妨。"袖中只取出一张帖子,上有六个金字:"奄、嘛、呢、叭、咪、吽"。递与阿傩,叫贴在那山顶上。这尊者即领帖子,拿出天门,到那五行山顶上,紧紧的贴在一块四方石上。那座山即生根合缝。可运用呼吸之气,手儿爬出,可以摇挣摇挣。阿傩回报道:"已将帖子贴了。"

如来即辞了玉帝众神,与二尊者出天门之外,又发一个慈悲心,念动真言咒语,将五行山召一尊土地神祇⑤,会同五方揭谛,居住此山监押。但他饥时,与他铁丸子吃;渴时,与他溶化的铜汁饮。待他灾愆⑥满日,自有人救他。正是:
妖猴大胆反天宫,却被如来伏手降。渴饮溶铜捱岁月,饥餐铁弹度时光。
天灾苦困遭磨折⑦,人事凄凉喜命长。若得英雄重展挣,他年奉佛上西方。
又诗曰:
伏逞豪强大势兴,降龙伏虎弄乖能。偷桃偷酒游天府,受箓⑧承恩在玉京。
恶贯满盈⑨身受困,善根⑩不绝气还升。果然脱得如来手,且待唐朝出圣僧。

---

① 缃(xiāng)核:缃,浅黄色。本处指浅黄色的桃核。
② 金阙(què):指天子所居的宫阙。
③ 觥(gōng)筹交错:指酒器和酒筹交互错杂。形容宴饮尽欢。
④ 酩(mǐng)酊(dǐng):指大醉貌。
⑤ 祇(qí):对地神的称呼。
⑥ 灾愆(qiān):亦作"灾愆"。罪孽招致的灾祸;灾殃。
⑦ 磨折:指折磨。
⑧ 箓(lù):簿籍,也指封建帝王或道教的神秘文书。
⑨ 恶贯满盈:指作恶极多,已到末日。
⑩ 善根:佛教语。梵语意译。谓人所以为善之根性。

【文本对话】

一、结合相关情节,说说孙悟空的性格特点和作者塑造这一形象的目的。

二、谈谈你对这部小说所反映的主题的理解。

三、孙悟空大闹天宫,一不求高官厚禄,二不求取玉帝之位而代之,他的愿望究竟是什么?或者说这反映了当时社会劳动人民何种价值追求?

【实践活动】

熟读课文,准备材料,并分组合作,试着表演这一回故事。

【知识链接】

吴承恩,字汝忠,号射阳山人,汉族,我国四大名著之一《西游记》的作者、明代小说家。其主要作品有《西游记》、《禹鼎记》、《射阳集》四册四卷、《春秋列传序》等。吴承恩小时候勤奋好学,一目十行,过目成诵。他精于绘画,擅长书法,爱好填词度曲,对围棋也很精通,还喜欢收藏名人的书画法帖。少年时代他就因为文才出众而在故乡出了名,受到人们的赏识,喜读稗官野史、志怪小说。然而科举不利,至中年始为岁贡生。60岁时出任长兴县丞,后又聘任过荆王府纪善。

二、明妃曲二首

王安石①

【阅读提示】

《明妃曲二首》是宋代文学家王安石的组诗作品,被称为是咏王昭君最好的诗。第一首诗描绘王昭君的美貌,着重写昭君的风度、情态之美,以及这种美的感染力,并从中宣泄她内心悲苦之情,同时还揭示出她对故国、亲人的挚爱之情。第二首诗描写王昭君入胡及其在胡中的情况与心情,并深入地刻画昭君心事,突出其民族大义,塑造了一个可悲且可敬的明妃形象。全诗语言矜炼深雅,缠绵婉丽,艺术手法多样,风格鲜明独特。

其一

明妃初出汉宫时,泪湿春风②鬓脚垂。
低徊③顾影无颜色,尚得君王不自持④。
归来却怪丹青手⑤,入眼平生几曾有;
意态⑥由来画不成,当时枉杀毛延寿。
一去心知更不归,可怜着尽汉宫衣;
寄声欲问塞南⑦事,只有年年鸿雁飞。
家人万里传消息,好在毡城⑧莫相忆;
君不见咫尺⑨长门⑩闭阿娇⑪,人生失意无南北。

---

① 王安石(1021—1086),字介甫,号半山,临川人(今江西抚州),北宋著名思想家、政治家、文学家、改革家。
② 春风:比喻美貌。
③ 低徊:徘徊,流连。
④ 自持:自我克制。
⑤ 丹青手:指画师毛延寿。
⑥ 意态:神情姿态。
⑦ 塞南:边塞以南的地区,指中原。
⑧ 毡(zhān)城:古代匈奴等游牧民族所居毡帐集中地。多借称其王庭所在之处。
⑨ 咫(zhǐ)尺:形容距离近。
⑩ 长门:汉宫名。
⑪ 阿娇:指汉武帝的陈皇后。

其二

明妃初嫁与胡儿，毡车①百两皆胡姬②。
含情欲语独无处，传与琵琶心自知。
黄金杆拨③春风手，弹看飞鸿④劝胡酒。
汉宫侍女暗垂泪，沙上行人却回首。
汉恩自浅胡恩深，人生乐在相知心。
可怜青冢⑤已芜没⑥，尚有哀弦⑦留至今。

【文本对话】

一、选择题。

（1）以下对本诗的理解和分析，不正确的两项是（　　）

A. 单于以百辆毡车的隆重礼仪迎娶昭君，又予其"黄金杆拨"为标志的豪奢生活，可谓胡恩深矣。

B. 只可惜单于不解风情，王昭君只有琵琶弦上说相思，弦弦掩抑声声思，说尽心中无限事。

C. 弹琴劝酒之时，还有余暇眼看飞鸿，此从容淡定正与"春风手"相呼应，表现了王昭君琴艺的高超。

D. 留北的侍女听了垂泪，南归的行人听了回首，这从侧面说明了王昭君弦上所流露的哀情感人至深。

E. 全诗胡汉对比，非止一处，汉恩胡恩的浅深是明比，弹劝胡酒中的隔阂与垂泪回首中的知音是暗比。

（2）下列对这首诗的鉴赏，不恰当的两项是（　　）

A. 诗歌前两句写王昭君初嫁胡人时的情况，胡人以毡车百辆相迎，可见礼仪如迎接王姬之隆重，恩义之深厚。

B. 诗歌前两句中的"毡车百辆""皆胡姬"分别与下文的"汉恩自浅胡自深""含情欲语独无处"形成对比。

C. 诗歌用明妃所弹的琵琶音调感动得"汉宫侍女暗垂泪，沙上行人却回首"，来衬托弹奏者内心痛苦之深。

D. 诗歌所写琵琶弹奏、青冢荒没，受到了杜甫《咏怀古迹》中"千载琵琶作胡语""独留青冢向黄昏"的启迪。

E. 诗歌最后两句，通过对"青冢""芜没"，"哀弦""尚有"且留传至今的议论，表达了对王昭君的赞叹。

---

① 毡车：以毛毡为篷的车子。
② 胡姬：原指胡人酒店中的卖酒女，后泛指酒店中卖酒的女子。
③ 杆拨：古时弹琵琶用以代替手指的拨弦之具。
④ 飞鸿：指飞行着的鸿雁。
⑤ 青冢(zhǒng)：指汉王昭君墓。
⑥ 芜没：指掩没于荒草间；湮灭。
⑦ 哀弦：悲凉的弦乐声。

二、请结合对全诗的理解,分析"汉恩自浅胡恩深,人生乐在相知心"两句蕴含的情感内容。

【实践活动】
有人对本诗刻画人物的特点非常赞赏,请结合诗句简要赏析。

【知识链接】
　　王安石,存世作品有《临川集》《临川集拾遗》《临川先生歌曲》《临川先生文集》等。他潜心研究经学,著书立说,被誉为"通儒",创"荆公新学",促进宋代疑经变古学风的形成。在哲学上,他用"五行说"阐述宇宙生成,其哲学命题"新故相除",把中国古代辩证法推到一个新的高度。在文学上,王安石具有突出成就。其散文简洁峻切,短小精悍,论点鲜明,逻辑严密,有很强的说服力,充分发挥了古文的实际功用,名列"唐宋八大家";其诗"学杜得其瘦硬",擅长于说理与修辞,晚年诗风含蓄深沉、深婉不迫,以丰神远韵的风格在北宋诗坛自成一家,世称"王荆公体";其词写物咏怀吊古,意境空阔苍茫,形象淡远纯朴,营造出一个士大夫文人特有的情致世界。

三、晚登三山①还望京邑

谢朓②

【阅读提示】

《晚登三山还望京邑》是南朝诗人谢朓的代表诗作。此诗写登山临江所见到的春晚之景以及遥望京师而引起的故乡之思。全诗十四句,前两句交代离京的原因和路程,领起望乡之意;中六句写景,描绘登山所望见的景色;后六句写情,抒发人生感慨。其中"余霞散成绮,澄江静如练"是千古传诵的名句。

> 灞涘③望长安,河阳④视京县⑤。
> 白日丽飞甍⑥,参差皆可见。
> 余霞散成绮⑦,澄江静如练。
> 喧鸟覆春洲,杂英满芳甸⑧。
> 去矣方滞淫⑨,怀哉罢欢宴。
> 佳期怅何许,泪下如流霰⑩。
> 有情知望乡,谁能鬒⑪不变!

【文本对话】

一、诗歌开头的两句"灞涘望长安,河阳视京县"运用了什么艺术手法?有什么作用?

二、"余霞散成绮,澄江静如练"是千古传诵的名句,试从一个角度分析其运用的手法和艺术效果。

三、试分析《晚登三山还望京邑》与《登池上楼》在写景抒情方面有何异同?

【实践活动】

品读晁补之《吴松道中二首》(其二),完成相关问题。

---

① 三山:山名,在今南京市西南。
② 谢朓(464—499),字玄晖,汉族,陈郡阳夏(今河南太康县)人,南朝杰出的山水诗人,出身高门士族,与"大谢"谢灵运同族,世称"小谢"。
③ 灞(bà)涘(sì):借用汉末王粲《七哀诗》"南登霸陵岸,回首望长安"诗意。灞,水名,源出陕西蓝田,流经长安城东。涘,水边。
④ 河阳:原指黄河北岸,此处指今河南孟州西。
⑤ 京县:国都所辖之县。泛指京畿。此处指西晋都城洛阳。
⑥ 飞甍(méng):指飞檐。
⑦ 绮(qǐ):有花纹的丝织品。
⑧ 芳甸(diàn):芳草丰茂的原野。
⑨ 滞淫:长久停留。
⑩ 霰(xiàn):雪珠。白色不透明的球形或圆锥形小冰粒。多在下雪前或下雪时降落。
⑪ 鬒(bìn):脸旁靠近耳朵的头发。

《吴松道中二首》(其二)

晁补之

晓路雨萧萧,江乡叶正飘。天寒雁声急,岁晚客程遥。

鸟避征帆却,鱼惊荡桨跳。孤舟宿何许?霜月系枫桥。

注:吴松:即吴淞,江名。

问题:开头两句描写了怎样的景色?营造了怎样的氛围?

_____

_____

【知识链接】

谢朓,南朝著名山水诗人,为"竟陵八友"之一,世称"小谢",曾出任宣城太守,因此被人称为"谢宣城"。他当时生活在黑暗的现实环境中,目睹仕途险恶,常常流露出忧生之叹。后来受诬陷,下狱而死,年仅36岁。曾与沈约等共创"永明体"。作品有《晚登三山还望京邑》《游东田》《之宣城郡出新林浦向板桥》等。诗风以清新、清丽、清俊见称,用字细腻而妍丽工巧,诗歌创作的主要成就是发展了山水诗。今存诗两百余首,多描写自然景物,间亦直抒怀抱,诗风清新秀丽,圆美流转,善于发端,时有佳句,又平仄协调,对偶工整,开启唐代律绝之先河。

四、随风吹笛[1]

林清玄[2]

【阅读提示】

《随风吹笛》是林清玄散文作品的经典代表,本文叙写了作者见闻竹林因风雨而成交响的故事。本文从微雨、凉风中听笛的悬疑写起,于寻常的见闻中点染上诡谲的色彩,让人猜想。接着去探寻那能够穿透平野,穿过雨声,"在天地间扩散"的笛声。行文便合上了平中见奇的步调。当天风海雨似的"一片乐海"不期而至时,作者已借自然的平常之物再造足以"震撼"人心的奇妙之境。他鼓舞人们走向自然、倾听自然、亲近自然以沐浴心灵。在他看来,人(艺术家)总是愿意取法自然,从自然中吸取灵感的;但,艺术却有其达不到的境界。因为,活的、时刻都在变化的自然没有结局,一如"随风吹笛"的境遇不可重复。

微微的雨。远远的地方吹过来一股凉风,风里夹着呼呼的响声。

侧耳仔细听,那像是一种音乐,我分析了很久,确定那是笛子的声音,因为箫的声音没有那么清晰,也不没有那么高扬。

由于来得遥远,使我对自己的判断感到怀疑:有什么人的笛声可以穿透广阔的平野,穿过雨声,在天地间扩散呢?笛声好像没有那么悠长,何况只有简单的几个音节。

我站的地方是一片乡下的农田,左右两面是延展到远处的稻田,我的后面是一座山,前方是一片竹林。音乐显然是来自竹林,而后面的远方仿佛也在回响。

竹林里是不是有人家呢?小时候我觉得所有的林间,竹林是最神秘的,尤其是那些历史悠远的竹林。因为树林再密,阳光总可以毫无困难地穿透[3],唯有竹林的密叶,有时连阳光也无能为力,有时走进期间就迷途了。我看天色尚早,遂决定到竹林里去走一遭——我想,有音乐的地方一定是安全的。

等我站在竹林前面时,整个人被天风海雨似的音乐震撼了,它像一片乐海,波涛汹涌[4],声威远大,那不是人间的音乐,竹林中也不没有人家。

竹子本身就是乐器,风是指挥家,竹子和竹叶的关系便是演奏者。我研究了很久才发现,原来竹子洒过了小雨,上面有着水渍,互相磨擦便发出尖利如笛子的声音。而上面满天摇动的竹叶间隙,即使有雨,也阻不住风,发出许多细细的声音,配合着竹子的笛声。

每个人都会感动于自然的声音,譬如夏夜蛙虫的鸣唱,春晨雀鸟的啾唧,甚至刮风天里滔天海浪的交响。凡是自然的声音没有不令我们赞叹的。

我有一个朋友,偏爱蝉的歌唱。孟夏的时候,他常常在山中独坐一日,为的是要听蝉声,有一次他送我一卷录音带,是在花莲山中录的蝉声。送我的时候已经冬天了,我在寒夜里放着录音带,一时万蝉齐鸣,使冷漠的屋宇像是有无数的蝉在盘飞对唱,那种经验的美,不逊于在山中

---

[1] 选自林清玄散文集《鸳鸯香炉》,人民文学出版社,2014年1月出版。有删节。
[2] 林清玄(1953—2019),中国台湾地区高雄人,当代作家、散文家、诗人、学者。被誉为"当代散文八大作家"之一。
[3] 穿透:贯通。
[4] 波涛汹涌:水势腾涌的样子。形容波浪又大又急。

听蝉。

　　但是我听过许多自然之声,总没有那一次在竹林里感受得那么深刻。原来在自然里所有的声音都是独奏,再美的声音也仅弹动我们的心弦①,可是竹林的交响整个包围了我,像是百人的交响乐团刚开始演奏的第一个紧锣密鼓②的乐章。那时候我才真正知道,为什么中国许多乐器是竹子制成的,因为没有一种自然的植物能发出像竹子那样清脆③、悠远、绵长的声音。

　　可惜的是我没有能录下竹子的声音,后来我去了几次,不是无雨,就是无风,或者有风有雨却不像原来配合得那么好。原来要听上好的自然声音是要有福分的,它变化无穷,每一刻全不相同,如果没有风,竹子只是竹子,有了风,竹子才变成音乐,而有风有雨,正好能让竹子磨擦生籁,竹子才成为交响乐。

　　失去对自然声音感悟的人是最可悲的,当有人说"风景美得像一幅画"时,境界便低了,因为画是静的,自然的风景是活的、动的;而除了目视,自然还提供各种声音,这种双重的组合才使自然超拔出人所能创造的境界。世上有无数艺术家,全是从自然中吸取灵感,但再好的艺术家,总无法完全捕捉自然的魂魄,因为自然是有声音有画面的,还是活的,时刻都在变化的,这些全是艺术达不到的境界。

　　最重要的是,再好的艺术一定有个结局。自然是没有结局的。人能绘下长江万里图令人动容,但永远不如长江的真情实景令人感动;人能录下蝉的鸣唱,但永远不能代替美丽的蝉在树梢唱出动人的歌声。

　　那一天,我在竹林里听到竹子随风吹笛,竟忘记了时间的流逝,等我走出竹林,夕阳已徘徊在山谷。雨早停了,我却好像经过了一声心灵的沐浴,把尘俗都洗去了。

【文本对话】

　　一、文章以"微微的雨"开篇,这样写,有哪些作用?

　　二、在描写"竹林的交响"时,还插入了很多描写蛙声、鸟声、雷声、蝉声、溪水声等的笔墨,有什么用意?

　　三、作者通过写"随风吹笛"得出了哪些感悟,请简要概括。

【实践活动】

　　作者说"竹子和竹叶的关系便是演奏者",他让一种"关系"成为"演奏者"。结合文意谈谈你的理解。

【知识链接】

　　林清玄(1953—2019),生于中国台湾地区高雄市。当代作家、散文家、诗人、学者,笔名有秦情、林漓、林大悲、林晚啼、侠安、晴轩、远亭等。他是中国台湾地区作家中最高产的一位,也是获得各类文学奖最多的一位,被誉为"当代散文八大作家"之一。林清玄的散文耐人寻味,立意往往可以由此及彼,由表及里。正如他曾说过文章要"向内探索,向外追寻"。他的散文创作通常起源于平常之物,在优化文字语言的同时,意蕴也会得到系统性展现,透露出生命的玄机,使读者在阅读的过程中产生怦然心动的感受。

---

① 心弦:指受到感动而产生共鸣的心。
② 紧锣密鼓:锣鼓点敲得很密,比喻正式或公开活动前的紧张的舆论准备。
③ 清脆:谓声音清晰悦耳。

五、伤逝——涓生的手记①

鲁迅②

【阅读提示】

"五四"以后,自由、民主、平等的思想口号作为中国觉醒青年的新的憧憬和理想涌入中国,"恋爱自由""婚姻自主""男女平等"对于青春期的青年学生则是更具有直接现实意义的要求。《伤逝——涓生的手记》是一篇全新的爱情小说,它第一次把笔触深入到青年男女婚后的情感关系中去,通过心灵自白和往事追述进行精细微妙的心理刻画。作者以"涓生手记"的方式叙述了在当时那个黑暗的社会时期,两个觉醒的知识分子为了爱情而不顾一切,走到一起,最终因社会的压力与生活的残酷而走向分离的爱情故事,悲凉无奈,两个打破世俗而结合在一起的恋人,最终因为现实的生存问题而走向分离。子君是一个敢爱敢恨的勇敢女子,她冲破封建家庭牢笼时表现出来的那种坚决态度,勇敢地和家庭抗争,无视社会的嘲讽和流言蜚语,义无反顾和涓生这个又穷又酸的书生在一起,毅然地投奔这份没有"面包"的爱情。涓生刚开始很勇敢,对爱情是执着的,但从本质上说,他依然受着封建思想的毒害,表现出守旧与懦弱。尤其是和子君生活在一起的时候,他的自私、虚伪、卑怯便慢慢地表现出来了。

如果我能够,我要写下我的悔恨和悲哀,为子君,为自己。

会馆③里的被遗忘在偏僻里的破屋是这样地寂静④和空虚。时光过得真快,我爱子君,仗着她逃出这寂静和空虚,已经满一年了。事情又这么不凑巧,我重来时,偏偏空着的又只有这一间屋。依然是这样的破窗,这样的窗外的半枯的槐树和老紫藤,这样的窗前的方桌,这样的败壁,这样的靠壁的板床。深夜中独自躺在床上,就如我未曾和子君同居以前一般,过去一年中的时光全被消灭,全未有过,我并没有曾经从这破屋子搬出,在吉兆胡同创立了满怀希望的小小的家庭。

不但如此。在一年之前,这寂静和空虚是并不这样的,常常含着期待;期待子君的到来。在久待的焦躁⑤中,一听到皮鞋的高底尖触着砖路的清响,是怎样地使我骤然⑥生动起来呵!于是就看见带着笑涡的苍白的圆脸,苍白的瘦的臂膊,布的有条纹的衫子,玄色的裙。她又带了窗外的半枯的槐树的新叶来,使我看见,还有挂在铁似的老干上的一房一房的紫白的藤花。

然而现在呢,只有寂静和空虚依旧,子君却决不再来了,而且永远,永远地!……

子君不在我这破屋里时,我什么也看不见。在百无聊赖⑦中,随手抓过一本书来,科学也好,文学也好,横竖什么都一样;看下去,看下去,忽而自己觉得,已经翻了十多页了,但是毫不

---

① 选自《彷徨》,人民文学出版社,1979年。
② 鲁迅(1881—1936),浙江绍兴人。曾用名周樟寿,后改名周树人,中国现代著名文学家、思想家、革命家。
③ 会馆:旧时同省、同府、同县或同业的人在京城、省城或国内外大商埠设立的机构,主要以馆址的房屋供同乡、同业聚会或寄寓。
④ 寂静:安静。
⑤ 焦躁:恼怒;急急而烦躁。
⑥ 骤然:突然;忽然。
⑦ 百无聊赖(lài):指精神无所依托,非常无聊。

记得书上所说的事。只是耳朵却分外地灵,仿佛听到大门外一切往来的履声,从中便有子君的,而且橐橐①地逐渐临近,——但是,往往又逐渐渺茫,终于消失在别的步声的杂沓②中了。我憎恶那不像子君鞋声的穿布底鞋的长班的儿子,我憎恶那太像子君鞋声的常常穿着新皮鞋的邻院的搽③雪花膏的小东西!

莫非她翻了车么?莫非她被电车撞伤了么?……

我便要取了帽子去看她,然而她的胞叔④就曾经当面骂过我。

蓦然⑤,她的鞋声近来了,一步响于一步,迎出去时,却已经走过紫藤棚下,脸上带着微笑的酒窝。她在她叔子的家里大约并未受气;我的心宁帖⑥了,默默地相视片时之后,破屋里便渐渐充满了我的语声,谈家庭专制,谈打破旧习惯,谈男女平等,谈伊孛生⑦,谈泰戈尔,谈雪莱……她总是微笑点头,两眼里弥漫着稚气的好奇的光泽。壁上就钉着一张铜板的雪莱半身像,是从杂志上裁下来的,是他的最美的一张像,当我指给她看时,她却只草草一看,便低了头,似乎不好意思了。这些地方,子君就大概还未脱尽旧思想的束缚,——我后来也想,倒不如换一张雪莱淹死在海里的纪念像或是伊孛生的罢;但也终于没有换,现在是连这一张也不知那里去了。

"我是我自己的,他们谁也没有干涉我的权利!"

这是我们交际了半年,又谈起她在这里的胞叔和在家的父亲时,她默想了一会之后,分明地,坚决地,沉静地说了出来的话。其时是我已经说尽了我的意见,我的身世,我的缺点,很少隐瞒;她也完全了解的了。这几句话很震动了我的灵魂,此后许多天还在耳中发响,而且说不出的狂喜,知道中国女性,并不如厌世家所说那样的无法可施,在不远的将来,便要看见辉煌的曙色⑧的。

送她出门,照例是相离十多步远;照例是那鲇鱼⑨须的老东西的脸又紧帖在脏的窗玻璃上了,连鼻尖都挤成一个小平面;到外院,照例又是明晃晃的玻璃窗里的那小东西的脸,加厚的雪花膏。她目不邪视地骄傲地走了,没有看见;我骄傲地回来。

"我是我自己的,他们谁也没有干涉我的权利!"这彻底的思想就在她的脑里,比我还透澈,坚强得多。半瓶雪花膏⑩和鼻尖的小平面,于她能算什么东西呢?

我已经记不清那时怎样地将我的纯真热烈的爱表示给她。岂但现在,那时的事后便已模糊,夜间回想,早只剩了一些断片了;同居以后一两月,便连这些断片也化作无可追踪的梦影。我只记得那时以前的十几天,曾经很仔细地研究过表示的态度,排列过措辞⑪的先后,以及倘或遭了拒绝以后的情形。可是临时似乎都无用,在慌张中,身不由己地竟用了在电影上见过的

---

① 橐橐(tuó):亦作"橐橐",象声词。多状硬物连续碰击声。
② 杂沓(tà):纷杂繁多貌。
③ 搽(chá):敷;涂抹。
④ 胞叔:指亲叔父。
⑤ 蓦然:不经心地;猛然。
⑥ 宁帖(tiē):指安定;平静。
⑦ 伊孛生:通译作"易卜生",易卜生(1828—1906),挪威戏剧家,欧洲近代戏剧的创始人。
⑧ 曙色:拂晓时的天色。
⑨ 鲇(nián)鱼:即"鲶鱼",属于脊椎动物亚门、硬骨鱼纲、辐鳍亚纲、鲇形目的一种鱼类。
⑩ 雪花膏:一种化妆品。用硬脂酸、甘油、苛性钾和香料等制成,通常为白色,可以滋润皮肤。
⑪ 措辞:亦作"措词"。说话。今多指说话或行文时选择词句。

方法了。后来一想到，就使我很愧怍①，但在记忆上却偏只有这一点永远留遗，至今还如暗室的孤灯一般，照见我含泪握着她的手，一条腿跪了下去……

不但我自己的，便是子君的言语举动，我那时就没有看得分明；仅知道她已经允许我了。但也还仿佛记得她脸色变成青白，后来又渐渐转作绯红②，——没有见过，也没有再见的绯红；孩子似的眼里射出悲喜，但是夹着惊疑的光，虽然力避我的视线，张皇③地似乎要破窗飞去。然而我知道她已经允许我了，没有知道她怎样说或是没有说。

她却是什么都记得：我的言辞，竟至于读熟了的一般，能够滔滔背诵；我的举动，就如有一张我所看不见的影片挂在眼下，叙述得如生，很细微，自然连那使我不愿再想的浅薄的电影的一闪。夜阑人静，是相对温习的时候了，我常是被质问，被考验，并且被命复述当时的言语，然而常须由她补足，由她纠正，像一个丁等的学生。

这温习后来也渐渐稀疏起来。但我只要看见她两眼注视空中，出神似的凝想着，于是神色越加柔和，笑窝也深下去，便知道她又在自修旧课了，只是我很怕她看到我那可笑的电影的一闪。但我又知道，她一定要看见，而且也非看不可的。

然而她并不觉得可笑。即使我自己以为可笑，甚而至于可鄙的，她也毫不以为可笑。这事我知道得很清楚，因为她爱我，是这样地热烈，这样地纯真。

去年的暮春是最为幸福，也是最为忙碌的时光。我的心平静下去了，但又有别一部分和身体一同忙碌起来。我们这时才在路上同行，也到过几回公园，最多的是寻住所。我觉得在路上时时遇到探索，讥笑，猥亵④和轻蔑的眼光，一不小心，便使我的全身有些瑟缩⑤，只得即刻提起我的骄傲和反抗来支持。她却是大无畏的，对于这些全不关心，只是镇静地缓缓前行，坦然如入无人之境。

寻住所实在不是容易事，大半是被托辞拒绝，小半是我们以为不相宜。起先我们选择得很苛酷⑥，——也非苛酷，因为看去大抵不像是我们的安身之所；后来，便只要他们能相容了。看了二十多处，这才得到可以暂且敷衍的处所，是吉兆胡同一所小屋里的两间南屋；主人是一个小官，然而倒是明白人，自住着正屋和厢房⑦。他只有夫人和一个不到周岁的女孩子，雇一个乡下的女工，只要孩子不啼哭，是极其安闲幽静的。

我们的家具很简单，但已经用去了我的筹来的款子的大半；子君还卖掉了她唯一的金戒指和耳环。我拦阻她，还是定要卖，我也就不再坚持下去了；我知道不给她加入一点股分去，她是住不舒服的。

和她的叔子，她早经闹开，至于使他气愤到不再认她做侄女；我也陆续和几个自以为忠告，其实是替我胆怯，或者竟是嫉妒的朋友绝了交。然而这倒很清静。每日办公散后，虽然已近黄昏，车夫又一定走得这样慢，但究竟还有二人相对的时候。我们先是沉默的相视，接着是放怀而亲密的交谈，后来又是沉默。大家低头沉思着，却并未想着什么事。我也渐渐清醒地读遍了她的身体，她的灵魂，不过三星期，我似乎于她已经更加了解，揭去许多先前以为了解而现在看

---

① 愧怍(nǜ)：惭愧。
② 绯(fēi)红：鲜红；通红。
③ 张皇：惊慌；慌张。
④ 猥亵(wěi xiè)：指下流；淫秽。
⑤ 瑟缩(sè suō)：瑟缩是象声词，指身体因寒冷、受惊等而蜷缩抖动。也指迟缓；迟疑。
⑥ 苛酷(kē kù)：苛刻残酷。
⑦ 厢房：正房两旁的房屋。

来却是隔膜,即所谓真的隔膜了。

子君也逐日活泼起来。但她并不爱花,我在庙会时买来的两盆小草花,四天不浇,枯死在壁角了,我又没有照顾一切的闲暇。然而她爱动物,也许是从官太太那里传染的罢,不一月,我们的眷属①便骤然加得很多,四只小油鸡,在小院子里和房主人的十多只在一同走。但她们却认识鸡的相貌,各知道那一只是自家的。还有一只花白的叭儿狗,从庙会买来,记得似乎原有名字,子君却给它另起了一个,叫作阿随。我就叫它阿随,但我不喜欢这名字。

这是真的,爱情必须时时更新,生长,创造。我和子君说起这,她也领会地点点头。

唉唉,那是怎样的宁静而幸福的夜啊!

安宁和幸福是要凝固的,永久是这样的安宁和幸福。我们在会馆里时,还偶有议论的冲突和意思的误会,自从到吉兆胡同以来,连这一点也没有了;我们只在灯下对坐的怀旧谭中,回味那时冲突以后的和解的重生一般的乐趣。

子君竟胖了起来,脸色也红活②了;可惜的是忙。管了家务便连谈天的工夫也没有,何况读书和散步。我们常说,我们总还得雇一个女工。

这就使我也一样地不快活,傍晚回来,常见她包藏着不快活的颜色,尤其使我不乐的是她要装作勉强的笑容。幸而探听出来了,也还是和那小官太太的暗斗,导火线便是两家的小油鸡③。但又何必硬不告诉我呢?人总该有一个独立的家庭。这样的处所,是不能居住的。

我的路也铸定了,每星期中的六天,是由家到局,又由局到家。在局里便坐在办公桌前钞④,钞,钞些公文和信件;在家里是和她相对或帮她生白炉子,煮饭,蒸馒头。我的学会了煮饭,就在这时候。

但我的食品却比在会馆里时好得多了。做菜虽不是子君的特长,然而她于此却倾注着全力;对于她的日夜的操心,使我也不能不一同操心,来算作分甘共苦。况且她又这样地终日汗流满面,短发都粘在脑额上;两只手又只是这样地粗糙起来。

况且还要饲阿随,饲油鸡,……都是非她不可的工作。

我曾经忠告她:我不吃,倒也罢了;却万不可这样地操劳。她只看了我一眼,不开口,神色却似乎有点凄然⑤;我也只好不开口。然而她还是这样地操劳。

我所豫期的打击果然到来。双十节的前一晚,我呆坐着,她在洗碗。听到打门声,我去开门时,是局里的信差,交给我一张油印的纸条。我就有些料到了,到灯下去一看,果然,印着的就是:

奉局长谕史涓生着毋庸到局办事秘书处启十月九号

这在会馆里时,我就早已料到了;那雪花膏便是局长的儿子的赌友,一定要去添些谣言,设法报告的。到现在才发生效验⑥,已经要算是很晚的了,其实这在我不能算是一个打击,因为我早就决定,可以给别人去钞写,或者教读,或者虽然费力,也还可以译点书,况且《自由之友》的总编辑便是见过几次的熟人,两月前还通过信。但我的心却跳跃着。那么一个无畏的子君

---

① 眷属:指家眷、亲属或夫妻。
② 红活:红润有生气。
③ 油鸡:鸡的一个品种,羽毛多为黄色或红褐色,脚上有羽毛,身体较肥,卵较大。
④ 钞:现在写作"抄"。
⑤ 凄然:凄凉悲伤貌。
⑥ 效验:成效;效果。

也变了色,尤其使我痛心;她近来似乎也较为怯弱①了。

"那算什么。哼,我们干新的。我们……。"她说。

她的话没有说完;不知怎地,那声音在我听去却只是浮浮的;灯光也觉得格外黯淡。人们真是可笑的动物,一点极微末的小事情,便会受着很深的影响。我们先是默默地相视,逐渐商量起来,终于决定将现有的钱竭力节省,一面登"小广告"去寻求钞写和教读,一面写信给《自由之友》的总编辑,说明我目下的遭遇,请他收用我的译本,给我帮一点艰辛时候的忙。

"说做,就做罢!来开一条新的路!"我立刻转身向了书案②,推开盛香油的瓶子和醋碟,子君便送过那黯淡的灯来。我先拟广告;其次是选定可译的书,迁移以来未曾翻阅过,每本的头上都满漫着灰尘了;最后才写信。

我很费踌躇③,不知道怎样措辞好,当停笔凝思的时候,转眼去一瞥④她的脸,在昏暗的灯光下,又很见得凄然。我真不料这样微细的小事情,竟会给坚决的,无畏的子君以这么显著的变化。她近来实在变得很怯弱了,但也并不是今夜才开始的。我的心因此更缭乱⑤,忽然有安宁的生活的影像——会馆里的破屋的寂静,在眼前一闪,刚刚想定睛凝视,却又看见了昏暗的灯光。

许久之后,信也写成了,是一封颇长的信;很觉得疲劳,仿佛近来自己也较为怯弱了。于是我们决定,广告和发信,就在明日一同实行。大家不约而同地伸直了腰肢,在无言中,似乎又都感到彼此的坚忍崛强⑥的精神,还看见从新萌芽起来的将来的希望。

外来的打击其实倒是振作了我们的新精神。局里的生活,原如鸟贩子手里的禽鸟一般,仅有一点小米维系残生,决不会肥胖;日子一久,只落得麻痹了翅子⑦,即使放出笼外,早已不能奋飞。现在总算脱出这牢笼了,我从此要在新的开阔的天空中翱翔,趁我还未忘却了我的翅子的扇动。

小广告是一时自然不会发生效力的;但译书也不是容易事,先前看过,以为已经懂得的,一动手,却疑难百出了,进行得很慢。然而我决计努力地做,一本半新的字典,不到半月,边上便有了一大片乌黑的指痕,这就证明着我的工作的切实。《自由之友》的总编辑曾经说过,他的刊物是决不会埋没好稿子的。

可惜的是我没有一间静室,子君又没有先前那么幽静,善于体帖了,屋子里总是散乱着碗碟,弥漫着煤烟,使人不能安心做事,但是这自然还只能怨我自己无力置一间书斋⑧。然而又加以阿随,加以油鸡们。加以油鸡们又大起来了,更容易成为两家争吵的引线⑨。

加以每日的"川流不息"的吃饭;子君的功业,仿佛就完全建立在这吃饭中。吃了筹钱,筹来吃饭,还要喂阿随,饲油鸡;她似乎将先前所知道的全都忘掉了,也不想到我的构思就常常为了这催促吃饭而打断。即使在坐中给看一点怒色,她总是不改变,仍然毫无感触似的大嚼起来。

---

① 怯弱:胆小;懦弱。
② 书案:长形的书桌。
③ 踌躇(chóu chú):意为犹豫不决。
④ 瞥(piē):很快地看一下。
⑤ 缭乱:撩乱;纷乱。
⑥ 崛强(qiáng):桀骜不驯、刚强、生硬。
⑦ 翅子:指鱼翅;方言,指翅膀。
⑧ 书斋:指书房。
⑨ 引线:导火线。

使她明白了我的作工不能受规定的吃饭的束缚，就费去五星期。她明白之后，大约很不高兴罢，可是没有说。我的工作果然从此较为迅速地进行，不久就共译了五万言，只要润色一回，便可以和做好的两篇小品，一同寄给《自由之友》去。只是吃饭却依然给我苦恼。菜冷，是无妨的，然而竟不够；有时连饭也不够，虽然我因为终日坐在家里用脑，饭量已经比先前要减少得多。这是先去喂了阿随了，有时还并那近来连自己也轻易不吃的羊肉。她说，阿随实在瘦得太可怜，房东太太还因此嗤笑①我们了，她受不住这样的奚落②。

于是吃我残饭的便只有油鸡们。这是我积久才看出来的，但同时也如赫胥黎的论定"人类在宇宙间的位置"一般，自觉了我在这里的位置：不过是叭儿狗和油鸡之间。

后来，经多次的抗争和催逼，油鸡们也逐渐成为肴馔③，我们和阿随都享用了十多日的鲜肥；可是其实都很瘦，因为它们早已每日只能得到几粒高粱了。从此便清静得多。只有子君很颓唐，似乎常觉得凄苦和无聊，至于不大愿意开口。我想，人是多么容易改变呵！

但是阿随也将留不住了。我们已经不能再希望从什么地方会有来信，子君也早没有一点食物可以引它打拱或直立起来。冬季又逼近得这么快，火炉就要成为很大的问题；它的食量，在我们其实早是一个极易觉得的很重的负担。于是连它也留不住了。

倘使插了草标到庙市去出卖，也许能得几文钱罢，然而我们都不能，也不愿这样做。终于是用包袱蒙着头，由我带到西郊去放掉了，还要追上来，便推在一个并不很深的土坑里。

我一回寓，觉得又清静得多多了；但子君的凄惨④的神色，却使我很吃惊。那是没有见过的神色，自然是为阿随。但又何至于此呢？我还没有说起推在土坑里的事。

到夜间，在她的凄惨的神色中，加上冰冷的分子了。

"奇怪。——子君，你怎么今天这样儿了？"我忍不住问。

"什么？"她连看也不看我。

"你的脸色……。"

"没有什么，——什么也没有。"

我终于从她言动⑤上看出，她大概已经认定我是一个忍心的人。其实，我一个人，是容易生活的，虽然因为骄傲，向来不与世交来往，迁居以后，也疏远了所有旧识的人，然而只要能远走高飞，生路还宽广得很。现在忍受着这生活压迫的苦痛，大半倒是为她，便是放掉阿随，也何尝不如此，但子君的识见却似乎只是浅薄起来，竟至于连这一点也想不到了。

我拣了一个机会，将这些道理暗示她；她领会似的点头。然而看她后来的情形，她是没有懂，或者是并不相信的。

天气的冷和神情的冷，逼迫我不能在家庭中安身。但是往那里去呢？大道上，公园里，虽然没有冰冷的神情，冷风究竟也刺得人皮肤欲裂。我终于在通俗图书馆里觅得了我的天堂。

那里无须买票；阅书室里又装着两个铁火炉。纵使不过是烧着不死不活的煤的火炉，但单是看见装着它，精神上也就总觉得有些温暖。书却无可看：旧的陈腐，新的是几乎没有的。

好在我到那里去也并非为看书。另外时常还有几个人，多则十余人，都是单薄衣裳，正如

---

① 嗤笑：指讥笑。
② 奚落：指冷落；怠慢。
③ 肴馔（zhuàn）：指丰盛的菜肴。
④ 凄惨：凄凉悲惨。
⑤ 言动：言行。

我,各人看各人的书,作为取暖的口实①。这于我尤为合式。道路上容易遇见熟人,得到轻蔑的一瞥,但此地却决无那样的横祸,因为他们是永远围在别的铁炉旁,或者靠在自家的白炉边的。

那里虽然没有书给我看,却还有安闲容得我想。待到孤身枯坐,回忆从前,这才觉得大半年来,只为了爱,——盲目的爱,——而将别的人生的要义全盘疏忽了。第一,便是生活。人必生活着,爱才有所附丽②。世界上并非没有为了奋斗者而开的活路;我也还未忘却翅子的扇动,虽然比先前已经颓唐得多……。

屋子和读者渐渐消失了,我看见怒涛中的渔夫,战壕中的兵士,摩托车中的贵人,洋场上的投机家,深山密林中的豪杰,讲台上的教授,昏夜的运动者和深夜的偷儿……。子君,——不在近旁。她的勇气都失掉了,只为着阿随悲愤,为着做饭出神;然而奇怪的是倒也并不怎样瘦损③……。

冷了起来,火炉里的不死不活的几片硬煤,也终于烧尽了,已是闭馆的时候。又须回到吉兆胡同,领略冰冷的颜色去了。近来也间或遇到温暖的神情,但这却反而增加我的苦痛。记得有一夜,子君的眼里忽然又发出久已不见的稚气的光来,笑着和我谈到还在会馆时候的情形,时时又很带些恐怖的神色。我知道我近来的超过她的冷漠,已经引起她的忧疑④来,只得也勉力谈笑,想给她一点慰藉⑤。然而我的笑貌一上脸,我的话一出口,却即刻变为空虚,这空虚又即刻发生反响,回向我的耳目里,给我一个难堪的恶毒的冷嘲。

子君似乎也觉得的,从此便失掉了她往常的麻木似的镇静,虽然竭力掩饰,总还是时时露出忧疑的神色来,但对我却温和得多了。

我要明告⑥她,但我还没有敢,当决心要说的时候,看见她孩子一般的眼色,就使我只得暂且改作勉强的欢容。但是这又即刻来冷嘲我,并使我失却那冷漠的镇静。

她从此又开始了往事的温习和新的考验,逼我做出许多虚伪的温存的答案来,将温存示给她,虚伪的草稿便写在自己的心上。我的心渐被这些草稿填满了,常觉得难于呼吸。我在苦恼中常常想,说真实自然须有极大的勇气的;假如没有这勇气,而苟安于虚伪,那也便是不能开辟新的生路的人。不独不是这个,连这人也未尝有!

子君有怨色⑦,在早晨,极冷的早晨,这是从未见过的,但也许是从我看来的怨色。我那时冷冷地气愤和暗笑了;她所磨练的思想和豁达无畏的言论,到底也还是一个空虚,而对于这空虚却并未自觉。她早已什么书也不看,已不知道人的生活的第一着是求生,向着这求生的道路,是必须携手同行,或奋身孤往的了,倘使只知道搥着一个人的衣角,那便是虽战士也难于战斗,只得一同灭亡。

我觉得新的希望就只在我们的分离;她应该决然舍去,——我也突然想到她的死,然而立刻自责,忏悔了。幸而是早晨,时间正多,我可以说我的真实。我们的新的道路的开辟,便在这一遭。

---

① 口实:借口。
② 附丽:附着;依附。
③ 瘦损:消瘦。
④ 忧疑:忧虑疑惧。
⑤ 慰藉:抚慰;安慰。
⑥ 明告:明白告知。
⑦ 怨色:怨恨的神态。

我和她闲谈，故意地引起我们的往事，提到文艺，于是涉及外国的文人，文人的作品：《诺拉》，《海的女人》。称扬诺拉的果决……。也还是去年在会馆的破屋里讲过的那些话，但现在已经变成空虚，从我的嘴传入自己的耳中，时时疑心有一个隐形的坏孩子，在背后恶意地刻毒地学舌。

她还是点头答应着倾听，后来沉默了。我也就断续地说完了我的话，连余音都消失在虚空中了。

"是的。"她又沉默了一会，说，"但是，……涓生，我觉得你近来很两样了。可是的？你，——你老实告诉我。"

我觉得这似乎给了我当头一击，但也立即定了神，说出我的意见和主张来：新的路的开辟，新的生活的再造，为的是免得一同灭亡。

临末，我用了十分的决心，加上这几句话：

"……况且你已经可以无须顾虑，勇往直前了。你要我老实说；是的，人是不该虚伪的。我老实说罢：因为，因为我已经不爱你了！但这于你倒好得多，因为你更可以毫无挂念地做事……。"

我同时豫期着大的变故的到来，然而只有沉默。她脸色陡然①变成灰黄，死了似的；瞬间便又苏生②，眼里也发了稚气的闪闪的光泽。这眼光射向四处，正如孩子在饥渴中寻求着慈爱的母亲，但只在空中寻求，恐怖地回避着我的眼。

我不能看下去了，幸而是早晨，我冒着寒风径奔通俗图书馆。

在那里看见《自由之友》，我的小品文都登出了。这使我一惊，仿佛得了一点生气。我想，生活的路还很多，——但是，现在这样也还是不行的。

我开始去访问久已不相闻问的熟人，但这也不过一两次；他们的屋子自然是暖和的，我在骨髓中却觉得寒冽③。夜间，便蜷伏④在比冰还冷的冷屋中。

冰的针刺着我的灵魂，使我永远苦于麻木的疼痛。生活的路还很多，我也还没有忘却翅子的扇动，我想。——我突然想到她的死，然而立刻自责，忏悔了。

在通俗图书馆里往往瞥见一闪的光明，新的生路横在前面。她勇猛地觉悟了，毅然走出这冰冷的家，而且，——毫无怨恨的神色。我便轻如行云，漂浮空际，上有蔚蓝的天，下是深山大海，广厦高楼，战场，摩托车，洋场，公馆，晴明的闹市，黑暗的夜……。

而且，真的，我豫感得这新生面便要来到了。

我们总算度过了极难忍受的冬天，这北京的冬天；就如蜻蜓落在恶作剧的坏孩子的手里一般，被系着细线，尽情玩弄，虐待，虽然幸而没有送掉性命，结果也还是躺在地上，只争着一个迟早之间。

写给《自由之友》的总编辑已经有三封信，这才得到回信，信封里只有两张书券：两角的和三角的。我却单是催，就用了九分的邮票，一天的饥饿，又都白挨给于己一无所得的空虚了。

然而觉得要来的事，却终于来到了。

这是冬春之交的事，风已没有这么冷，我也更久地在外面徘徊；待到回家，大概已经昏黑。

---

① 陡然：骤然，突然。
② 苏生：复活；苏醒。引申为觉醒。
③ 寒冽（liè）：寒冷。
④ 蜷伏（quán fú）：曲身卧倒。

就在这样一个昏黑的晚上,我照常没精打采地回来,一看见寓所的门,也照常更加丧气,使脚步放得更缓。但终于走进自己的屋子里了,没有灯火;摸火柴点起来时,是异样的寂寞和空虚!

正在错愕①中,官太太便到窗外来叫我出去。

"今天子君的父亲来到这里,将她接回去了。"她很简单地说。

这似乎又不是意料中的事,我便如脑后受了一击,无言地站着。

"她去了么?"过了些时,我只问出这样一句话。

"她去了。"

"她,——她可说什么?"。

"没说什么。单是托我见你回来时告诉你,说她去了。"

我不信;但是屋子里是异样的寂寞和空虚。我遍看各处,寻觅子君;只见几件破旧而黯淡的家具,都显得极其清疏②,在证明着它们毫无隐匿③一人一物的能力。我转念寻信或她留下的字迹,也没有;只是盐和干辣椒,面粉,半株白菜,却聚集在一处了。旁边还有几十枚铜元。这是我们两人生活材料的全副,现在她就郑重④地将这留给我一个人,在不言中,教我借此去维持较久的生活。

我似乎被周围所排挤,奔到院子中间,有昏黑在我的周围;正屋的纸窗上映出明亮的灯光,他们正在逗着孩子玩笑。我的心也沉静下来,觉得在沉重的迫压中,渐渐隐约地现出脱走的路径:深山大泽,洋场⑤,电灯下的盛筵,壕沟⑥,最黑最黑的深夜,利刃的一击,毫无声响的脚步……。

心地有些轻松,舒展了,想到旅费,并且嘘一口气。

躺着,在合着的眼前经过的豫想的前途,不到半夜已经现尽;暗中忽然仿佛看见一堆食物,这之后,便浮出一个子君的灰黄的脸来,睁了孩子气的眼睛,恳托似的看着我。我一定神,什么也没有了。

但我的心却又觉得沉重。我为什么偏不忍耐几天,要这样急急地告诉她真话的呢?现在她知道,她以后所有的只是她父亲——儿女的债主——烈日一般的严威和旁人的赛过冰霜的冷眼。此外便是虚空。负着虚空的重担,在严威和冷眼中走着所谓人生的路,这是怎么可怕的事呵!而况这路的尽头,又不过是——连墓碑也没有的坟墓。

我不应该将真实说给子君,我们相爱过,我应该永久奉献她我的说谎。如果真实可以宝贵,这在子君就不该是一个沉重的空虚。谎语当然也是一个空虚。然而临末,至多也不过这样地沉重。

我以为将真实说给子君,她便可以毫无顾虑,坚决地毅然前行,一如我们将要同居时那样。但这恐怕是我错误了。她当时的勇敢和无畏是因为爱。

我没有负着虚伪的重担的勇气,却将真实的重担卸给她了。她爱我之后,就要负了这重担,在严威和冷眼中走着所谓人生的路。

我想到她的死……。我看见我是一个卑怯者,应该被摈于强有力的人们,无论是真实者,

---

① 错愕:仓促间感到惊愕。
② 清疏:稀疏。
③ 隐匿:隐瞒;隐藏。
④ 郑重:庄严,庄重。
⑤ 洋场:旧指洋人较多的都市。
⑥ 壕沟(háo gōu):沟渠;水道。

虚伪者。然而她却自始至终，还希望我维持较久的生活……。

我要离开吉兆胡同，在这里是异样的空虚和寂寞。我想，只要离开这里，子君便如还在我的身边；至少，也如还在城中，有一天，将要出乎意表①地访我，像住在会馆时候似的。

然而一切请托②和书信，都是一无反响；我不得已，只好访问一个久不问候的世交去了。他是我伯父的幼年的同窗，以正经出名的拔贡③，寓京很久，交游也广阔的。

大概因为衣服的破旧罢，一登门便很遭门房的白眼。好容易才相见，也还相识，但是很冷落。我们的往事，他全都知道了。

"自然，你也不能在这里了，"他听了我托他在别处觅事之后，冷冷地说，"但那里去呢？很难。——你那，什么呢，你的朋友罢，子君，你可知道，她死了。"

我惊得没有话。

"真的？"我终于不自觉地问。

"哈哈。自然真的。我家的王升的家，就和她家同村。"

"但是，——不知道是怎么死的？"

"谁知道呢。总之是死了就是了。"

我已经忘却了怎样辞别他，回到自己的寓所。我知道他是不说谎话的；子君总不会再来的了，像去年那样。她虽是想在严威和冷眼中负着虚空的重担来走所谓人生的路，也已经不能。她的命运，已经决定她在我所给与的真实——无爱的人间死灭了！

自然，我不能在这里了；但是，"那里去呢？"

四围是广大的空虚，还有死的寂静。死于无爱的人们的眼前的黑暗，我仿佛一一看见，还听得一切苦闷和绝望的挣扎的声音。

我还期待着新的东西到来，无名的，意外的。但一天一天，无非是死的寂静。

我比先前已经不大出门，只坐卧在广大的空虚里，一任这死的寂静侵蚀着我的灵魂。死的寂静有时也自己战栗，自己退藏，于是在这绝续之交，便闪出无名的，意外的，新的期待。

一天是阴沉的上午，太阳还不能从云里面挣扎出来，连空气都疲乏着。耳中听到细碎的步声和咻咻④的鼻息，使我睁开眼。大致一看，屋子里还是空虚；但偶然看到地面，却盘旋着一匹小小的动物，瘦弱的，半死的，满身灰土的……。

我一细看，我的心就一停，接着便直跳起来。

那是阿随。它回来了。

我的离开吉兆胡同，也不单是为了房主人们和他家女工的冷眼，大半就为着这阿随。但是，"那里去呢？"新的生路自然还很多，我约略知道，也间或依稀看见，觉得就在我面前，然而我还没有知道跨进那里去的第一步的方法。

经过许多回的思量和比较，也还只有会馆是还能相容的地方。依然是这样的破屋，这样的板床，这样的半枯的槐树和紫藤，但那时使我希望，欢欣，爱，生活的，却全都逝去了，只有一个虚空，我用真实去换来的虚空存在。

新的生路还很多，我必须跨进去，因为我还活着。但我还不知道怎样跨出那第一步。有

---

① 出乎意表：出于意料之外。
② 请托：谓以私事相嘱托；走门路，通关节。
③ 拔贡：科举制度中选拔贡入国子监的生员的一种。
④ 咻咻(xiū xiū)：形容喘气。

时,仿佛看见那生路就像一条灰白的长蛇,自己蜿蜒①地向我奔来,我等着,等着,看看临近,但忽然便消失在黑暗里了。

初春的夜,还是那么长。长久的枯坐中记起上午在街头所见的葬式②,前面是纸人纸马,后面是唱歌一般的哭声。我现在已经知道他们的聪明了,这是多么轻松简截③的事。

然而子君的葬式却又在我的眼前,是独自负着虚空的重担,在灰白的长路上前行,而又即刻消失在周围的严威和冷眼里了。

我愿意真有所谓鬼魂,真有所谓地狱,那么,即使在孽风④怒吼之中,我也将寻觅子君,当面说出我的悔恨和悲哀,祈求她的饶恕;否则,地狱的毒焰将围绕我,猛烈地烧尽我的悔恨和悲哀。

我将在孽风和毒焰中拥抱子君,乞她宽容,或者使她快意……。

但是,这却更虚空于新的生路;现在所有的只是初春的夜,竟还是那么长。我活着,我总得向着新的生路跨出去,那第一步,——却不过是写下我的悔恨和悲哀,为子君,为自己。

我仍然只有唱歌一般的哭声,给子君送葬,葬在遗忘中。

我要遗忘;我为自己,并且要不再想到这用了遗忘给子君送葬。

我要向着新的生路跨进第一步去,我要将真实深深地藏在心的创伤中,默默地前行,用遗忘⑤和说谎做我的前导⑥……。

一九二五年十月二十一日毕

【文本对话】

一、分析子君和涓生的人物形象。
二、涓生和子君爱情悲剧的原因和意义是什么?
三、分析《伤逝》的主要艺术特色。

【实践活动】

课后观看《大红灯笼高高挂》,思考颂莲与子君这些女性命运悲剧的根源何在?

【知识链接】

鲁迅(1881—1936),20世纪中国文化巨人,现代文学家、思想家。浙江绍兴人,幼名周樟寿,字豫山,后改为豫才。1898年起,改为树人。1918年发表《狂人日记》时开始使用笔名鲁迅。代表作:《狂人日记》《朝花夕拾》《呐喊》《野草》《阿Q正传》《记念刘和珍君》《伤逝》《彷徨》《论睁了眼看》《从百草园到三味书屋》等。《呐喊》是现代文学家鲁迅的短篇小说集,收录鲁迅于1918年至1922年所作的14篇短篇小说。《彷徨》收录了《祝福》《在酒楼上》《伤逝》等11篇小说。作品表达了作者彻底、不妥协地反对封建主义的精神,是中国革命思想的镜子。《朝花夕拾》原名《旧事重提》,此文集作为"回忆的记事",多侧面地反映了鲁迅青少年时期的生活,形象地反映了他的性格和志趣的形成经过。

---

① 蜿蜒(wān yán):龙蛇等曲折爬行貌。
② 葬式:葬礼。
③ 简截:简单直接。
④ 孽风:恶风;妖风。
⑤ 遗忘:忘记。
⑥ 前导:引路的人;向导。

下篇:实用文写作

第一单元

计划、总结

一、计划

（一）计划的含义

计划是党政机关、社会团体、企事业单位和个人为了实现某一管理目标、完成某项任务或开展某项工作而预先做出安排与部署的一种事务文书。

计划是计划类文书的统称，也是各种计划最常用的名称。这类文书由于时限不等、详略有别、成书程序不同，因此还使用规划、设想、安排、意见、打算、方案、要点等名称。

"规划"是一种长远、宏大的计划，时间长，范围广，内容概括，富有鼓动性，由于时间长（一般用于5年以上），情况又在不断变化，所以制订"规划"时不可能很具体，如《××信息职业技术学院六年发展规划》。

"设想"，在时间上可以是远期的，也可以是近期的，对工作任务做粗线条、非正式的安排，还有待于进一步完善，如《××省图书馆关于人事制度改革的设想》。

"安排"，是短期的计划，它范围较小，任务明确，内容单一，措施明确具体，适用于单项的具体工作，如《××局关于开展"三个代表"的学习安排》。

"意见"，是一个阶段内的，一般是上级对下级，内容是粗线条的。

"打算"，一般是近期的，内容较粗略，如《××大学关于××纪念活动的打算》。

"方案"，是对专业性比较强的单项工作进行较全面、周密具体的布置和安排，包括目的要求、方式方法、时间安排，如《××市旧城区改造方案》《××大桥修建方案》。

"要点"，是纲要性的计划，只订出未来短时间内工作的主要内容，内容比较简明、概括，只是原则性的安排，如《××信息职业技术学院××××年第一季度工作要点》。

（二）计划的作用

古人云："凡事预则立，不预则废。"计划具有以下的作用。

1. 明确目标，提高工效

无论做什么工作，有了计划，就有了明确的目标和努力的方向，人们对全局和整个工作过程心中有数，就能减少盲目性、随意性，增强自觉性、主动性，就能充分发挥各自的作用，不走弯路，少受挫折，建立正常的工作秩序，提高工作效率。

2. 统一思想，协调行动

无数事实证明，领导做出宏观决策之后，必须有相应的计划来统一大家的思想，协调各个环节和各部门的工作，心往一处想，劲往一处使，围绕整体目标有条不紊地开展工作。有些计划需要上报、下发或者外送，这样可以得到上级的支持、帮助，以及有关部门的积极配合，也可以鼓舞下属的斗志。在上下各方齐心协力的努力下，便能够如期圆满地完成各项任务。

3. 掌握进程，便于督促检查

计划制订之后，领导可按照计划合理安排和调度人力、财力、物力，可根据客观情况的变化和反馈的信息，及时对计划内容加以调整修订。计划也是领导和上级机关检查督促下级机关、下级部门工作状况的依据和标准。

（三）计划的特点

计划具有以下的特点。

1. 预想性

计划是在预测的基础上，对未来的工作任务所做的科学、合理的构想和安排。因此，制订计划时，要在正确认识和把握现实的基础上，尽可能做出准确的预见和合理的安排。针对计划中提出来的目标、任务，其完成的步骤和措施虽然依据现实的可行性而定，但着眼点是对下一阶段的工作进行规划和安排。计划是前进方向上的"路标"，因而预想性的成分较多。可以说，没有预想就没有计划。因此，只有高瞻远瞩，对各种情况和各项工作中可能出现的问题和遇到的困难有充分的估计，计划才能切实可行，顺利实施。

2. 指导性

上级机关制订的计划具有约束力，下级机关必须遵照执行。领导的决策通过计划具体化、行动化、可操作化，下级机关只有努力完成、认真落实，才能保证决策目标的实现和计划的完成。本单位、部门或个人的计划，也是本单位、部门和个人行动的指南。

3. 可行性

计划制订出来是为了贯彻执行的。一个合理的计划是实现管理目标的保证。计划所制订的目标任务应具有一定的高度和挑战性，能够激发人们为顺利完成任务而不断努力，创造出佳绩。因而制订计划时必须重视计划的科学性和可行性。目标任务要有一定的高度，同时经过主观努力又能实现。如果定得过高，使人望而却步，就难以实施；如果定得太低，不利于调动群众的积极性和创造性，则失去了制订计划的意义。目标任务应该定得既积极又稳妥，措施与办法要切实可行。如果在执行计划时，发现有不妥之处，要及时修改。因此，制订计划应该以正确的观点做指导，对事物进行科学的分析，找到实施的正确途径和办法，以保证计划的切实可行。

4. 具体性

计划是检查落实完成任务情况的具体依据，一旦成文就要遵照执行。计划对实践具有指导作用，未来的工作要在计划的规范下具体落实，督促检查工作也以此为依据。因此，在制订计划时要考虑周密，写明完成计划的具体办法、措施、完成任务的具体时间，这样才便于计划的实现。

5. 可变性

计划是事先对未来工作做出的设想和安排，并非不可更改。生活和工作中会遇到原先想象不到的情况变化，因此，在实施计划的过程中，相应地做出局部的修改和调整，也是合情合理的事。经过修改的计划，更便于实施和完成。

（四）计划的种类

根据不同的标准，计划可分为不同的种类。

（1）按性质划分，有综合性计划和专题性计划。

（2）按内容划分，有工作计划、生产计划、学习计划、科研计划、销售计划等，其内容与各单位、各行业的业务工作有密切关系。

（3）按时间划分，有长期计划、中期计划、短期计划、年度计划、季度计划、月份计划、周计划、每日计划（安排）等。

（4）按范围划分，有国际协作计划、国家计划、省市计划、地区计划、部门计划、单位计划、个人计划等。

（5）按形式划分，有条文式计划、表格式计划、条文加表格式计划等。

（五）计划的结构与写法

计划的写作有条文式和表格式，有的两者兼用。条文式计划是将三项内容分解成若干条目用文字表述。表格式计划是将三项内容具体分解成表格的若干栏目。条文加表格式计划中，有的以文字表述为主，列表格为依据；有的以表格为主附文字作为说明。

无论采用哪种形式撰写计划，一般都应写明在未来一段时间内，应完成的任务、达到的目标及为完成提出的目标任务所采取的方法、措施。也就是"在什么时间内"、"做什么"和"怎么做"。计划的格式与写法没有统一的规定，但在具体的写作过程中，仍有一定的规律可循。

1. 条文式计划

条文式计划一般由标题、正文、落款三部分组成。

1）标题

标题是计划的名称，主要有公文式和文章式两种写法。

公文式的计划标题一般包含单位名称、适用期限、内容概要和计划种类四个要素。如《××市××局××××年第一季度工作计划》《××职业学院××××年招生工作计划》。标题的四要素并不是每一份计划都必须具备的，其中的有些要素可以省略，或省略时间，如《××市××局关于对外文化交流的计划》；或省略单位名称，如《××××年科研工作计划》；或省略单位名称、时间，如《关于加强秋季传染病防控工作的安排》。如果是个人计划，姓名不必写在标题内。如计划尚不成熟或是仅供讨论，则要在标题后注明"草案"、"初稿"或"讨论稿"、"征求意见稿"，并加圆括号，如《××市城乡建设委员会关于××××市政建设计划的安排（草案）》。

文章式的计划标题常由正标题和副标题组成。正标题用来概括计划内容、揭示主题；副标题标明单位名称、时间范围和计划种类，如《奋力拼搏，再创辉煌——××××年××省体育工作计划》。

2）正文

计划的正文通常包括开头、主体、结尾三部分内容。

（1）开头。

开头又称为前言，主要写制订计划的依据、目的要求或背景形势、指导思想、目标等，有时还要分析一下基本情况。表述时一般用"根据……""为……"之类的介词结构起笔。开头部分的末尾一般用"为此，特制订计划如下""特对××××年工作提出如下意见""为此我们将做好以下方面的工作"等过渡语句转入主体部分。如"根据《××学院××××年教学工作计划》，为了更好地完成本学年的工作任务，使我部工作再上一个新台阶，特制订计划如下"。

开头部分内容要写得简明扼要，切忌冗长，不宜过多论述，点到为止。不同计划对上述内容可以有不同的取舍和侧重。内容简单的计划也可以省略开头部分。

（2）主体。

主体部分一般要写清计划的三要素，即目标任务（"做什么"）、措施办法（"怎么做"）、步骤（"什么时间做什么事"）。

目标任务是制订计划的出发点，是计划的核心内容。目标任务就是在一定时间内要达到的指标、要完成的工作任务。这一内容要写得明确、具体，不能含糊、笼统，要写出完成任务的数量、质量，让计划的执行者明确在未来的一段时间里应"做什么""做到什么程度"。目标任务要重点明确，主次分明。

措施办法是为实现目标而采取的方法。措施办法是实现目标的保证，只有目标任务，没有具体措施办法，计划就无法完成。措施办法包括如何调动人员的积极性，如何克服工作中出现的问题，如何合理安排人力、物力、财力，如何进行科学管理，对部门人员提出什么具体要求，提供哪些指导性意见。

步骤是对工作进程的具体安排，包括工作进度和时间安排，要明确工作分几个阶段进行，每个阶段的时限，先完成什么任务，后完成什么任务，达到什么样的程度。计划的各步骤要环环紧扣，安排合理，可行性强。

计划的主体部分在结构的安排上有以下三种方法。

第一，把目标、措施、步骤分为三个部分，依次写明，例如：

本年度的工作目标是：

一、××××××

二、××××××

三、××××××

……

为实行上述目标，我们将采取如下措施：

一、××××××

二、××××××

三、××××××

……

我们将按如下几个步骤开展工作：

一、××××××

二、××××××

三、××××××

……

第二，把目标、措施、步骤合起来写，即写完一项任务后，接着就写为完成这项任务而采取的措施办法、步骤安排，然后再写另一项任务及为完成这项任务而采取的措施办法和步骤安排。

第三，把正文分两部分，"目标"为一部分，"措施""步骤"为另一部分，把"措施"、"步骤"两者糅合在一起来写。计划的正文采取哪种结构方法，应根据内容的需要而定。

（3）结尾。

计划的结尾，或展望实现计划的前景；或提出希望号召，激励大家为实现计划而努力；或提出执行计划应注意的问题,分析实施计划中可能出现的问题和遇到的困难;或提出检查修改的办法;或明确工作重点。内部使用的计划和日常事务性计划,写完正文主体内容后即可结束,不必再加结尾。

3) 落款

在计划正文的右下方写清制订单位名称(个人计划写明个人的姓名),在单位名称下面写明制订计划的具体日期。如单位名称已经写入标题,落款处也可不再署名。如果是上报或下达的计划,还应加盖公章。

此外,计划如有附属文件,如表格、图文等,必须在落款的左下方顶格写"附件"两字,然后全称交代附件名称和件数。附件不止一个时,应分行列出。有时也可将附件栏置于正文左下方、落款左上方顶格书写。

2. 表格式计划

表格式计划是把计划的内容一项一项用表格的形式加以罗列,并辅以简要的文字说明。这种形式非常便于对照检查,企业单位和经济管理部门定期的、以具体数据为任务指标的计划,宜用这种形式。如经济管理部门下达经济任务的计划,企业的生产、销售计划,成本计划,财务计划等,既是定期制订,又以具体数据为主,用表格式最合适。

使用表格形式写作计划,在设置表格栏目时,要特别注意处理好指标大类与细目的逻辑关系。指标的分类和将指标大类分解成的细目要按主管部门规定的统一口径进行,并排好其间的先后次序。一个大栏目内一般不要安排两个以上的指标大类,一个小栏目只能反映一个指标细目。各个栏目组合而成的整个表格要能准确、醒目地反映出计划的核心内容,不能有遗漏指标项目的现象。

写作表格式计划,还要注意写好说明文字。凡不能量化列入表格栏目而又必须交代的内容,都要在说明文字中予以反映,以便于上级主管部门和本单位干部、群众了解计划的指导思想,更好地监督计划的贯彻实施。说明文字有两类:一类是关于整个计划的,如对有关政治经济形势的分析说明、本计划的编制依据、计划数据与上期发生较大差异的原因说明等;另一类是关于某个具体项目的,如指标项目的含义、主要指标的计算方法等。前者一般作为计划的简短前言置于篇首,也可以附在表格之后分条列出;后者则一般填写在表格内的备注栏中。

(六) 计划的写作要求

1. 调查研究,集思广益

制订计划的目的是完成任务,而完成任务最终要依靠广大群众。在制订计划时,要深入调查研究,广泛听取意见,集中大家的智慧,经过分析和论证,草拟出若干个方案,再征求群众尤其是专家的意见后,修改定稿。坚持上下相结合的工作方法,计划就有实现的基础,就会更加完善可行。

2. 要实事求是

制订计划一定要从本单位、本部门的实际出发,把上级的指示、部署和要求具体化。制订计划的指标和任务,既要积极又要稳妥可靠。积极是指经过努力能够达到。如果不费力气,轻而易举就能完成任务,那样的计划就起不到积极的作用。稳妥,是指不图形式,不单纯追求速度,不搞高指标。那种不切实际的计划,违背了实事求是的原则,表面上看起来轰轰烈烈,实际无法完成,是不可取的。

3. 处理好当前与长远、局部与整体的关系

制订计划必须立足现实,研究人力、物力、财力等状况,把握有利因素和不利因素,在分析

论证的基础上制订。但又不能局限于当前,应具有前瞻性,放眼明天,把握未来社会的发展趋势,将脚踏实地与高起点结合起来,把本单位的实际情况与社会的总体利益结合起来,做到心中有数,既要以本单位的实际为基本依据,有自身的特色,又要与国家的总体规划相一致。

4. 要注意发挥连续性和灵活性

制订计划时,一般都想挖掘最大的潜力,发挥最大的干劲。但事物的发展有它的规律性。我们不应提倡"假"计划、"空"计划,而应在制订计划时留有余地,话不能说得太满,要充分考虑到完成的可行性。制订计划时,还应保持计划的连续性,当前的计划是过去的计划的延续,又是将来制订计划的基础,因此,制订计划时必须前后兼顾。

5. 语言要准确朴实,简明扼要

计划以叙述为主,语言应简洁明了、通俗易懂,注意条理化。制订计划前,要认真、周密、细致地分析基本情况和工作内容;在形成文字时,则应将上述内容用最简洁朴实的语言加以概括和表述,撰拟计划条文时,应做到要点明确,一般不做评论性的发挥。

6. 防止计划写作常见病

在计划的写作中经常出现三种通病:一是纯粹按上级部门的计划生搬硬套,毫无本单位的特点;二是沿袭过去的计划,对工作方法和工作步骤没有任何的创新;三是计划涉及的方法和措施过于笼统抽象,缺乏针对性和具体性。

(七) 例文阅读与分析

[例文 1-1]

××市××××年春季关于全民义务植树造林的工作安排(草案)

根据全国人民代表大会通过的《关于开展全民义务植树运动的决议》,希望全市广大人民群众立即行动起来,积极响应党和政府的号召,在今年春季开展的大规模全民植树造林中,人人争当义务植树的突击手,争当保护林木的哨兵,人人为绿化祖国贡献力量。

一、任务和要求

(一)全市今年春季计划造林×××公顷,植树×××××株。要求每人平均3～6株,栽下后要有人管理,保证成活。植树宜在路旁、沟边、荒山坡进行,不占用好地。植树任务应在今年植树节(3月12日)前基本完成。

(二)以市政府为领导,各区成立植树造林指挥部,以协调和指导全市性的植树造林活动。具体要求如下。

1. 各机关、团体的领导要带头,并指定专人负责此项工作。

2. 各地绿化办公室具体负责此项活动,划定各机关、团体负责植树造林的地区或地段,分片包干。

3. 各地要及时做好挖苗工作和树苗的供应工作。

4. 将3月4日定为全市义务植树造林宣传日,各区绿化办公室要会同市容办公室、园林系统做好宣传日的布置工作。

二、措施

(一)于2月下旬召开一次植树造林会议,参加人员:全市各机关、团体、学校、工厂的有关负责人等。重点研究植树造林的各项准备工作,采取必要措施予以落实。

(二)加强各单位、各部门的植树造林的领导工作,认真解决各单位存在的问题。

（三）抽调××名干部到植树造林第一线做具体工作，直到今年植树造林活动结束。

××省××市人民政府
××××年×月×日

【评析】这是一份条文式计划。由于计划内容涉及的时间短，又比较具体，所以采用了"安排"的名称。"安排"共分两部分，将植树造林的主要任务要求、具体措施分条列项地撰写，在措施中安排各项工作，初步拟定时间和人员，考虑周密，条理清楚，表达明确具体，格式规范，操作性强。

[例文1-2]

××职业学院中文秘书专业实习方案

为了贯彻理论联系实际的教学原则，加强实践性教学，使学生通过社会实践，运用课堂知识，提高应用能力，发展智力，以培养从事常规管理、常规业务的应用型人才。根据教学计划，本学期安排《中文秘书学概论》及《应用写作》两门学科相结合的专业学习。

一、目标任务

（一）了解基层单位秘书部门（办公室）的一般性工作。

（二）了解机关文秘工作的内容及其处理办法。

（三）了解机关文书的制发、运转程序。

（四）根据实习情况，学习编写简报（以实习小组为单位，编写两期简报）。

（五）学习社会调查，通过专题调查，掌握材料，进行分析、研究，写出调查报告。

二、时间安排

××××年10月14日至12月3日共三周。分两阶段：

第一阶段，10月14日至26日，两周校外实习；

第二阶段，10月28日至12月3日，校内实习，主要任务是整理材料，小组交流，个人写出调查报告，在班上宣讲。

三、实习地点及分组安排

具体安排见附表（略）。

四、组织领导与实习管理

（一）由系学生办公室负责实习领导工作，指派×××、×××、×××三位老师带队并负责专业指导，与班委会组成实习领导小组，安排实习点小组负责人，分工负责解决实习中的具体问题。

（二）聘请各实习所在单位秘书部门的同志（由实习单位确定）为业务指导老师，协助完成实习中的教学工作。

（三）学生在实习期间，由所在单位统一领导、管理，由所在单位业务指导老师安排实习具体内容。请各所在单位加强对学生的管理和指导。

（四）学生在校外实习期间，每天按实习单位作息时间上下班，每星期二、四晚上7时至9时回学院班课室集中，汇报或交流情况。

五、学生必须注意的事项

（一）严格遵守《大学生守则》及学院和所在单位的规章制度，按时上下班，不得迟到、早退，各小组长负责每天考勤并及时向领导小组汇报。

（二）服从所在单位党政领导，积极参加所在单位政治、业务学习，虚心向所在单位的职工请教，尊敬业务指导老师，服从老师指导。

（三）注意文明礼貌，养成使用礼貌语言的习惯，以秘书人员服务他人、理好事务的精神来要求自己。

（四）严守国家机密，注意保管好实习资料，未经指导老师同意不得带资料离开单位；爱护公物，注意安全，防止事故发生。

（五）实习期间原则上不准请事假，如有特殊事情或因病需要请假，须经所在单位业务指导老师和带队老师批准。

××职业学院××系

××××年××月××日

【评析】这是一份实习方案，它对于近期要完成的实习任务以及采取的措施、办法等写得比较详尽，使执行者有据可依，实施起来方便可行。

[例文 1-3]

中文系××××级秘书 3-1 班体育工作设想

一、总的工作思路

把平时锻炼与组织参加体育竞赛结合起来，通过开展多种多样的体育活动和班级比赛来调动同学们的积极性，吸引更多的同学参与体育锻炼，从而达到增强身体素质、提高竞技水平的目的。

二、主要抓好四项活动

1. 着手组建班男女篮球队，利用课余时间进行训练，并联系组织班际比赛。初步计划与英语系××××级各班进行 4 次比赛。

2. 组队参加学院 12 月份的运动会。拟在 11 月中旬组队完毕，用四周时间进行课外强化训练。

3. 12 月份组织同学们参加学院的广播操比赛，力争在比赛中进入前三名。准备利用下午课外活动时间和晚自修后的时间组织同学们练操，纠正不规范动作，提高全班同学的做操水平。

4. 请基础部体育教研室的老师来班里举行"运动与健康"的讲座。

××××年××月××日

中文系××××级秘书 3-1 班班会费开支打算

本学期我班班会费约有 4000 元，根据班委会工作计划中的大项活动，打算用于以下四个方面。

一、设置鼓励奖、优胜奖，用来奖励代表班集体参加全校性或班际举行的各类比赛获得好成绩的同学。该项约占 1000 元。

二、节日联欢会活动费。本学期班里准备举行两次文娱晚会：一是国庆联欢会，二是元旦迎新晚会，每次约 500 元，合计约 1000 元。

三、班内各项比赛活动经费。本学期班里计划以组为单位举行专业知识竞赛，以宿舍为单位举行篮球比赛，该项约占 600 元。

四、参加校运动会、班际球赛的运动员饮料费700元。

余700元留作机动。

××××年×月×日

【评析】例文1-3的两则计划属于专题性计划。作者对分管工作只是做了初步考虑，有了基本思路，而对具体的指标、措施、步骤、方法，考虑尚欠周全。该计划对本部门工作做出粗线条的安排，提出总的要求，行文基本符合要求。

[例文1-4]

个人学习计划

为了开阔视野，增长见识，提高学习成绩，特制订××××—××××学年第二学期的个人学习计划。

一、目标

1. 汉语言文学专业课的成绩都在80分以上，英语通过国家四级考试，其余的公共必修课成绩力争达到75分以上。

2. 体育成绩达到70分以上，800米长跑力争及格。

3. 读6部小说，其中有4~5本是有关励志方面的书籍，另外坚持读《青年文学家》这本杂志。

4. 学会五笔字型输入法，争取达到每分钟50字以上的速度。

二、措施

1. 课前预习，上课认真听讲，课后复习。按时独立完成作业。做到口到、手到、心到。

2. 遇到难题，先独立思考，不懂再向老师同学请教，直到弄明白为止。

3. 坚持每天记英语单词，练习五笔字型输入法，看书报和锻炼身体。看书报时对有用、有趣的内容做批注，把自己的感想用简洁的文字写下来。

三、课余时间安排

早上：周一、三，7：00—7：30，体育锻炼（主要是跑步）；

周二、四、五，7：20—7：50，读英语；

中午：12：30—1：00，看报；

下午：4：30—6：00，锻炼或看课外书；

晚上：7：30—9：00，做作业；

9：20—10：30，复习预习。

××
××××年××月××日

【评析】这是一篇个人计划，计划事项的内容、目标、措施、时间安排，均较明确、具体，具有较强的可行性、可检查性。计划事项的表述，采用了条目式，清楚明了。语言简洁朴实，通俗易懂。

[例文1-5]

教师学期授课计划

教师姓名：×××　　课程名称：《应用文写作》　　授课班级：××××级秘书3-1班

周次	授课日期	授课章节及内容提要	课型	需用时数	教具	课外作业	备注
1	2.28	第一章　概论	讲授	2	课件	写日记	
2	3.7	第二章　公文	讲练	2	课件	完成填空	
3	3.14	第二章　公文	讲练	2	课件	分析题	
4	3.21	第三章　计划	讲练	2	课件	写计划	
5	3.28	第四章　总结	讲练	2	课件	写总结	
6	4.4	第五章　调查报告	讲读	2	课件	阅读	
7	4.11	第六章　新闻	讲读练	2	课件	写新闻	
8	4.18	第七章　广告文	讲练	2	课件	写广告文	
9	4.25	第八章　合同	讲练	2	课件	写合同	
10	5.2						放假
11	5.9	第八章　合同	讲练	2	课件	案例分析	
12	5.16	第九章　毕业论文	讲练	2	课件	写提纲	
13	5.23	第十章　简历求职	讲练	2	课件	写求职信	
14	5.30	第十一章　申请条据	讲练	2	课件	写作	
15	6.6	第十二章　对联	讲读	2	课件	复习	
16	6.13	测验	笔试	2	试卷		

【评析】这是一份表格式计划，它运用表格来反映计划的内容，特点在于用尽可能少的文字来表达丰富的内容，简明醒目。做这样的计划，只要在事先做好的表格里面，根据安排把各项具体内容填入栏目中即可。

二、总结

(一) 总结的含义

总结是对前阶段的学习、工作进行系统回顾，分析评价，找出经验教训，从中得出规律性认识以指导今后工作的一种事务性文书。这类文书最常用的名称是总结，除此之外，还有小结、回顾、体会、经验、做法等称呼。

事先做计划，事后做总结，这已经成为一种常规做法。人们所做的各项工作，就是通过计划—实践—总结—再计划—再实践—再总结这样多次反复的步骤而积累经验，得到不断的提高和发展。

(二) 总结的作用

1. 积累经验，掌握规律

通过总结可以全面地、系统地了解以往工作的情况，从中肯定成绩，积累经验，发现问题，掌握规律，增强信心。如果没有总结，人们对以往的工作就不会有全面的了解，尤其是做局部工作的单位和人员,由于对全局情况不了解,有时会产生片面的认识,甚至丧失信心。通过总结成绩,人们看到自己的劳动成果,就会产生自豪感,增强自信心,对以后的工作更有热情。总结一般也要找出工作中的问题,即缺点和不足。只有正视存在的问题,才能防止骄傲自满情绪的产生,才能冷静地面对工作中的缺点,找出解决的办法。

2. 交流信息,推动工作

总结的目的是搞好本单位的工作,而有些总结特别是经验总结,可为其他单位搞好工作提供有益的借鉴。因此,上级机关经常把下级机关报送的好总结,批转给有关单位学习参考;报纸杂志时常刊登总结,传播先进经验;先进单位的代表也常常被其他单位请去"传经送宝"。这些"经""宝"都是通过总结而归纳出来的。"他山之石,可以攻玉",总结不仅对搞好本单位的工作有重要作用,而且对推动其他单位的工作有重要意义。

3. 统一思想,指导实践

人们对如何做好工作有时会有不同的看法。这种认识上的分歧,如果处理不好,就会妨碍行动的协调一致。一般来说,分歧的产生是由于人们的认识不一致。总结可以深化认识,帮助人们更全面、更理性地认识事物的本质,起到统一思想、协调行动的作用。人们每进行一次工作总结,认识便提高了一步。人类就是在实践、认识、再实践、再认识的往复循环的过程中,逐渐到达理想的彼岸。而真理一旦被人们所掌握,就会变成促进社会进步的巨大力量。经验总结就可以将某一单位或者个人的经验,上升为指导实践的理论,推而广之,就能提高工作效率,推动社会发展,具有指导实践的重大意义。

(三)总结的特点

总结具有以下几个特点。

1. 实践性

总结是对前段工作实践的系统回顾,其内容都是对自身的实践活动的忠实反映。这种忠实反映具体表现在两个方面,一是它的材料完全来自自身的工作实践而不是东拼西凑,到处"借用"的;二是它的观点完全是从自身的工作实践中概括出来的认识和规律,而不是随意套用文件、报刊上的提法。

2. 理论性

总结是对工作实践的本质概括,而不是客观实践的"流水账"式的简单记录。它通过对工作的成功与失误、成绩与问题进行分析研究,找出经验、教训,上升到理论高度,提炼出规律性的东西,以正确认识和把握客观规律。单有材料、只有观点或观点和材料之间缺少必然联系的总结都是不合格的、不成功的总结。

3. 指导性

毛泽东同志曾说过:"需要把我们工作中的主要经验,包括成功的经验和错误的经验,加以总结,使那些有益的经验得到推广,而从那些错误的经验中取得教训。"由此可见,总结具有推广经验、提供借鉴的作用,总结不仅对本部门下一阶段的工作具有指导作用,对其他单位或部门的工作也有一定的指导作用。

4. 真实性

总结是人们实践活动的产物。它对自身工作的回顾与评价,应当完全忠实于客观事实,它所用的材料,必须绝对真实,不能添枝加叶,不能报喜不报忧,更不能无中生有。它的观点,也应该是从自身实践活动中总结出来的认识和规律,不能强扭角度,任意拔高,硬贴标签。

5. 群众性

任何机关、团体和企事业单位的工作成绩都是广大干部群众共同努力创造出来的,是群众智慧的结晶。总结中所反映的,自然是群众的工作实践,群众所创造的成绩和经验。所以,除个人总结外,机关、团体和单位在总结工作时,都要发动群众,集中群众的智慧。靠少数"笔杆子"闭门造车,是难以全面、系统、深刻地反映一个单位的工作实践的。

(四) 总结的种类

根据不同的分类标准,可将总结分为许多不同的类型。

按范围分,有班组总结、单位总结、行业总结、地区总结等,当然也有个人总结。

按性质分,有工作总结、教学总结、学习总结、科研总结、思想总结、项目总结等。

按时间分,有月份总结、季度总结、半年总结、年度总结、一年以上的时期总结等。

按内容分,有全面总结、专题总结等。

虽然分类诸多,但从写作上来说,不外乎"全面总结""专题总结"和"个人总结"三类。

全面总结,又叫综合性总结,是一个单位、一个部门对一定时期内工作各方面情况的总结。它的行文方向有上行、平行和下行三种。上行是向上级全面汇报工作,以便领导了解情况,进行指导;平行是向外单位介绍本部门的经验和教训,交流工作体会;下行是向本单位人员报告工作情况,使大家对各方面情况有总体的了解,增强透明度,有利于今后的工作。全面总结一般要求反映工作全貌,内容广泛,篇幅较长,既要肯定成绩,又要找出差距,既要有经验做法,也要有教训体会,常常还要对下一步的活动做出具体安排。全面总结要统观全局,注意总结重要经验的规律,但又不能面面俱到或蜻蜓点水,而要中心突出,以点带面。

专题总结,也叫单项工作总结,是对一定时间里某一项工作或某个问题所做的专门总结。这种总结,使用广泛,针对性强,偏重于总结经验,介绍做法。在写法上,内容比较单纯、集中,要求写得具体、细致、深刻,有一定的思想深度。

个人总结,又称小结、体会,是个人在工作或学习告一段落后,将自己的实践进行回顾。这种总结,可以是全面的小结,也可以是单项的总结。要抓住主要问题,突出经验、教训和收获、体会;要注意避免陈列式、记流水账,也不要写成检讨书、决心书。要总结出对未来有指导意义的具有规律性的东西。

(五) 总结的结构与写法

总结一般由标题、正文、落款三部分组成。

1. 标题

总结的标题要根据总结的要求和内容而定,总结的标题有如下两种写法。

1) 公文式标题

公文式标题一般由单位名称、时间、内容、文种构成,如《××外贸局××××年进出口贸易工作总结》《××学院××××年党建工作总结》。公文式标题是由公文标题的三要素加上时间要素组成的。标题中四项内容可根据需要进行省略,可省略发文机关名称,只写时间、内容、文种,如《××××年招商工作总结》;可省略发文机关和时间,只写内容和文种,如《招生工作总结》。标题各项是否省略,要根据实际情况而定。

2) 新闻式标题

此类标题是对总结内容的概括,其作用是突出总结的中心。新闻式标题有两种形式,一种是单标题,用来揭示总结的中心,如《科技立厂,人才兴业》《内外兼修,争创名校》;另一种是正副标题,正标题揭示总结中心,副标题标明单位名称、时间、内容范围、文种,如《努力推出文化精品——××市宣传部××××年"十一"宣传月工作总结》。

各单位部门的常规工作总结,大多数使用公文式标题;用来介绍经验,特别是对外发表的总结,大多数采用新闻式标题。由此可见,总结的标题具有较大的灵活性,不像公文标题那样规范统一。

2. 正文

总站的正文一般包括开头、主体和结尾三部分。有的总结省略开头和结尾,只有主体部分。

1) 开头

开头简略介绍所要总结工作的目的、根据、缘由、背景、时间、内容等;有的还对主要成绩和经验进行概括,以达到开门见山的效果。这部分内容要写得简明扼要。开头常有以下几种写法。

①概括式。简要介绍基本情况,不要求很详细,与中心有关的才写。

②提问式。提出问题,点出总结的重点,引起读者的关注。

③结论式。先摆出总结的结论,然后重点介绍经验或概括工作成绩。要写出经验是什么或者成绩在哪里。前者也称经验式写法,后者也称成绩式写法。

④对比式。将前后或正反两种情况进行对比,从而看出成败优劣,凸显经验和成绩,引出下文。

⑤提示式。对总结的内容做概括的提示,不具体介绍经验,只提示总结的内容和范围。如"近两年来,我们按照中央的文件精神和上级的指示,在搞好校风和考风工作方面,做了以下工作"。

2) 主体

这是总结的重点部分。其惯用模式为:基本情况+主要经验(做法和体会)+存在问题+今后打算。

①基本情况。首先介绍基本情况,开头部分即使已有概括,也应具体展开。基本情况要写清做了哪些工作,取得了哪些成绩或经验等。开头可用一句话概括本部分内容,如"一年来,我们主要开展了以下几方面的工作"。接下来,可以做总体介绍,也可以分项说明。

②主要经验。写明工作的步骤,采取了哪些措施和办法,取得了哪些成绩,并分析取得成绩的主客观原因,从中可以得出哪些经验,供今后的工作参考借鉴。写这些内容,应将感性认识上升为理性认识,提炼出具有指导意义的规律性的东西,要写得有理有据,层次清楚。有的总结把这些内容称为"基本做法"或"主要措施",实际上谈的都是经验。这部分开头常用一句话概括内容:"一年来,我们在工作中深切体会到……"。

③存在问题。总结既要看到成绩,又不能忽视存在的问题和不足之处,以及给工作带来的消极影响和造成的损失,要分析失误的原因,从中总结经验教训,以免今后再发生类似的情况。这部分内容的安排要根据写作总结的需要而定,如果是综合性总结,这部分一般要写得较为简单,不必详细展开;如果是着重反映问题的总结,那么就要把这部分作为重点来写。开头可用一句话概括本部分内容,如"一年来,我们虽然取得了一些成绩,积累了一些经验,但还存在一些不容忽视的问题"。

④今后打算。即针对前面指出的存在问题和教训,提出切实可行的改进措施,并根据实际情况和上级的要求,提出今后的工作设想和新的奋斗目标。这部分内容多数写得比较简略,因为制订解决问题的具体方案是计划的内容。

总结主体部分的写作内容,要根据写作总结的需要对其进行灵活安排,不必面面俱到。如全面性工作总结,就要以工作情况、主要成绩、存在问题为主;经验总结,就要以主要经验和体会为主;一般性专题总结,内容较简单,可以只写开展了哪些工作,取得了哪些成绩;个人小结,侧重写收获较大、体会较深的问题。

主体部分的结构形式有纵式结构和横式结构两大类。

纵式结构是按时间顺序、工作进程或事情发展的逻辑顺序来安排内容。采用这种结构方式,可以使全文条理清晰,便于掌握工作进程和每一工作阶段的任务完成情况,此结构适用于阶段性较强的工作总结。在使用这种结构形式时要突出各阶段的特点,注意各阶段之间的衔接。

横式结构是将总结的内容分成并列的几个部分来写,横式结构又有条文式、小标题式和贯通式三种。

①条文式。把总结的内容按性质或主次轻重分成若干部分,在每部分之前加上序号分条列项来写。如把全文分成"基本情况""主要成绩""经验体会""问题与教训"几个部分,在每部分之前加序号。各条之间既相对独立,又有密切的联系,采用这种结构方式,使全文层次清晰。

②小标题式。这种结构形式,是按性质将材料分成若干部分,每部分拟定一个小标题,然后逐层写出。它的好处在于纲目清楚,层次井然,便于读写。

③贯通式。在写作中不加序号,也不加小标题,而是围绕主题,以叙为主,夹叙夹议,叙述情况,总结经验、教训。这种结构形式,强调前后内容的内在联系,全文前后贯通、结构严谨、浑然一体。这种写法适用于一些内容简单、篇幅短小的总结。

3) 结尾

结尾是正文的最后部分,应简短有力,其写法则有以下几种。

①自然型。总结正文的主体内容写完后,即可自然结束,不需要添加结尾。

②总括型。结尾将总结内容进行概括,或做出结论。

③谦虚型。结尾表示谦虚的态度,如说虽然工作取得了一定的成绩和经验,但还存在不少缺点和不足,跟先进单位相比,还有不小的差距,今后要谦虚谨慎,戒骄戒躁,百尺竿头更进一步。经验总结往往用这种结尾。

④展望型。结尾表示决心,展望未来,信心满怀,团结一致,争取更大的成绩。大会总结或面向群众的总结,往往用这种结尾。

3. 落款

在正文右下方写明单位名称(个人总结写明个人姓名),在落款下面写明制订总结的具体日期。单位名称已经在标题中出现的,此处可以省略。

(六)总结的写作要求

1. 实事求是,切忌虚假

写总结必须实事求是,如实地反映本单位、本部门的工作情况,再现事物的本来面目,材料真实,观点正确,不溢美,不隐恶。总结中所涉及的人物、事件、时间、地点、数据、成果等,一定要真实可靠。成绩不夸大,缺点不缩小,问题不回避。注意分清正误,分清主流、支流。不可先入为主,带着框框看问题,把材料纳入自己的臆想之中,使总结带有主观性和片面性。不能随意拔高,借题发挥,东拼西凑,编造事实,必须坚决杜绝一切虚假的现象。

2. 总结经验,找出规律

总结的根本任务,就在于总结经验、找出规律性的东西以指导工作,不断把工作向前推进。

所谓规律性的东西,就是在一定的条件下具有本质联系和必然趋势的事理。这就要求作者从分析研究事实入手,发掘出事物的本质,探求事物之间的联系,找出取得成绩的原因和出现问题的根源,从而认识事物的本质和规律。如果能总结出一条好经验,推广开去,对本单位和其他单位的工作有指导意义,那就是一篇好的总结。

3. 写出特色,突出重点

总结一定要抓住事物的特点,写出本单位的特色。总结所反映的对象,只限于本单位前一时期的工作实践,因此要特别注意同以往及别的单位不同的地方,写出独具特色的新鲜经验和教训。这种有创见、有新意、有独到之处的总结,才能加深人们规律性的认识,推动工作向前发展。总结不要面面俱到,应该根据总结的目的和内容有所侧重,选用典型的材料说明问题,突出重点。切不可不分主次地罗列现象,堆砌材料,既不反映规律性,又没有重点。

4. 材料观点统一

占有材料是写好总结的基础,没有材料就没有总结,就像没有砖瓦就没有高楼大厦一样。因此写总结时,要全面掌握情况,充分占有材料,包括正面的、反面的、点上的、面上的、直接的、间接的,这样写出的总结才能内容充实,切实可信。从材料中提炼出观点,找出规律的东西是写好总结的关键。写作总结要善于透过现象看本质,善于对工作中的情况进行研究分析,总结经验教训,挖掘出规律性的东西。

观点来自材料,材料证明观点,写作总结必须做到观点与材料的和谐统一。

5. 叙述议论得当

叙议得当,是总结在表述上的特点要求。应以叙述为主,叙议结合。一般是:在交代工作的过程、列举典型事例时,以叙述为主;在分析经验教训、指明努力方向时用议论。叙述的事实为议论提供依据,说理是对所叙事实的升华、提高。叙述是总结行文的基础,它通过对时间、地点、事件、人物和原因、结果的交代,使读者对某部门、某单位或某个人的工作状况有明晰的了解。议论则是通过分析、综合、论证,把分散的、感性的材料转化为具有指导意义的理论。议论不宜过多,主要靠事实说话。但是要注意,只叙不议,就成了罗列现象;而只议不叙,则变成空谈。只有以叙带议,叙中有议,叙议结合,叙议得当,才是正确的处理方法。

(七)总结与计划的区别

计划是总结的基础,总结是制订计划的依据,总结与计划有如下几点不同。

(1)在时间上,计划是事前的打算与安排;总结是事后的回顾与评价。

(2)在内容上,计划是回答在未来一段时期"做什么"和"怎么做";总结是回答在过去一段时期内"做了什么""做得怎么样"。

(3)在表达方式上,计划主要使用叙述和说明两种表达方式;总结主要使用叙述和议论两种表达方式。

(八)例文阅读与评析

[例文1-6]

实行"三化",提高工作质量

办公室工作的被动性、从属性、事务性和服务性特点,常常导致办公室在忙、乱、杂中运转。那么如何才能从被动中求得主动,提高办事效率、办公质量呢?现将我们××市石化总厂储运公司的一些做法进行介绍,以期抛砖引玉。

我们采取"注重点,带动一般"的办法,在重点项目上建立健全工作程序、标准和制度,实现工作程序化、标准化和制度化,从被动中求主动。具体来说就是:抓住文件、会议、小车管理和接待协调三大项目,带动其他日常工作,对各项工作都要求绘出程序图,制定标准,在规定目标的同时,也提出达成目标的方法。

首先,我们根据三个重点项目各自的特点,绘制了《经理办公程序》《行政会议组织程序》《公文审稿工作程序》《客人接待工作程序》《小车安排工作程序》等24个工作程序图,制定和完善了《草拟公文工作标准》《秘书日常工作标准》《文稿修改工作标准》《复印文件工作标准》等12个工作标准和《关于复印文件暂行规定》《关于保密工作的暂行规定》《关于印信使用的暂行规定》等八项工作制度,使各项工作有程序、标准和制度可依。

其次,在严格执行上下功夫。例如,我们要求在办文中严把"四关",即一把拟办单位关,要求拟办单位草拟文件时不草率;二把文字关,对是否要行文和以什么形式行文,是否符合党和国家的政策法规,文字表达是否准确、简练、通顺,涉及几个部门时是否协商一致和本单位前后文件是否有矛盾,体例格式是否规范进行把关;三把打字、校对、印刷、装订、分发关;四把文件发出后的催办关。通过严把"四关",使文件的草拟、审核、审批、打印、校对、印刷、装订分发与催办形成"一条龙",从而保证了文件整体质量的提高。再如,在提高会议质量时,我们根据所规定的工作程序、标准和制度,主要抓了会前的准备工作、会中的记录和提醒、会后的记录整理和有关事项的催办和反馈四个环节。会前填写会议议题单,会后下发会议决定通知单或会议纪要,严格控制会议,认真整顿会风,提高了会议质量。

经过几年的实践,我们体会到,实行工作程序化、标准化和制度化,可以使复杂的工作条理化、规格化和专责化,使每个人明确自己的责任和权限,达到了用时少、效率高的目的。

×××
××××年×月×日

【评析】这是一篇专题性的工作总结。文章总结了该办公室实行工作程序化、标准化、制度化这"三化"的经验,针对性强,偏重于介绍做法,总结经验,内容集中,写得具体、细致,让人一读便懂,是推广经验文章的可取写法。

[例文1-7]

商业会计模拟实习总结

为缩短课堂教学和社会实际工作之间的差距,使学生能系统地、全面地掌握商品流通企业经济业务的核算过程和方法,从××××年××月××日到××××年×月×日,系里组织我们会计专业的同学进行校内模拟实习。此次实习的内容包括批发、零售、固定资产等经济业务的核算基本操作方法和会计登账、记账的工作程序。

这次实习使我巩固了专业基础理论知识,加深了对批发、零售、固定资产等基本业务核算知识的理解,熟悉了开账、记账、结账等一系列操作方法,懂得了作为一名会计人员应具备的职业素质要求,专业意识有所增强。

三个星期的实习,我的体会良多,主要有以下几点。

1. 各种经济业务核算要熟悉、准确

此次实习的分题量很大,共有224道题,而时间较短,只有3周时间,平均每天要完成20多道的业务分录。如果不熟悉各种业务,每做一题翻一次书,速度就会很慢。就拿我自己来说吧,第一天从早上8点到次日凌晨2点多才完成老师规定的当天业务分录,当然,这里面绝大多数的时间是用在翻书上。第二天,同样时间开工,我下午4点多就完成了当天的任务。再往后,做的速度越来越快,甚至5天的任务从记凭证到登记明细账、汇总在一天内完成,这也许就是熟能生巧吧。速度快,不准确也是不行的。这次实习将农副产品、材料物资、包装物、低值易耗品的批发、零售等经济业务交错在一起,如不熟悉每种业务的核算就会张冠李戴。例如:批发企业与零售企业购进商品入库价格是不同的,批发企业按进价入库,零售企业按售价入库,如果不了解这一点,做起来肯定会错得一塌糊涂,而且还会影响到汇总表、总账以及损益表和资产负债表的准确性。

2. 工作需要有高度的责任心

会计工作整天跟数字打交道,稍不小心就会写错数字或看错数字。有一次,我编汇总表,把借、贷方各科目的金额反反复复算了3遍,可借方的总额还是比贷方总额少5分钱。记得以前刚开学时听老师讲过,会计工作少一分钱也要找出原因来,当时我听了觉得好笑,一分钱,自己补上不就行了。现在轮到自己头上来了。也有同学对我说:"5分钱,你自己随便在借方某一科目加上老师也不知道。"我却固执地把记账凭证的每一笔业务数额重新算了一次,花了40多分钟,总算找到了原因。原来是我粗心,把"9"看成了"4"。这以后,我再也不敢马虎了。每次记好数字后又重新对一遍,没错后才往下做。严谨、认真、实事求是,是一名会计人员对自身工作的要求,虽说我只是在实习,但我觉得自己既然做了就要做好,纵然不能十全十美,也要尽自己的能力做到最好。在实习过程中,我从始至终按会计人员专业素质严格要求自己,字要写小、写工整;要细心,认真做好每一笔业务,这样才能培养自己高度的责任心。

3. 课堂所学与实际工作有一定的差距

在职业院校经过两年多的会计专业学习后,自以为自己是知识的"富翁"、国家的良才。待到真正拿起原始凭证来做账时,自视满腹经纶的我不得不用怀疑的目光看自己,认识到自己知识的贫乏。如"出售商品没有标明出售单价的,要通过加成率来计算出售单价,批发企业不含税售价=不含税进价×(1+加成率),零售企业含税售价=不含税进价×(1+加成率)×1.17"等,这在实习前我是一无所知的。又如从所学的增值税知识知道了购进、出售商品要交增值税,却不知支付委托加工商品费用也要交增值税。从这些方面看,自己还是个门外汉,只满足于课堂所学,书本上怎么写就怎么学,像一只井底之蛙,目光短浅。我不得不迫使自己多找些专业书本认真学,多参考会计专业方面的杂志,以求达到拉近书本知识与实际工作的距离,补充专业知识。

实习已告一段落,自感喜忧参半。喜的是:通过实习树立了专业意识,认清了本专业的职业素质要求,向未来的会计员工作又迈进了一步。忧的是:看到了自己专业知识的贫乏,综合能力不够强,平时学习完后不懂得进行综合分析、比较,以致实习时自己对各种经济业务核算方法模糊不清,有时甚至张冠李戴。现在离毕业还有不到半年的时间,我打算在这段时间里把学过的会计知识复习一遍,把各种经济业务核算方法综合起来进行比较,加深理解,多参考实际会计工作核算事例,了解现代企业会计核算。

我通过实习体会出一条原则:学习要扎实,工作要踏实。

×××

××××年××月××日

【评析】这是一位学生参加了模拟实习之后,根据自己的实践和对问题的认识(体会)所写的总结。总结中谈了三点体会,得出一个结论:有叙述自己模拟实习的实践过程,又有恰当的议论;叙和议能扣住中心,材料能为观点服务。

[例文1-8]

勤奋守纪,求实进取,共建优秀班集体
——××学院中文系××班工作总结

我们班是中文系××班,在过去的三年里,在系领导的指导下,在班主任的带领下,各方面工作都取得了较好的成绩,形成了良好的班风,成为一个勤奋守纪、求实进取、团结向上的优秀班集体。

回顾过去三年创建优秀集体的工作,我们的主要做法具体如下。

一、进行爱校爱班教育,使班风蔚然向上

一个优秀的班集体,最重要的是要有良好的班风,班风的建设靠集体的力量。我们通过行之有效的思想工作和管理工作,既教育了同学,又加强了班集体的建设,使每一位同学形成了高度的集体主义荣誉感,班风蔚然向上。

1. 建立一个有能力、有威信的领导核心

干部是一个班集体的核心部分,干部自身素质的高低很大程度上影响着整个班风的建设。在班主任的谆谆教导下,我们班干部不仅以身作则,严于律己,而且团结关心同学,树立起干部的威信。三年来,从没有干部因违反班上或学院的纪律而受到批评。在学习成绩方面,也起到了学习标兵的作用,15名干部在全班排名前20名之内的占了绝大多数,个别干部的成绩一直名列前茅。在思想修养方面,干部们主动积极学习政治理论,在同学中起到了良好的带头作用。

在工作过程中,我们把各方面有一技之长的同学组织起来,形成"智囊团",通过此种途径了解征求同学意见,充分发挥同学们的积极性和创造性,发扬"从群众中来,到群众中去"的作风,如本班宣传委员和通信委员领导的宣传小组,就把书法、画画、设计等方面的能手集中起来,为我们班刊《×××》的出版及各项宣传工作立下了汗马功劳。

在关心同学方面,干部们达到了忘我的境界。经常利用休息时间辅导学习上有困难的同学,找同学们谈心等。特别在××同学住院时,更体现了干部们的满腔爱心。该同学因旧疾引发间歇性疾病而导致头痛,发作时几乎失去理智地乱抓乱撞。她先后有两次发病,每一次,同学们都是第一时间出现在现场,并把她送到医院就诊,而且在整个就诊过程中没有一个人离去,同时还为她垫付医药费。干部们轮流陪在她身边,没有一个干部喊过累。正是这些实际行动,使我们的班干部在同学中建立了威信,为先进集体的建设打下了基础。

2. 制定班规,严抓行为管理,形成良好班风

十项评比检查工作是学院对学生日常行为管理的方法,也是考核学生各方面具体表现的条例,它关系到每一位同学的操行,也反映整个集体的文明水平。在充分听取同学意见的基础上,我们制定了严格的班规,进行从严管理考核,并与学院检查制度衔接,使同学们逐步形成遵守法规的行为习惯。如我班通过委员负责制的成功措施,做到每周一报,每月一评。在十项评比成绩与综合测评挂钩后,我们能够做到月月获奖,是全院50多个班中极少数能月月获奖的班集体之一。这是极为难得的成绩。实践说明,抓好十项评比对班上同学来说有较强的约束作用,对集体建设有促进作用。我班同学以做好十项评比为基本要求,遵守校规校纪,没有一位同学因违反纪律而受过系里和学院的批评。

3. 开展丰富多彩的活动,陶冶情操,促进思想建设

良好的班集体建设与同学们思想情操的陶冶是相辅相成、互为条件的。因此,班委、支部注意同学情操的陶冶。通过轮流发言、竞赛形式组织同学学习政治理论,加强思想政治工作,组织讨论会、演讲比赛、小组合唱赛等系列活动,使人人能够参与、个个得到教育;在第二课堂活动方面,组织全体同学外出参观,欣赏大自然风光,增强内部团结和相互了解。此外,还组织拔河比赛、羽毛球比赛、男女混合篮球赛等。这些活动丰富了课余生活,娱乐了身心,并且使一部分集体观念比较薄弱的同学增强了集体意识,培养了集体荣誉感,这使得我们班在系里受到了表扬。

最具本班特色的集体活动是主题班会。我们班坚持每月一次的主题班会。针对同学们感兴趣的社会和思想、行为问题,确定每次的主题,并设计各种形式,这些活动对同学们的思想起着正确引导的作用。如"我为班集体献良策"主题班会,同学们大胆地对班上工作提出意见和建议,使团支部、班委工作能集思广益,有声有色地开展下去。又如在"心相连,共绘蓝图"主题班会中,同学们道出自己的心声。同学们互诉心声,加强了团结。还有"学习生活大家谈——论考试作弊"等主题班会,让大家了解到作弊的害处,端正了同学们的学习态度,形成了良好的学风。在参与学院组织的"百歌颂中华,百书育英才"活动中,通过生动有趣的书名大串联,紧张激烈的正反六大讲论活动,使同学既学到了知识,又获得了一次很好的爱国主义教育,提高了同学们的思想觉悟。

二、抓好学风建设,争取优良成绩

学生的主要任务是学习。一个班集体的优秀与否,关键在于其学风好坏。为了给同学们创造一个良好的学习环境,班委针对我们所学专业特点,用班费订了《中华诗词》《大学生英语报》,为同学们提供各种学习信息。同时,针对本班部分同学基础较差的实际情况,在专业老师的大力支持下,成功地组织了英语互帮小组、普通话互帮小组,实行"一帮一"个别辅导和轮流授课,集体学习的办法。不少同学利用课余时间参与授课,教的同学耐心,学的同学专心,这一活动受到同学们的热烈欢迎。到后来,"同学老师"还经常跑图书馆,出题目给后进生做,这样有效地提高了后进生的成绩,得到班主任和系领导的表扬。在此基础上,我们在××××—××××学年又开办了"英语兴趣互帮小组",把全班同学按成绩层次、性格特点分成6个小组,充分利用课余时间开展活动,活动内容丰富多彩,包括语法、口语、翻译能力及智力趣味英语。还成功邀请了外籍老师×××来讲课,通过真正的全英语授课,使同学们的兴趣大大增加,起到了事半功倍的效果。由于有了这种活跃、浓厚的学习气氛,同学们学习的自觉性普遍得到提高,成绩也有所上升。由于大家的努力,我们班先后两次获得系颁发的"学习先进班"奖励。

三、多渠道积极开展社会活动,培养同学们的社会责任感

我们组织社会活动的根本宗旨是服务大众,了解社会,使同学们自身受到教育,培养较强的社会责任感。通过同学们的努力,社会活动不仅体现了本班特色,而且起到了良好的宣传作用。

社会活动,首先是支持"希望工程"活动。团支部组织了两次捐款活动,号召班上同学为失学儿童省吃俭用。同学们纷纷慷慨解囊,连一些家中并不富裕的同学也伸出了援助之手。最后团支部将1200元钱及一批衣物资助给贫困地区的小朋友,并写信鼓励他们。其次,同学们参与学院组织的"暑假社会实践活动",走进社区,了解各方面的情况。此外,还经常到敬老院慰问老人,同学们还自己出钱买礼物送给老人,受到敬老院的好评。

四、注意全面发展,文体、宣传、卫生工作成绩斐然

在体育锻炼方面,本班同学积极参与,量力锻炼,每学期达标考试均全班通过。班里的体育健儿在学院的两次运动会中多人获奖,还先后获得了团体总分第三名、第二名的好成绩;在两次的"院长杯"篮球比赛中,都获得了男子优胜奖;在冬季长跑比赛中又获得"长跑先进班"的光荣称号。

在宣传方面,宣传稿件评比中,我们班每月都在前三名以内。我们班还在系里综合评比中连续获得第二名、第一名的好成绩,而在学院运动会稿件宣传评比中一次摘取了桂冠。此外,还在系里首创班刊《×××》,它的出版得到同学们的欢迎和喜爱,也成为集体智慧和凝聚力的象征。

在文娱方面,艺术节我们班获得全院一等奖的好成绩,排练的集体舞《舞动青春》和小品《范进中举》获得"优秀节目奖"。三年里,我们经常举行一些音乐欣赏活动,提高同学们的音乐修养,交流有关音乐的信息。

此外,在卫生方面我们也多次获得流动红旗。

以上这些成绩的取得,都离不开全班同学们的团结努力,干部们的忘我奉献,班主任的谆谆教导,离不开系领导老师的支持和鼓励。在今后的时间里,我们将再接再厉,以更高的标准要求自己,争取更大的进步。

××学院中文系××班
××××年×月×日

【评析】这是一份介绍经验的总结,材料丰富,观点鲜明,内容涵盖了班级工作的各个方面,既总结了成绩(做法),又概括出经验(体会),较好地体现了经验总结的典验性和指导性。本文交替使用综述和分说的写法,且要句居首。这种总分有序的写法,使文章层次清楚,条理分明,观点醒目,说服力强。此外,还使用了面上材料与点上材料相结合来说明观点的方法。如果再指出存在的问题,这篇总结会更加完善。

[例文 1-9]

面对挑战,完善自我
——高职院校学习生活总结

两年多的高职院校的学习生活,一晃而过。这两年来自己所走过的路,主要是根据社会发展需要不断地进行自我调整、自我突破、自我完善的过程。总结起来这个过程主要表现在以下几个方面。

一、适应专业需要,实现写作能力的迁移

高中阶段,我课外阅读的都是文艺作品,虽说在语文基础知识方面积累不少,自认为写作能力较强,可高职院校文秘专业的第一次作文后,老师给我的那篇散文的评分只是一个"阅"字,评讲时则说文风要向平实、朴素转化,特别强调这是文秘专业的需要——"文章不写半句空",我意识到原先的"优势"与专业的要求不适应了。尽管以前最讨厌应用文的枯燥无味,但想到这是今后工作的需要,我强迫自己,多读这方面的范文,写作时从三方面加强:综合分析能力、概述能力及运用说明表达方式的能力。文字尽量避免在行文中出现情境性、形象性的描述,力求客观性、说明性,以朴实、简约为本。第一、二学期通过书信、新闻、综述等的学习训练,我基本掌握了事务语体的特点,达到了文风上的转变:变繁丰为简约,去藻丽学

朴素,避蕴藉学明快。第三学期我的公文写作,已经基本能符合公文事务语体的要求。调查报告和总结的写作训练,也取得了较好的成绩。经过两年的强化训练,我终于实现了写作能力向专业要求的迁移,适应了专业的需要。

二、适应社会需要,强化心理承受能力的锻炼

读大学以前,我在思想上处于自我封闭状态,性格也比较内向。父亲是教师,我从小爱读书且懂事,得到他的疼爱,在家里和学校很少受到批评。因此心理承受能力很脆弱。进入大学,在集体生活中,同学对我稍有责难,我就心里不痛快,觉得面子上过不去。第二学期有一次替老师抄公文和批改作业,因字写得马虎被老师说重了一点,我马上就受不了,心想辛苦一场换来一顿批评,太冤屈了,于是下决心不再为老师做事。后来冷静下来,才明白老师的苦心,严格要求是为我今后着想,是对学生负责的表现;而自己闹情绪,则是一种不敢正视自身缺点、气量短浅的表现,思想这才转过弯来了。同时在学习和生活当中,我又发现了自己的不少毛病,如做事缺条理、欠周全;办事马虎欠仔细,这使我下决心在大学生活中改造自己。我从小节抓起,不断督促自己,接受别人的意见。第三学期到市委办公厅实习,我更是怀着一种勇于改错、积极进取、处处认真学习的态度去对照自己,找出不足加以改正。在整个强化锻炼过程中,我感受到了一种心境的开阔。回顾起来,我的心理承受能力经历了这样的过程:难以接受——强迫接受——自觉接受——乐于接受。我深切地感受到,只有具备好的心理素质,才能干好工作、完善自我,适应社会发展的需要。

三、适应发展需要,不断提高自己的文化素质

两年多的大学生活,特别是到市委办公厅实习的这一段生活,使我对秘书工作有了较深入的了解,秘书干的是平凡、琐碎的事,尤其需要敬业乐业的精神,只有从自己的职业中领略出趣味,活得才有价值。我逐渐培养起对这个职业的热爱,更坚定了自己当初的选择。同时确立了今后必须努力的两个方面。

第一,要在做人上下功夫。市委办公厅的一位处长教导我说:"秘书不仅要学做事,更重要的是学做人;你要胜任它,必须有高于常人的涵养,又要有一份淡泊的胸怀。思想要有较高的境界。"他们身体力行,办公时一丝不苟,工作高度负责,待人诚恳,文明礼貌,丝毫没有一点官架子。这些言传身教,使我深深地感受到,秘书的做人功夫体现在自己的一切行动中,体现在每一次的言谈中。缺乏思想修养,是不可能干好秘书工作的。

第二,学识要广博。秘书是通才、杂家,在管理事务、参与政务中必须要有丰富的社会生活、百科知识,才能做好服务。市委办公厅的一位王科长就是一位非常出色的秘书,他无论是写公文、搞宣传还是处理事务都能得心应手,又写得一手好字,可谓多才多艺,工作起来游刃有余;在实习时我发现不单王科长,其他同志的文化素养也很高,这可从他们的言谈举止、待人接物中显现出来。而且他们业余爱好高雅而广泛:书法、音乐、摄影、盆景艺术等,且各有造诣。相比之下,我看到自身的浅陋,顿觉有提高自身素质的必要性。我认识到,要不断充实自己的历史、文化、艺术知识,逐渐形成一定的审美修养和标准,提高艺术欣赏能力,使自己具备干好秘书工作的实际本领。

两年多的时间,在人生之旅中稍纵即逝,而人生跟宇宙相比,又渺如沧海一粟。然而,我却认为生命诚然短暂,如能竭尽所能充实、创造、发掘它的美丽,同样有永恒的意义。人生就如同在沙滩上走路,留在背后的脚印,有深有浅,我很珍惜自己就业前大学生活里留下的这一串脚印,我期望自己在以后的生活和工作中,都能静观自我,勇于进取,无愧于大学的三年生活。

【评析】这篇个人总结有以下优点:一是能够从亲身实践的真切感受中,发现问题,进行分

析,并概括归纳,把它上升为理性认识。作者从三方面入手,对自己提出了切实的要求,这些要求带有普遍意义,值得大学生思考。二是能按照事物的内在联系组织材料,采用横式结构,用序数排列法来表述,使文章显现出清晰的层次和条理。从专业需要到社会需要,再到发展需要,作者的目光看得越来越远,对自己的要求也越来越高,文章层层递进,步步深入,较好地表现出了作者对生活的思考,有一定的思想深度。本文也有不足之处,如开头结尾处关于生命的议论,如能紧贴总结内容,并用平实、明确的语言表述,效果会更好些。

★能力训练★

第一部分　计划

一、填空题

1. 古人云:"凡事预则立,_____。"
2. 计划的标题由_____、_____、_____和_____四部分组成。
3. 按写作形式分,计划的种类有_____式计划、_____式计划和_____式计划。
4. 计划具有_____、_____、_____和_____的特点。
5. 条文加表格式计划中,有的以_____为主,以_____为依据,有的以_____为主,附_____作为说明。
6. 计划应写清楚"_____"、"_____"、"_____"三部分内容。
7. 条文式计划一般由_____、_____、_____三部分组成。
8. 计划标题,主要有_____和_____两种写法。后者常由_____和_____组成。
9. 如计划尚不成熟,则在标题后注明_____或_____,并加_____。
10. 计划主体部分在结构的安排上有三种方法,一是把_____、_____、_____分为三个部分,二是把三者合起来写,三是_____。
11. 表格计划是把计划的内容一项一项用_____加以罗列,并辅以_____说明。

二、选择题(单选或多选)

1. 关于计划的主要作用,以下叙述不正确的项是(　　)。
   A. 有明确目标,避免或减少盲目性、被动性
   B. 合理安排人力、物力、财力和时间,避免出现轻重倒置、先后不分的弊病
   C. 预订措施、做好安排,取得应变主动权,便于检查、总结
   D. 可以从中发现存在的问题,找出经验教训,把任务完成得更好

2. 计划由于内容等方面的不同,往往选用不同的名称。本单位、本部门以长远或近期工作任务做粗线条的、非正式的安排,计划的名称应用(　　)。
   A. 规划　　　　B. 安排　　　　C. 方案　　　　D. 设想

3. 下列计划标题拟写恰当的项是(　　)。
   A. ××××年××职业学院招生工作计划
   B. ××职业学院××××年招生工作计划
   C. ××职业学院招生工作计划(××××年)

D. ××职业学院招生工作××××年计划

4. 个人计划的具名应写在( )。
   A. 标题中　　　B. 正文右下方　　　C. 标题后　　　D. 标题下

5. 计划中提出的任务与要求是指所要完成的任务的( )。
   A. 数量、质量、程度、时间期限　　　B. 人力、物力、财力、时间的安排
   C. 指标、程度和时间的分配　　　D. 依据、指导思想、具体步骤

6. 如果计划在标题后或标题下用括号加注"草案""初稿""讨论稿"字样,说明这份计划( )。
   A. 未经作者同意　　　B. 未经上级批准
   C. 没有经过正式讨论通过,还不成熟　　　D. 未经作者修改抄正

7. 本单位或者本部门近期或短期内就某项任务、课题的具体实施,从目的、要求到方法都做了全面安排,这类计划的名称应用( )。
   A. 安排　　　B. 意见　　　C. 方案　　　D. 规划

8. 下面属计划前言的一项是( )。
   A. 实践性教学是重要的教学环节
   B. 努力做到理论与实践相结合,争做应用型人才
   C. 做思想政治工作,保证各项任务的顺利进行
   D. 为培养应用型人才,适应社会的需要

9. 计划可分为生产计划、工作计划、学习计划、实验计划、训练计划等,它的分类标准是( )。
   A. 范围　　　B. 内容　　　C. 性质　　　D. 时间

10. 为了利于实施和检查,计划的内容应写得( )。
    A. 具体、明确　　　B. 简要概括,具体分明
    C. 条项清晰,语言严谨　　　D. 全面周密,不遗漏细节

11. 年度工作要点是( )。
    A. 指标明确,措施具体
    B. 就本单位全年工作提出指导性的技术意见
    C. 从较大范围来布置工作任务,提出原则性的要求
    D. 为完成某项计划而制订的具体要求

12. 计划的灵魂和总纲是( )。
    A. 前言　　　B. 任务和目标　　　C. 步骤和措施　　　D. 标题

13. 计划种类有错的项是( )。
    A. 安排、打算　　　B. 规划、设想　　　C. 方案、要点　　　D. 意见、建议

14. 检查、评比、修改办法等内容可写入计划的( )。
    A. 前言　　　B. 任务和目标　　　C. 步骤和措施　　　D. 有关事项

15. 计划是事前的谋划或安排。通常称为"安排""意见""要点""方案"的也是计划。因此,下述各项属于计划文种的是( )。
    A. 关于与××公司的谈判方案　　　B. 对党校总结的一些意见
    C. 某学科的期考复习要点　　　D. 毕业生分配的工作安排

16. 一般来说计划的前言部分写( )。

A. 任务要求　　　　　　　　B. 制订计划的指导思想
C. 希望和号召　　　　　　　D. 措施和步骤
17. 计划除了具有目的性、预见性的特点外,还具有(　　)的特点。
A. 可行性　　B. 科学性　　C. 实践性　　D. 约束性

三、判断题
1. 通常称为"安排""要点""方案"的也可以是计划,因此,《对学校总结的一些意见》也属于计划文种。　　　　　　　　　　　　　　　　　　　　　　　　　　　　　(　　)
2. 为了更客观实际,计划在执行过程中可以随时调整、修改甚至废除。　(　　)
3. 计划正文的开头部分一般要解决的问题是"为什么要制订计划"。　　(　　)
4. 目标、任务是计划的灵魂和核心,是一切计划不可缺少的内容。　　　(　　)
5. ××大学为了组织好艺术节活动,制订了《××大学艺术节筹备规划》。(　　)
6. 内容单一、专业性强、数据多的计划,适宜用条文式的结构方式。　　(　　)
7. 计划不是公文,但一经法定会议通过和批准,在它所管辖的范围内,就具有了约束力。　　　　　　　　　　　　　　　　　　　　　　　　　　　　　　　(　　)
8. 沟通情况、传递信息是计划的基本功能。　　　　　　　　　　　　　(　　)
9. 撰写计划正文的主体部分,一般有三种方法。　　　　　　　　　　　(　　)
10. 表格式计划不能用文字说明。　　　　　　　　　　　　　　　　　　(　　)
11. 计划不是正式公文。　　　　　　　　　　　　　　　　　　　　　　(　　)

四、简答题
1. 规划、设想、打算、要点之间有什么不同?
2. 简述计划正文的写作内容。
3. 计划写作的常见病有哪些?

五、阅读分析题
(一)对下面这一计划的开头进行修改,并说明修改理由。

××汽车队八月份行政工作计划

　　为认真贯彻省交通厅党委扩大会议和安全电话会议精神,以及省汽车公司第三季度重点工作会议安排,在本月内,除认真贯彻外,还必须以提高质量,保证安全为中心,进行比、学、赶、帮为形式的竞赛活动;掀起一个大搞标准化作业、大练基本功的高潮。把人员培训工作在现有基础上提高一步,要求达到生产过硬职工占总人数的70％,在技术上出现一个新水平。以此实际行动为迎接冬季运输业务做准备。为完成上述任务,要注意以下几点工作。

(二)下面这份计划在写作要求、格式等方面都存在问题,请做修改。

××××年××班实习工作计划

　　为了充实小学语文教学的新生力量,提高小学生学习语文的兴趣,让大学生走向社会,更好地锻炼自己,特制订本学期实习工作计划。

　　1. 根据学校有关精神,本学期下到下学期进行教学实习,我们一定要克服困难,兢兢业业,圆满完成教学实习任务。

　　2. 认真做好实习前的准备,虚心向该校教师请教学习。

　　3. 服从学校安排,严格遵守学校规章制度,教书育人。

4. 实习完成以后,认真做好总结工作。

以上计划,一定认真执行。

……

××系××班

××××年×月×日

(三) 指出下面这份计划存在的问题,并加以改正。

××××—××××年度第一学期

——团支部工作计划

新的学期、新的起点、新的班主任,在这一切都是新的情况下,我班团支部工作也要有一个全新的规定,对于我们班级还是要从根本上抓好思想、纪律、团结等工作,不是简单地讲讲,软弱地做做,而是有制度的就需要坚决执行。

总结过去,展望未来,本学期团支部工作计划如下。

1. 按照团委的要求,认真、坚持不懈抓好思想工作;经常与班级委员会通过开展班会等方式解决实际问题,深入了解同学思想、健全班级各项制度,提高工作效率。

2. 推荐和发展新团员工作,一如既往地坚持标准,保证质量,为党做好后备工作。

3. 团内竞赛活动,根据实际情况不定期地搞一些活动繁荣班级文化,并给予一定物质奖励。

4. 配合班级干部工作,在班级中密切与各班干配合搞好班级学习、纪律、体育等方面的工作。

5. 定期召开团支部委员及各班干部会议,总结和布置工作,会议半月一次。

6. 定期召开团支部大会,凡重大问题需提交全体团员讨论。

7. 团员思想教育和处理,对于犯错误的同学要耐心教育,给予改过机会,当然对教育不改的坚决给予相应的团内处分,严重的开除团籍。

8. 义务公益活动,这样的班级活动每学期不低于两次,具体时间根据实际情况安排。

以上为我班团支部工作计划。

此致

敬礼

××团支部

××××年××月×日

六、写作题

1. 根据自己各方面的实际情况,制订本学期的学习计划。必须有明确的要求,具体的措施,并且切实可行。

2. 为加强个人开支的计划性,切实改变盲目消费和超支现象,请制订自己每月的开支计划。

3. 拟订一份你自己的体育锻炼计划或课外阅读计划。

第二部分　总结

一、填空题

1. 事先做_____,事后做_____,这已成为常规。

2. 总结的别称有_____、_____、_____等。
3. 总结的作用有_____、_____和_____。
4. 总结的特点是_____、_____、_____和_____。
5. 总结的种类很多,但从写作上来说,只有_____、_____和_____。
6. 总结的标题有两种写法,一是_____;二是_____。
7. 总结正文的开头,常有以下几种写法:_____、_____、_____和_____。
8. 总结正文主体要写的内容是_____、_____、_____和_____。
9. 总结主体部分的结构形式有_____和_____两大类。后者又有_____、_____和_____三种。
10. 总结正文结尾的写法常有_____、_____、_____和展望型。
11. _____总结主要采用_____和_____两种表达方式。
12. 总结的含义是_____。

二、选择题(单选或多选)
1. 总结的结构格式,一般来说由以下(　　)部分组成。
   A. 标题　　　B. 正文　　　C. 署名　　　D. 日期　　　E. 主体
2. 《发掘内部潜力,实现扭亏增盈》这一总结标题属于(　　)。
   A. 公文式标题　　B. 新闻式标题　　C. 复合型标题　　D. 双标题
3. 根据事物发展过程或时间先后顺序安排层次结构,是(　　)。
   A. 横式　　　B. 纵式　　　C. 纵横式　　　D. 综合式
4. 总结要回答的问题是(　　)。
   A. 做得怎样　　B. 谁做的　　C. 做到什么程度　　D. 做了什么
5. 《某省卫生系统××××年工作总结》属于(　　)。
   A. 公文式标题　　B. 新闻式标题　　C. 双标题　　D. 复合型标题
6. 关于总结与计划的共同之处,错误的一项(　　)。
   A. 都是一种实用性很强的应用文　　B. 都是以实践作为基础
   C. 都是以指导实践为最终目的　　D. 都是运用叙述和议论相结合的表达方式
7. 总结的开头包括的内容,下列不正确的一项是(　　)。
   A. 时间、重要背景　　　B. 经过的概况
   C. 事例的具体分析　　　D. 事情的结果
8. 专题总结常用的表达方式是(　　)。
   A. 叙议结合　　　B. 以概述为主
   C. 夹叙夹议　　　D. 说明、议论相结合
9. 写总结要注意的问题,下列不正确的一项是(　　)。
   A. 时间和背景的统一　　　B. 观点和材料的统一
   C. 面上的材料与点上的材料相结合　　D. 叙述与议论相结合
10. 总结的具名和时间,下列说法不正确的一项是(　　)。
    A. 单位名称已经在标题出现的就不再署名
    B. 个人总结不必署名
    C. 需要署名的可写在标题下面或正文之后右下方
    D. 随公文报送的总结不署名和日期,需要写的则写在正文右下方

三、判断题
1. 总结既报喜,也报忧。（ ）
2. 总结要把感性认识上升到理性认识。（ ）
3. 写总结一般使用第三人称。（ ）
4. 写总结一定要按照完成工作的时间先后顺序来写。（ ）
5. 总结的正文在结构安排上有横式和纵式两种。（ ）
6. 写作讲究灵活,总结的观点和材料有时可以不统一。（ ）
7. 按内容分类,总结有全面总结和专题总结。（ ）
8. "笔杆子"即使闭门造车,也能写出好的总结。（ ）
9. 写作总结主体部分时,可根据需要灵活安排,不必面面俱到。（ ）
10. 总结的正文一定要有结尾。（ ）
11. 总结的内容主要是写"为什么做""做什么""怎样做"。（ ）
12. 总结的标题基本上都采用公文式标题。（ ）
13. 写总结应如实反映情况,就是把过去所做过的事情都写在总结里。（ ）
14. 总结除了回顾做过的事,还必须提出对今后工作的意见。（ ）
15. 总结的性质决定了它用叙述的表达方式,叙述可以使用各种人称。（ ）

四、简答题
1. 简述总结正文的内容。
2. 简述总结的写作要求。
3. 总结与计划有什么区别？

五、阅读分析题
阅读下文,指出其毛病所在,并给予修改。

个人工作小结

我是负责人事工作兼工会副主席的,工作中我要求自己既谨慎又胆大,既细致又快速,遇上工作多的时候,保持冷静的头脑,先急后缓,使每件工作都能如期地完成。

我根据人事工作与工会工作在某方面的共同性,把工作扭在一起,因此收到了比较好的效果。

我还注意团结同志,有事互相商量,做到既有分工又有合作,你忙我帮,共同把工作做好。

六、写作题
根据个人实际情况,写一份不少于800字的学习总结(不要面面俱到,要真正写出对自己今后学习有用的认识)。

第二单元

报告、请示、批复

一、报告

(一) 报告的含义

报告是上行文,是下级机关向上级机关汇报工作、反映情况时使用的一种陈述性公文。

(二) 报告的特点

报告是陈述性公文,应以具体的事实和精确的数据为汇报的主要内容,表达方式主要是叙述,要直陈其事。虽然也可以论述道理,阐明自己的观点,但只点到为止。另外,报告是上行文,只能向自己的直接上级发出,包括受双重领导的单位的两个直接上级。

(三) 报告的类型

报告根据其功用的不同可以分为工作报告、情况报告、答复报告、报送报告四大类。

1. 工作报告

工作报告是将本单位的日常情况向上级机关做出汇报的报告,内容包括目前工作的进展情况、取得的成绩和存在的问题以及今后的打算等。如[例文2-1]。

2. 情况报告

情况报告是向上级机关反映工作中遇到的新问题和特殊事件。如[例文2-2]。

3. 答复报告

答复报告是针对上级机关的询问汇报有关情况的报告。与其他种类报告不同的是,它不是主动呈报的,而是被动报告。如[例文2-3]。

4. 报送报告

报送报告是向上级机关报送文件时加在前面的报告,目的是使不能直接行文的普通公文文书(如计划、总结、调查报告等)能够以法定公文的形式上报。[例文2-4]就是××县××局关于报送××××年度工作总结的报告。

(四) 报告的结构与写法

报告一般由标题、主送机关、正文、落款四部分组成。

1. 标题

报告的标题可以有如下写法:由"发文机关""事由"和"文种"三部分组成。如《国家工商行政管理局关于加强工商行政管理工作的报告》；还有一种是由"事由"加"文种"两部分组成，如《关于××铁路的施工报告》。

2. 主送机关

写上受文单位名称。报告只主送给有隶属关系的上级机关。

3. 正文

正文一般由开头、主体、结语三部分组成。

1) 开头

开头说明报告缘由，交代清楚报告的目的、意义或写作背景。常用"现将××××（有关情况、工作等）情况报告如下"引出下文。

2) 主体

主体是报告的核心部分，一般包括：主要情况、存在问题、经验教训、今后的意见和打算。不同类型的报告，内容的侧重点有所不同。工作报告分为综合报告、专题报告。综合报告包括多方面工作的进展情况、成绩、经验教训、存在问题和对今后工作的意见；专题报告是汇报某一方面的工作。工作报告可采用分条列项的方法来写。情况报告的重点应放在反映情况上，通常按时间顺序安排内容，主要交代清楚事项目前的状况和采取了哪些措施。答复报告要紧扣上级的询问和要求，写清有关事项的起因、工作过程、事实根据、结果、意见和态度等。报送报告是以报告的形式向上级呈报其他文件、物件的，俗称"文件头"，只要写清报送的文件、物件的名称、数量即可，常见的写法为"现将××××送上，请审示（查收）"。

3) 结语

结语常用惯用语，根据类型的不同而有所差别。只是单一的工作报告和情况报告结语多用"特此报告"；带有建议性的报告，常用"以上报告，如无不妥，请批转各地执行"；答复报告多用"专此报告"；报送报告用"请审阅""请收阅"等。关于方针、政策方面的报告，常用"请审查"；关于财经、物资方面的报告，常用"请审核"。

4. 落款

在正文的右下方，写上发文单位和成文日期，加盖公章。如标题中有发文机关名称，发文单位可以不写。

（五）报告的写作要求

首先，正确使用文种，报告内容要求重点突出。

其次，报告的内容要真实，实事求是。

最后，观点鲜明，主旨和材料相统一，条理清晰，简洁深刻。

（六）例文阅读与评析

[例文2-1]

关于进一步加强森林防火工作的报告

国务院：

我国的森林防火工作，以××××年××××特大森林火灾为转机，进入了一个新阶段。全国森林防火综合能力明显提高，森林火灾损失大幅度下降，对保护国家森林资源，促进国民经济发展，维护生态环境，保障林区安定发挥了重要作用。在新的形势下，森林防火工作出现了一些新的情况和问题，必须认真加以总结。森林防火任务日益繁重，森林防火工作只能加强,不能削弱。国家森林防火总指挥部撤销后,地方各级人民政府要进一步负起责任,切实做好森林火灾的预防和扑救工作。林业部将做好对各地森林防火的检查、监督和协调工作,各有关部门要积极支持,共同做好森林防火工作。现就进一步加强森林防火工作的意见报告如下。

　　一、进一步认识森林防火的重要性、长期性、艰巨性。(略)
　　二、继续坚持实行森林防火工作行政领导负责制,强化森林消防监督职能。(略)
　　三、依靠全社会的力量,积极做好森林火灾的各项预防工作。(略)
　　四、进一步加强森林消防队伍建设,逐步提高专业化水平。(略)
　　五、不断增加投入,切实加强森林防火基础设施建设。(略)
　　六、进一步完善全国森林防火工作体系,做到从上到下有专人管。(略)

　　当前正值北方森林防火的最紧要时期,以上报告,如无不妥,请批转各地执行。

林业部
××××年××月××日

　　【评析】这是一则带有建议性的工作报告,正文的开头说明了报告的缘由,交代清楚报告的目的、意义,主体分条列项地写了建议的内容,使报告的内容清楚明白,结尾用了惯用语,写作上符合格式要求。

[例文2-2]

××省商业厅关于×××市百货大楼重大火灾事故的报告

商业部:

　　××××年××月××日上午10点20分,我省××市百货大楼发生重大火灾事故,市消防队出动了××辆消防车,经过五小时的扑救,大火才被扑灭。这次火灾除消防队员和群众奋力抢救出部分商品外,百货大楼三层楼房内余下商品全部被烧毁。时值百货大楼开门营业不久,顾客不多,加上疏散及时,幸未造成人员伤亡。但此次火灾已造成直接经济损失约×××万元。

　　经查明,此次火灾是因电焊工××违章作业,在一楼电焊铁窗架时电火花溅到易燃货品上引起的。另外,市商业局领导对上级领导机关和公安消防部门的安全防火指示执行不力,百货大楼安全制度没有落实,许多安全隐患长期未得到解决。电焊加固铁窗,本应停止营业。但经营者为了利润,竟一边营业一边作业,忽视了安全工作,这也是造成火灾的原因之一。

　　火灾发生后,省人民政府召开了紧急防火电话会议。严肃指出了××市发生火灾的严重性,批评了××市不重视安全工作的错误倾向。我厅×××副厅长带领有关人员赶到现场调查处理。市商业局领导在市委、市政府领导下,组织力量对财产进行清理。百货大楼职工在总结教训的基础上,在街道路口增设摊点,以缓和市场供应。公安机关对事故责任者××已进行拘留审查。市委、市政府在分清责任的基础上,对有关人员也视情节轻重,进行严肃处理:给予专管安全工作的百货大楼党委副书记、副总经理×××撤销党内外职务,开除党籍、开除公职的处分并交司法部门依法处理;撤销百货大楼党委书记、总经理××的职务;撤销百货大楼营业部经理××的职务。

　　这一次火灾,是我省商业系统历史上最大的一次事故,损失很大,影响很坏,教训深刻。问题虽然发生在××市,但也暴露了我省商业安全工作上还存在不少问题。有的地区安全制度没有落实,检查不认真,隐患整改不力,缺乏有针对性的防火措施。另外,我们平时深入了解不够,检查督促不严,因此,我们也有一定责任。为了吸取教训,防止类似事故再次发生,已根据我省实际情况,多次用电报、电话、传真、简报通知各地要注意,并定于4月20日召开全省商业安全工作会议,制订下一步安全工作方案,切实把我省商业系统安全工作抓紧、抓好。

特此报告

××××年××月××日

【评析】这是一则工作中出现了重大问题、重要情况,须报上级了解情况的报告。本报告在写法上,以案件发生后的查(对案件进行调查)、处(对当事人责任人予以纪律处分)、改(制订措施,进行整改)为顺序,将需要报告的情况有条有理地叙述清楚。

[例文2-3]

关于我校工会干部有关待遇的报告

市总工会:

××月××日来函悉。现将我校工会干部有关待遇报告如下。

一、我校基层工会主席由教师兼任,每年减少工作量××学时。

二、部门工会主席任职期间享受本单位行政副职待遇,由教师担任的每年减免工作量××学时。

三、校工会委员任职期间减免工作量××学时;部门工会委员每年减免工作量×××学时。

专此报告

××大学工会

××××年××月××日

【评析】这是一则答询报告。本报告是××大学工会接到上级工会——市总工会来函询问工会干部待遇问题后所做的答复。用函件格式上报,报告的正文由开头、主体、结尾三部分组成。开头,写引据,引叙来函,接着直叙,将所询问题用领起语领起。主体,写报告内容,分条列项,言简意赅。结尾,用"专此报告"作结。

[例文2-4]

××县××局关于报送××××年度工作总结的报告

市卫生局:

现送上我局《××××年度工作总结》一份,请审阅。

××县××局

××××年××月××日

【评析】这是一则用函件格式呈报文件的报告。向上级机关报送文件或物件用这类报告。写法较为简单,写清楚报送的材料的名称、数量,结尾用"请审阅"或"请查收"作结。上例的写作符合格式要求。

二、请示

(一) 请示的含义

请示是下级机关向上级机关或业务主管机关请示某项工作中的问题,明确某项政策界限,审核批准某事项时使用的请示性上行公文。

(二) 请示的特点

1. 针对性

只有本机关无权决定或无力解决而又必须解决的事项,才可使用"请示"行文。请求上级机关给予指示、决断或答复、批准,因而请示有很强的针对性。

2. 超前性

请示必须在办理事项之前行文。

3. 单一性

请示要一事一请示,且主送机关只能有一个。

4. 呈批性

请示的目的是针对某一事项取得上级的指示或批准,上级机关对所呈报告的请求事项无论是否同意,都必须给予明确的"批复",属于双向行文。

5. 隶属性

发文单位只能按照隶属关系向直接的主管机关发文请示。

(三) 请示的种类

按照内容和性质的不同,可将请示分为请求指示性请示和请求批准性请示。

请求指示性请示,用于上级主管部门明确规定必须请求批准才能处理的事宜、有关方针、政策的界限难以界定的问题;遇到的新情况和难以解决的问题;把握不准或无章可循的事项;情况特殊,有意见分歧,无法办理,需请示上级机关指示意见时所写的请示。

请求批准性请示,用于单位职权范围内不能解决的问题,或要做某项工作而需要或缺少一定的财力、物力、人力,要请上级予以帮助时所写的请示。

(四) 请示和报告的区别

报告和请示,都是陈述性质的行文,稍有不慎,容易混淆。但它们毕竟是两个不同的文种,应注意区分,不能用错,其不同之处可以从以下四个方面进行区别。

1. 行文目的不同

报告用于汇报、反映工作中的情况,目的是让上级机关了解下情,掌握动态,为决策和指导下级工作提供依据;而请示用于请求上级机关指示、批准,目的是请领导解释政策,批准事项,帮助解决困难。

2. 行文时间不同

报告的行文时间多在事后,也可以在事情进行中行文。报告中的内容都是已经做过或正在做的事情。而请示只能在事前行文,必须等上级机关明确表态后才能付诸行动。

3. 内容的含量不同

请示的内容集中单一,一份请示只涉及一件事情,即"一事一请示"的原则。报告的内容含量大于请示,综合报告自不必说,就是专题工作报告也是围绕着一个中心或情况涉及众多的材料。一般来说,报告的篇幅要长于请示。

4. 文末的结束语不同

请示要求上级表示明确的态度,并以批复给予答复,故在结束语中明确提出"请指示""请批准""请批复"等要求;报告的结束语一般用"专此报告""请审阅"等。

(五)请示的结构与写法

请示一般由标题、主送机关、正文和落款四部分组成。

1. 标题

请示的标题,通常要标明发文机关、事由和文种类别。有时标题中可省略发文机关,但事由和文种不宜省略。

2. 主送机关

请示的主送机关只能写有隶属关系的一个领导机关,不能多头请示,不能越级请示。

3. 正文

请示的正文包括请示理由、请示事项和结束语三部分。

(1)请示理由,也是引据,写请示的理由和依据,请示的理由必须在兼顾全局性的情况下充分、合理,请示的依据要注明出处。用简约的语句交代完请示理由后,用一句过渡语,如"请示如下""请示事项如下""特请示如下",后面加冒号,以领述请示事项。

(2)请示事项,这是请示的主体,即请示内容。要将请示事项清楚、明白、具体地写出,让人一看便明白请示什么。要注意说理充分,切忌讲大道理,要陈述理由,不能发议论。可采用分条列项的方法,使表述有条理。要坚持一文一事,不能一文数事,以免延误办事。

(3)结束语,惯用的是"以上请示当否,请批示""以上请示如无不妥,请批准",如果是请求批转的,写"以上请示如无不妥,请批转有关单位执行"。

4. 落款

在落款处写上发文机关和日期,加盖公章。有时因标题中已标明发文机关,日期移至标题下标示。

(六)请示的写作要求

(1)要一事一请示。

(2)请示只能有一个主送机关,不要多头请示。

(3)不可越级请示。

(4)要事前请示。

(5)不要把请示、报告混淆。

(6)撰写请示时,可提出两个或多个解决问题的方案,并指明倾向性意见。

(7)请示的语气要谦恭,不能用决定的口吻,表述时,应写"拟"怎么办,不能写"决定"怎么办。

(七)例文阅读与评析

[例文2-5]

××市人民政府关于××公路
收费站移址的请示

省人民政府:

××公路是我市××区利用国家"贷款建路,收费还贷"政策自筹资金建设的一条收费公路。该路北起××街,南至××镇××村,是连接××与××、××乃至××的一条重要公路,全长42km,建设标准按一级公路(平原微丘区)标准控制,工程投资2亿元。××公路收费站位于××公路7km+300m处,是根据×政复[1996]51号、×交公[1996]80号文件精神设立,于同年××月××日正式开征通行费,用于××公路拓宽改造建设资金还贷。

通行费开征头四年,征费情况比较好,年收费额达2400万元,最高日收费接近10万元。但是,由于××区道路四通八达,一些车辆千方百计绕行以逃避收费。虽然经省政府办公厅×××年××月××日《情况通报》批准,××区于××××年设立了××路堵逃点,弥补了一些损失,但××公路收费站收费额仍呈直线下降趋势:与最高收费额年份××××年的2414万元相比,××××年征收2264万元,下降了6.2%;××××年征收1706万元,比上年大幅下滑了25%;××××年只征收了1520万元,又比上年下降了11%。目前,在××路堵逃点因104国道××收费站开征而撤销后,××公路收费站的日收费额仅在1.6万元至2万元之间徘徊,预计年收费额最多只能达到700万元,还不及1998年收费额的1/3。

造成××公路收费站收费额大幅下降的主要原因是××经济技术开发区的南进西扩,区内道路纵横交错,为绕行车辆提供了方便。目前又有一条公路——××大道修到了收费站附近,且××大道接上××公路只是时间问题。此路一旦打通,××公路收费站将形同虚设。因此,××公路收费站的移址已迫在眉睫。

为切实提高××收费站的收费效益,确保道路投资的及时回收还贷,促进公路建设的良性发展,经考察论证,并征询有关专家意见,拟将××公路收费站南移至26km+300m处,并同时在××至××道路上设置堵逃点。

特此请示,请予批复。

××市人民政府
××××年×月××日

【评析】这是一篇求准性请示(请求批准性请示),求准性请示是下级机关遇到工作中的具体问题,请求上级机关批准自己要求时使用的一种公文。求准性请示的正文通常要写四个方面的内容。首先,要顶格写明送达机关;其次,分段陈述请示的理由;再次,写明请示的事项;最后,写明"以上请示妥否,请予核准"等字样的具体要求。本文格式准确、内容完整,请示事项明确具体,简明扼要,提出的要求切实可行。没有大话、空话和套话,也不闪烁其词,明确表明了自己的态度,是一篇较为规范的请示。

[例文2-6]

××市人民政府关于暂以×××药业
股份有限公司名义生产销售保健食品的请示

省人民政府:

原×××制药有限公司是经省政府认定的农业产业化省级重点龙头企业。××××年12月31日经我市政府批准,该企业改制为×××药业股份有限公司。

原×××制药有限公司的××牌口服蜂乳、××牌蜂王浆冻干粉、××牌蜂王浆冻干粉含片、××牌维康胶囊、××牌天补胶囊、××牌蜂胶胶囊6种产品分别于××××年和××××年获得了国家卫生部保健食品批准文件。根据国家有关规定,企业改制后如继续生产销售原经批准的保健食品产品,需报国家卫生部重新批准更名。目前,申报工作正在进行之中。

因规定允许的过渡期较短,且报批更名尚需时日,为了不影响×××药业股份有限公司的正常生产和经营,恳请省政府协调省有关部门在国家卫生部更改公司名称的批文下发之前,是否准予该企业以×××药业股份有限公司的名义生产、销售上述6种保健食品。

当否,请予批示。

××市人民政府
××××年×月××日

【评析】这是一篇求示性请示(请求批准性请示),求示性请示是下级机关在工作中遇到不好解决的问题,或对上级机关的某个文件的理解存在疑点,或对某一问题因本机关内部意见分歧,无法统一执行时使用的一种公文。求示性请示的正文应包括送达机关、请示理由、请示事项和具体要求四部分内容。送达机关,一般只写一个机关,但有时因送达机关是自己的直接行政主管机关,也有省写送达机关名称的。理由和事项的写作要根据请示内容多寡来定,以简明为好。最后一般以"以上认识当否,请予指示"等语做结束语。求示性请示的写作要求:求示性请示的内容一般比较简单,写作时应该明确指导思想,突出要点或疑虑点,语言要表达准确。本文的写作符合一般求示性请示的要求,格式完整、内容完备、表述简明扼要。

三、批复

(一) 批复的含义

批复是上级机关答复下级机关的请示事项时所使用的一种带有指示性、答复性的下行公文。批复必须以下级机关的请示为存在的条件。没有请示,也就无所谓批复。由此可见,批复和请示,是彼此互相对应的两种公文。请示是上行文,批复是下行文。

(二) 批复的特点

1. 专向性

批复和请示是相互对应的一组公文,批复是专门针对请示行文,而不是针对其他文种。批复的内容也针对着请示的具体事项,与请示事项无关的内容则不涉及。

2. 指令性

上级机关在批复中对政策所做出的解释、提出的指导性意见以及表明的批准或不批准的态度,具有权威性和指令作用,下级机关必须遵照执行。

3. 政策性

批复对于请示事项所做出的答复,或可或否,都要以党和国家的各项政策为依据,要坚持原则,照章办事,不能任意行事。

(三) 批复的种类

按照其性质和内容,批复可分为表态性批复和指示性批复。

表态性批复是针对下级机关请示而做的直接答复。

指示性批复是对请示事项相关单位的一并批示,指示其按照批示事项执行,包含着一定的指示性意见,具有普遍的指导意义,可以下发给所属各个下级机关或部分有关下属机关。

(四) 批复的结构与写法

批复由标题、主送机关、正文和落款几部分组成。

1. 标题

批复的标题由批复机关名称、批复事项、受文单位名称和文种类别四部分组成。事由的写法除用"关于"加批复的事项外,还可在"关于"和事项之间插入"同意"两字,如《国务院同意北京市政府关于防治"非典"取消2003年"五一"放假的批复》。

2. 主送机关

称谓写请示的下级机关的全称或规范化的简称。

3. 正文

批复的正文一般包括批复依据、批复意见和常用语三个部分。

(1) 批复依据,也是引据,在开头引叙来文,先引来文日期,然后引叙来文标题,或简述来文的请示事项,然后用括号括上来文号,接着写出依据什么进行批复。

(2) 批复内容,一般用"经研究""经××同意"、"经××会议决定""批复如下"做领起语,然后表述批复的事项。批复内容简单的,可以一气呵成,如果内容较多,便要分条列项,逐一写明。

(3) 批复结束语,一般用"特此批复""此复"。结束语应独占一段。有时也可以不用结束语。

4. 落款

批复的标题包含有发文机关和日期的,可不必另行落款;没有的,应在正文右下方签署发文机关和日期。

(五) 批复的写作要求

(1) 内容要单一、集中,根据请示内容行文,一文一事。

(2) 慎重及时。收到请示后应及时准确地掌握有关情况,以政策法令和办事准则为依据,及时给予答复。

(3) 态度明确,不能含糊其词,以陈述为主,行文应流畅、简单。

(4) 语气委婉,用平行、礼貌、商洽的口吻陈述,切忌盛气凌人。

(六) 例文阅读与评析

[例文2-7]

××省计委、省财政厅、省教育厅
关于小学住宿费收费问题的批复

××市计委、财政局:

你们《关于小学住宿费收费标准的请示》收悉。经研究,现批复如下:

近年来,国家计委、财政部、教育部为认真贯彻落实《国务院关于基础教育改革与发展的决定》(国发[2010]21号)精神,进一步做好义务教育特别是农村义务教育收费管理工作,规范中小学收费,纠正乱收费行为,切实减轻人民群众特别是农村群众的不合理负担,经国务院批准,先后下发了《教育部、国家计委、财政部关于坚决治理农村中小学乱收费问题的通知》(教电[2010]46号)《教育部、国家计委、财政部关于切实做好××××年农村贫困地区义务教育阶段"一费制"试行工作的通知》(教电[2011]53号)等文件,制定了以规范贫困地区农村中小学收费为主要内容,进一步整顿、规范义务教育阶段收费行为的政策、措施,明确了具体的收费项目、收费方法、收费原则。其主要精神是:在国家级贫困县和省级贫困县农村中小学试行"一费制",即在全面清理农村中小学乱收费,严格核定杂费、课本费标准的基础上,综合考虑两项收费,核定一个最高收费标准,只向学生收取一项费用,此外,不再向学生收取任何费用;未试行

"一费制"的地区,除国家统一规定的杂费、借读费和必须由学校统一订购的课本费(有寄宿制的初中可合理收取住宿费)外,学校不得再向学生收取其他任何费用。同时,《××省人民政府办公厅关于做好××××年我省中小学教育收费工作及对高中阶段择校生实行"三限制"规定的通知》(×府办电201号)也明确规定:我省试行"一费制"的农村义务教育阶段中小学,除按规定向学生收取一项费用外,不准再收取任何费用;未实行"一费制"的地区,除省统一规定的杂费、借读费、寄宿制初中住宿费和必须由学校统一订购的必备教科书外,学校不准再向学生收取其他任何费用。

  我省义务教育阶段的收费,必须严格按照上述文件规定执行,不允许在上述文件规定之外,再审批设立其他收费。因此,不同意收取小学生寄宿制住宿费。

  此复

××省发展计划委员会

××省财政厅

××省教育厅

××××年××月×日

  【评析】这篇批复属于表态性批复。表态性批复是一种指示性很强的文件。在写作时,应该态度明确,语气肯定,内容具体,措辞准确,文字简洁,有较强的针对性。

  表态性批复的正文开头一般先写明"你单位××年×月×日的请示收悉,同意或不同意"的表态语,再按照批复缘由、批复内容和结束语的顺序写作。批复缘由主要把原请示名称、字号和年月日写清,表明是针对该请示文件的答复。批复内容较多,应该分条陈述,如果同意请示内容,应写明同意的意思;若不同意该请示,应说明不同意的理由,并做出应该如何处理的指示,使下级机关明白原因,并有所遵循。如果对所请示的事项有的可行,有的不可行,有的需要做改动,就要逐项明确表态,分别说明同意和不同意的理由。结束时用"此复""特此批复"字样为习惯结语。

[例文2-8]

关于临跨过河建筑物服从××河航道等级规划的批复

××市交通局:

  你局宁交计[2008]68号文《关于临跨过河设施服从××河航道等级提高规划的紧急请示》收悉,经研究,批复如下:

  ××河位于××市长江南岸,上游起始于××线航道的××湾船闸,下游止于入江口的××新河船闸,全长104.5千米,自南向北途经××省××县及我省××县、××县、××区及××市区,中间与六级航道的句×河相接,在××××年全省航道定级时,省政府以×政复[1999]12号文将其定为六级航道(部分航段为七级航道)。

  随着国民经济的不断发展,××河航道货运量逐年上升,特别是近年来随着××都市圈的迅速发展以及航道沿线开发区的逐步形成,××河航道的区位优势愈加突出,成为××市唯一的一条南北向水上运输要道,对××市国民经济的发展起到了重要的推动作用。××××年交通部规划研究院所做的《××省干线航道网规划深化研究》报告中,已将××河航道列入我省干线航道网,同时,××市交通部门委托科研单位开展的《××河航道等级提升问题研究》也都将××河航道规划等级近期确定为五级,远期按四级航道标准预留。

为了促进××河航道沿线经济的发展,配合京沪高速铁路××站的南移,加快启动水运物流,发展内河航道集装箱运输,满足船舶大型化的需求,我厅同意××河航道上的临跨过河建筑物按四级航道规划标准控制。希望你局认真做好该航道的管理与规划控制工作。

此复

××省交通厅
××××年××月××日

【评析】这是一篇指示性批复。指示性批复的正文通常由批复依据、批复内容和针对批复的问题提出的原则性指示三部分组成。

依据部分用"你处××××年××月××日的请示收悉"以及"现答复如下"、"认为"字样。

指示性批复的批复内容,是针对来文的请示事项表明态度,同意或不同意。针对批复问题提出的原则性指示一般是对请示单位进一步指明来文所述问题的意义和重要性,强调指出其中需要特别注意的问题和提出补充的意见,最后用结束语"特此批复"或"此复"做结语。

指示性批复兼有发布指令的职能,语气要表现出严肃性和权威性,用语不能含糊。

★能力训练★

一、填空题

1. 报告是上行文,是下级机关向上级机关_____、_____时使用的一种_____公文。

2. 报告的类型有_____、_____、_____、_____。

3. 请示是下级机关向上级机关发送的_____公文。

4. 请示具有_____、_____、_____、_____的特点。

5. 按照内容和性质的不同,请示可以分为_____请示和_____请示。

6. 请示的正文包括_____、_____和_____三部分。

7. 批复是上级机关答复下级机关的请示事项所使用的一种带有_____下行公文。

8. 批复必须以下级机关的_____作为条件。

9. 批复具有_____、_____、_____的特点。

10. 按照性质和内容不同,批复可分为_____和_____两种。

11. 批复的正文一般包括_____、_____和_____三个部分。

12. _____是报告的结束语,请示的结束语是_____,批复的结束语,一般用_____、_____。

二、选择题(单选或多选)

1. 报告可用于陈述的事项有( )。
   A. 向上级汇报工作,反映情况　　B. 向下级或有关方面介绍工作情况
   C. 向上级提出工作意见或建议　　D. 答复群众的查询、提问
   E. 答复上级机关的查询、提问

2. 工作报告的内容包括( )。
   A. 经常性的常规工作情况
   B. 偶发性的特殊情况

C. 向上级汇报的工作进程,总结的工作经验
D. 对上级机关的查问、提问做出答复

3. 下列事项中,应该用请示行文的有(　　)。
A. ××乡政府拟行文请求上级拨款修复水灾损毁学校
B. ××县政府拟行文向上级汇报本县灾情
C. ××县政府拟行文请求上级批准引进肉食品加工自动化生产线
D. ××市乡镇企业局拟行文请求上级批准成立法规处
E. ××市政府拟行文向上级反映农民负担增加的情况

4. 下列标题中正确的有(　　)。
A. ××市人事局关于请求批准组建××市行政学校的报告
B. ××县人民政府关于解决我县高寒山区贫困户移民搬迁经费的请示
C. ××县人民政府关于请求将××风景区列为省级自然保护区的请示报告
D. ××市人民政府关于解决抗旱物资的请示
E. ××省移民办公室关于对移民办部分内设机构做适当调整的请示

5. 请示的下列结语中,正确的有(　　)。
A. 特此请示,请批复　　　　B. 可否?请批准
C. 妥否,请批复　　　　　　D. 请审批
E. 以上请示如无不妥,请批转各地执行

6. "请示"适用于向上级机关请求(　　)。
A. 帮助　　　B. 指示　　　C. 支持　　　D. 批准

7. "请示"应当(　　)。
A. 一文一事　　　　　　　B. 抄送下级机关
C. 一般只写一个主送机关　　D. 不考虑上级机关的审批权限和承受能力

三、判断题
1. 收到下级上报的"请示"或"报告",上级都应当做出答复。　　　(　)
2. 请求批转性请示可用呈转性报告代替。　　　　　　　　　　(　)
3. 情况紧急可以越级请示。　　　　　　　　　　　　　　　　(　)
4. 报告和请示都是陈述性公文。　　　　　　　　　　　　　　(　)
5. 请示最多可以一文两事。　　　　　　　　　　　　　　　　(　)
6. 关于申请资金修建学生公寓楼的报告。　　　　　　　　　　(　)
7. ××学校关于教师职业病治疗情况的请示。　　　　　　　　(　)
8. 某地发生一突发性重大事故,向上级反映此事故及其有关情况,用报告行文。(　)
9. 报告可以同时上报几个上级机关。　　　　　　　　　　　　(　)
10. 报告不能用"以上报告当否,请指正"之类的结语。　　　　(　)
11. 关于申请修建教学大楼的报告。　　　　　　　　　　　　(　)
12. 关于发生重大火灾事故的报告。　　　　　　　　　　　　(　)
13. 关于扩建油库的请示报告。　　　　　　　　　　　　　　(　)
14. 关于加强外事工作的报告。　　　　　　　　　　　　　　(　)
15. 报告标题可只用"报告"两字。　　　　　　　　　　　　(　)
16. 批复和请示一样,也应一文一事。　　　　　　　　　　　(　)

17. 批复的主要特点是有针对性,它总是针对请示被动行文的,这也是批复有别于其他公文的主要之处。（   ）

18. 批复内容若涉及其他部门,起草批复时应同有关部门协商,取得一致后,方可行文。（   ）

四、阅读分析题

阅读下列公文,指出其中的不当之处。

××省进出口分公司关于请求允许本公司购买卡车的报告

总公司：

目前,我们公司只有一辆卡车,我们出口任务十分繁重,不能完成上级交给的任务。几年来,在党的对外开放政策的正确指引下,经过本公司的齐心协力,我们的出口任务完成得很好,基本落实了计划,公司形象像春天一样越来越喜人。但是发展外贸,扩大出口,没有卡车不能保证出口任务的完成。为此请求增加两辆卡车。

上述意见如无不当,请批示。

××省进出口公司
××××年××月××日

五、简答题

1. 请说说报告正文的结构和写法。
2. 请说说请示正文的结构和写法。
3. 报告与请示有什么区别？

六、写作题

1. 以本校开展某一项中心工作（如"中华传统文化进校园""校风建设"等）为题,在广泛搜集材料的基础上,撰写一份专题工作报告。

2. 夏日炎炎,学生在教室上课感觉很热。为使同学们有一个舒适的学习环境,请你以班委会的名义,给所在系学生办公室写一份要求安装空调的请示。

第三单元 调查报告的写作

一、调查报告的概述

调查报告是对社会生活中某一社会问题或客观事件进行专门的调查研究之后,根据所采集的材料和结论加以整理,写成的反映客观实际、揭示事件本质和规律的书面报告。

调查报告是"调查"和"报告"相结合的产物,和普通公文中的"报告"相比,显然有着明显的不同。"调查"是一种手段,也是一种实践。"报告"则是手段要达到的一种目的。

二、调查报告的类别和特点

(一) 类别

调查报告的种类很多,根据调查报告的内容不同,可分为如下几种。

1. 反映实际情况的调查报告

在调查报告的分类中,反映实际情况的调查报告反映的是工作中的实际情况,可以是比较系统、深入地反映社会某一方面、某一地区或某一部门的情况,也可以是针对群众普遍关心的热点问题、关系国计民生的重大问题进行深入调查和分析研究,提出建议,作为工作参考。

2. 总结典型经验的调查报告

总结典型经验的调查报告主要用于总结具有普遍指导意义的典型经验,找到有规律性的东西,为有关部门的相关工作提供具体的经验、行之有效的方法,力求达到以点带面,推动全局发展。

3. 反映新生事物的调查报告

反映新生事物的调查报告是针对社会生活中出现的新生事物而写成的报告,其作用是对社会生活中出现的新生事物的产生背景、原因、发展过程和规律,以及其存在意义、影响和发展前途进行调查分析,其主要意义是帮助人们提高认识,起到促进新生事物的成长和推广新生事物的作用。

4. 揭示相关问题的调查报告

揭示相关问题的调查报告主要是揭示实际工作中的缺点、失误和违背党的方针政策、违反党纪国法的行为,以及社会生活中的不良现象和倾向,弄清问题发生的原因,分析问题的实质和危害,并提出解决和处理问题的办法。其目的是通过大量的事实归纳教训,对众人起到警示教育的效果。

(二)特点

1. 真实性

调查报告的基础是客观事实,所以,调查报告所反映的内容必须是对客观事实进行调查研究的结果,必须是经过调查所亲自了解到的情况,不能是道听途说、东拼西凑的东西。在调查报告中,不仅主要人物和事实要真实,就是事件的时间、地点、过程及各种细节,也要绝对真实,不能有半点浮夸和虚假。从某种意义上说,真实性是调查报告的灵魂。

2. 针对性

从解决问题的层面看,撰写调查报告,是为了解决实际问题,因此无论是进行调查研究还是撰写相应的内容,都必须要有很强的针对性。从解决问题的角度来分析,只有针对某个问题进行调查,才容易调查得深入,走马观花式的泛泛调查,是不会有太大收获的。一般来说,针对性越强,调查的效果就越好,调查报告的作用也就越大。

3. 指导性

调查报告所反映的内容,无论是经验,还是问题,都应有指导性,要能起到以局部反映全局或以"点"带"面"的作用。一句话,调查报告往往是对大量典型材料进行分析研究,从中探索事物的规律,找出解决问题的办法,这对今后的工作有很大的指导作用。特别是经验性调查报告,其目的就是把成功的经验进行介绍和推广,用于指导实际工作,这在单位之间、地区之间的相互学习中发挥着重要的作用。调查报告如果反映的情况没有任何指导性意义,则不能对工作起到指导作用。因此,调查报告的社会功用往往就靠指导性来维持。

4. 理论性

调查报告的理论性是撰写调查报告的一大重点。作为搞社会调查的人,应对大量典型材料进行分析研究,并让这些分析研究形成文字的东西来公之于众,让众人能从中发现被调查的事物的实质和规律。从理论上讲,调查报告的撰写一般体现为对事实的概括叙述和简要说明,由事论理,最后引出结论,在表达上一般采用叙议结合的方式。

三、调查报告的作用

1. 为方针政策的制定提供参考和决策依据

调查报告应以严谨的态度来撰写,就是力求真实深刻地反映工作的基本情况,对调查来的情况进行科学的分析,从而找到客观事物的本质规律,达到对客观事物的深刻认识。其目的就是为上级领导部门制定方针政策,提供科学化的决策和系统化的参考。以便于上级领导部门在研究和决策中有相关的依据作支撑。

2. 推广典型经验,有利于总结交流

调查报告在反映客观事物普遍存在的现象和问题的同时,对客观事物也做出相应的判断和评价,从而总结出相应的结论,形成比较有实际意义的结果。调查报告就是通过这些结论和结果,总结出新的经验用以推广和交流,以便于人们吸取经验教训,互通有无,相互学习,提高认识,开创新局面。

3. 揭露事实真相，改变工作态度

调查报告本着实事求是、一切从实际出发的原则，通过调查研究，集中反映某项工作、某一问题或某种社会现象的事实真相，深入揭示客观事物的根本原因、本质规律，以此来改变过去的工作方法和工作态度，开阔人们的视野，提升人们的认知能力。

4. 有利于把握新形势，扶植新生事物

"没有调查就没有发言权"。调查报告所反映的新现象、新情况、新问题，是对过去事物和过去工作中不足或缺失的发现。通过调查研究中的新发现和经验总结，能让人采取措施，更好地把握形势发展的动态，对客观现实有鲜明的预见性，对新生事物也能进行有效的扶植。

四、调查报告的内容和写作格式

一般来说，调查报告的内容大体包括：标题、导语、正文、结尾和落款，以及所附的材料等。由此形成的调查报告结构，就包括标题、导语、正文、结尾和落款。

（一）标题

调查报告的标题分为单标题和双标题两类。

1. 单标题

单标题就是一个标题。其中又有公文式标题和文章式标题两种。

（1）公文式标题由"事由和文种"构成，所以这类标题通常标明调查的对象、主要内容和文种名称，使人一目了然。如《贵州省乡村中学语文教学情况的调查报告》。

（2）文章式标题，这类标题往往直接揭示文章主题，归纳全文内容，如《××市的校办企业》《调整教育政策，增加教育投入》。

2. 双标题

双标题就是两个标题，即一个正题、一个副题。正题一般揭示调查报告的中心和主题，副题一般指明调查对象和内容。如《为了造福子孙后代——××县封山育林调查报告》《全社会共同关注农村空巢老人——××省××县××镇空巢老人现状调查》。

（二）导语

导语又称引言。它是调查报告的前言，简洁明了地介绍有关调查的情况，或提出全文的引子，主要包括调查的时间、地点、目的、对象、问题、范围、方式、结论等，其作用是为正文写作做好铺垫。常见的导语有以下几种。

1. 简介式导语

简介式导语对调查的课题、对象、时间、地点、方式、经过等作简明的介绍。

2. 概括式导语

概括式导语对调查报告的内容（包括课题、对象、调查内容、调查结果和分析的结论等）作概括的说明。

3. 交代式导语

交代式导语即对课题产生的由来作简明的介绍和说明。

（三）正文

正文是调查报告的主体。它对调查得来的事实和有关材料进行叙述，对调查研究的结果和结论进行说明。正文的结构有不同的框架。

(1)根据逻辑关系安排材料的框架有:纵式结构、横式结构、纵横式结构。这三种结构,以纵横式结构常被人们采用。

(2)按照内容表达的层次组成的框架有:"情况——成果——问题——建议"式结构,多用于反映基本情况的调查报告;"成果——具体做法——经验"式结构,多用于介绍经验的调查报告;"问题——原因——意见或建议"式结构,多用于揭露问题的调查报告;"事件过程——事件性质结论——处理意见"式结构,多用于揭示案件是非的调查报告。

(四)结尾

调查报告的结尾力求简明扼要,其内容大多是调查者对问题的看法和建议,这是分析问题和解决问题的必然结果。调查报告的结尾方式主要有补充式、深化式、建议式、激发式等。

(五)落款

调查报告的落款要写明调查者单位名称和个人姓名,以及完稿时间。如果标题下面已注明调查者,则落款时可省略。

五、调查报告的写作要求

(一)认真做好调查,多方收集材料

调查是写作调查报告的基础。调查报告要以事实为准绳,因此要深入调查。在掌握大量生动、可靠的材料的基础上,才有可能提炼出深刻的主旨,正确反映事物的本质。其次要制订调查计划,对调查中可能出现的问题做必要的估计。通过调查,多方面地收集材料,并确保材料的真实性、准确性、典型性,这样才便于分析总结。

(二)细心分析研究,精心提炼观点

调查报告不是堆砌材料,也不是对事实作流水账般的记录。因此,要将调查中获得的材料进行分析整理,用科学的方法进行一番去粗取精、去伪存真、由表及里地认识工作。在对材料进行分类、核实、补遗、综合等工作的基础上,概括共性,找出规律,提炼出最能说明问题的观点,做到谈现象实实在在,讲问题切中要害。

(三)报告以叙为主,叙议有机结合

就其调查报告中调查研究的对象和目的而言,叙的是调查到的事实情况,议的是分析事实材料所得出的认识。调查报告的写作中,叙和议的结合必须得当,材料与观点的统一必须得体。观点紧扣材料,叙议详略分明。语言力求简洁、朴实、准确,评论事情要恰如其分,介绍情况要简明扼要,叙述事实要朴实明白,让调查报告富于生命力。

(四)紧扣报告主旨,合理布局谋篇

主旨是调查报告的灵魂,材料是调查报告的血肉,结构或布局是调查报告的骨架。调查报告的结构要力求紧密而灵动,需要对材料和所要提炼的想法进行精心布局,做好合理安排,才能形成很好的结构。结构要力求简明而不烦琐、明晰而不模糊。要根据调查报告的类型、调查报告的内容合理地安排结构。一篇高质量的调查报告,既要结构合理,内容丰富新颖,又要主旨鲜明,材料与主旨紧密相连。

六、例文

新时代素质教育引领下的小学教育
——××省××县小学教育的现状调查

（一）问题的提出

人类社会已进入21世纪，未来的世纪将是以智取胜的世纪。面对日趋激烈的科技、综合国力的竞争，世界各国都把成功的希望之光聚集在造就适应新世纪需要的合格人才上，世人称之为"通向新世纪的战略制高点"。而合格人才培养的根本出路在于进行教育改革。现在我国政府明确提出，要实施科教兴国战略，希望通过教师为社会发展培养大批各级各类人才。这里的"人才"不是迄今学校教育的"标准化人才"，而是具有竞争意识、独立意识、开拓创新意识和能力的新型人才。为此，要求传统应试教育向素质教育转变。举国上下轰轰烈烈地宣传素质教育，然而声势如雷电交加，成效却细雨绵绵。何以如此？师范教育和小学教师培训该如何改革？带着这些问题，我们设计了一份调查问卷，对小学教师的教改思想观念、教育科研能力、教育改革实践情况进行了调查研究。

（二）调查概况及结果分析

1. 调查概况

（1）调查目的及问卷编制依据。由应试教育体制转向素质教育体制，是我国教育改革、发展的必然趋势。而观念的变革是最高层次的革新。推进素质教育的关键是转变教师的教育思想、教育观念。为了解小学教师现有的教育思想观念、从事教育改革实践的情况，同时也为师范教育的改革以及小学教师培养、培训工作的顺利开展寻找科学依据。按照教育学的基本理论和中小学教师评价指标体系，在征询小学教育专家意见的基础上，我们编制成这份调查问卷。

（2）调查的主要内容。这份包括30个项目的问卷从以下几个方面对小学教师教改思想状况及教改实践状况进行了调查。这些方面分别是：

①教师对素质教育的理解及对素质教育内容体系的认识；
②教师对新的学科教学模式的了解情况及运用情况；
③小学开展教研活动情况；
④教师补充新知识情况及从事教育科研情况；
⑤教师对现代化教学媒体的理解及使用情况；
⑥教师补充新知识情况及从事教育科研情况；
⑦教师对现代化教学媒体的理解及使用情况；
⑧阻碍素质教育向前推进的因素。

（3）被调查对象的基本情况。被调查的教师共2000人，分别选自××市12所市重点小学，1所区重点小学，2所普通小学与1所厂矿小学。被调查教师的年龄在20～50岁之间，学历层次为中专或中专以上，职称从小教初级到高级。

2. 结果处理

本问卷发出2000份，回收1861份，回收率为93%。我们用统训学的方法、技术对调查结果进行了处理。

3. 结果分析

从调查结果来看,目前小学教师的教育思想、教育观念有以下几个特点。

(1) 有83%的教师对当前小学教育教学模式不满意;有85%的教师认为应当探索适合素质教育要求的教育教学模式。这说明随着教育改革的深入,众多的小学教师已经认识到开展素质教育的必要性。

(2) 当问及什么是素质教育,未来社会所需要的人才应当具备哪些方面的素质,应当怎样进行培养时,教师们的回答状况有以下三个类型:

①不明确或不知怎么答;

②回答不系统,支离破碎;

③回答笼统(比如素质教育就是"五育"全面进行),缺乏深入细致的思考。

这说明教师虽知素质教育一词,但不明确其主要包括哪些方面,应怎样进行。

(3) 虽有进行教育改革,推进素质教育的愿望,但缺少实际行动。这一特点从以下几方面可以反映出来。

①教研活动。按理说教研活动是提高教师业务素质,进行教学思想交流,推进教学改革的一条重要途径。但由调查结果可知,只有33%的教师认为推进了教育改革。

②对教学模式的探索及使用。教师中对新教学模式积极关注并了解的占6.4%,尝试运用的占25%。

③对学生的评价标准。有88%的教师认为绝大多数教师在对学生评价时仍以考试成绩论优劣。

④对现代化教学设备的运用。认为绝大多数教师都使用现代化教学手段的占16%。

(4) 头脑中缺少不断补充新知识的愿望和教育科研意识。经常读教育书刊的教师占37%,订阅与专业有关的报纸、杂志两份以上的占21%,读懂并吸取别人研究成果的教师只占17%,在报刊上发表过文章的教师只占14%。

(5) 教师的改革意识受学校对教师的评价标准以及来自社会、家长压力的制约,以致不敢进行教育改革。82%的教师认为在教育改革中受到来自这两方面的压力。

(三) 建议与讨论

从对调查结果的分析中,我们可以得出如下的结论:从我们国家提出素质教育以来,素质教育作为一种教育思想观念确实在逐步地深入教师们的教学意识中,正转变着陈旧的教育观念。但是由于各方面的原因,比如说,长期以来应试教育在人们头脑中根深蒂固;我国限于物力财力,还不能创办足够的大学满足每个学生的需要,考试仍是选拔人才的主要手段。教师虽意识到教育改革的必要性,但毕竟不容易。尽管如此,素质教育的脚步,并不会停下,因为它是历史发展的必然趋势和民族的希望。

转变教师的观念需要时间,需要全社会共同的努力。应当对教育体制进行深入思考,创立推进素质教育的社会大气候。以笔者陋见,提出几点所谓建议请教于同人。

(1) 教育管理者(包括教育行政部门和学校领导)应切实为教师进行教改创造条件。如建立奖励制度,奖励具有开拓精神、勇于改革者;科学全面地评价教师工作效果,建立完善、合理、科学的评价体系。

(2) 通过培养和培训两条途径提高教师对素质教育的认识,根据学科特点和社会实际构建层次清晰的素质教育体系,使素质教育更具效率性、针对性。

(3) 学校应当建立教研活动的检查、监督机制,随时掌握教研活动情况,保证教研活动真正起到促进交流、推进教育改革的作用。

（4）建立和完善业务进修、培训制度。21世纪需要的是有竞争意识、有开拓能力、有科研能力和有高超教学技能的教师。可通过培训增强教师的这些意识和能力。

总之，由应试教育向素质教育转变，关键在于转变教师的教育思想、教育观念。然而教师的教育思想和教育观念毕竟是复杂的。当务之急应当是通过调查等方法了解目前小学教师教育思想、观念的现状。在此基础上，研究探索转变教师教育思想、观念的规律、方法。依照规律创设条件，破除陈旧观念，树立素质教育的思想、观念。

×××
××××年××月××日

【实践活动】

一、简述调查报告的作用。

二、简述调查报告的写作要求。

第四单元

述职报告的写作

一、述职报告的概念

述职报告,就是指国家机关、企事业等单位的在岗领导干部、公务员、各类专业技术及生产经营管理人员向所在工作单位的组织人事部门、上级机关和职工群众,如实地陈述本人一定时期内履行岗位职责情况的一种自我评述性报告。

二、述职报告的特点

（一）自述性

述职报告是述职人如实地陈述自己一定时期内履行岗位职责的情况,因此要求报告中使用第一人称,采用自述的方式,向有关方面报告自己的工作实绩。

（二）自评性

自评性要求述职人依据岗位规范和职责目标,对自己任期内的德、能、勤、绩、廉等情况作自我评估、自我鉴定、自我定性。对工作的走向及前因后果,要叙述清楚,评价恰当;所叙述的事情,要让人一目了然,并从中引出自评,在定量证明的基础上进行定性分析。

（三）严肃性

严肃性即要求述职人摆正自己的"身份"位置,放下官架子,以接受考核、评议和监督的公仆身份,履行职责做报告。要认识到自己是在向上级汇报工作,是严肃、庄重、正式的汇报,是让组织了解自己、评审自己工作的过程,要用叙述的方式将来龙去脉交代清楚。态度必须谦逊、诚恳,内容必须实在、准确,语言必须朴实、得体,评价必须掌握尺度,既要对自己负责,也要对组织负责,对群众负责。

（四）真实性

真实性要求述职人所写内容必须真实确凿,即必须是述职人在一定时期内,实实在在地按照岗位规范的要求,为所在组织做了些什么事情,完成了什么指标,取得了什么效益,有些什么成就、贡献和阶段性评价,工作责任心如何,工作效率怎样等实绩,切忌夸大其词和胡编乱造等弄虚作假的行为。

三、述职报告的类别

（一）按照内容划分

述职报告可分为综合性述职报告、专题性述职报告、单项工作述职报告等。

(1) 综合性述职报告：是指报告内容是一个时期所做工作的全面、综合的反映。

(2) 专题性述职报告：是指报告内容是对某一方面的工作的专题反映。

(3) 单项工作述职报告：是指报告内容是对某项具体工作的汇报。这往往是临时性的工作又是专项性的工作。

（二）按照期限划分

述职报告可分为任期述职报告、年度述职报告、临时性述职报告等。

(1) 任期述职报告：对从任现职以来的整体工作进行报告。这种述职报告一般来说，时间较长，涉及面较广，要写出一届任期的情况。

(2) 年度述职报告：这是一年一度的述职报告，写本年度的履职情况。

(3) 临时性述职报告：是指担负某一项临时性的职务的述职报告，要求写出其任职的情况。

（三）按照表达形式划分

述职报告可分为口头述职报告、书面述职报告等。

(1) 口头述职报告：是指需要向选区选民述职，或向本单位职工群众述职的，用口语化的语言写成的述职报告。

(2) 书面述职报告：是指向上级领导机关或人事部门报告的书面述职报告。

四、述职报告的作用

（一）有利于完善干部管理制度，明确职责

在岗位职责明确的前提下，要求担任一定职务的领导干部定期撰写述职报告，便于干部管理部门对领导干部的理论水平、道德品质、文化修养、业务能力进行全面细致的考察，以便根据干部自身的发展趋势，有计划有目的地进行选拔、培养、使用干部，减少或避免使用干部中的主观性和盲目性，做到人尽其用。

（二）有利于广大群众评议干部，发扬民主精神

写述职报告是让领导干部接受群众监督、倾听群众意见的有效方式。领导干部在某个岗位上工作一段时间之后，通过述职报告的形式向广大群众汇报履行岗位职责的情况，让群众进行审查和评议，有助于拉近干部和群众的关系，克服领导干部的官僚主义作风，树立领导干部的自省意识。

（三）有利于干部的自我提高，总结经验教训

作为担任一定职务的领导干部，在相应的岗位上工作一段时间之后，需要通过述职的方式对自己前一段的工作实践进行回顾，总结以前的工作经验，汲取以前的失败教训，强化自己的职责观念。这对于更好地探索本职工作的规律，促进领导干部自我认识、自我学习、自我提高，树立领导干部的进取意识具有推动作用。

五、述职报告的基本格式和写作内容

（一）基本格式

述职报告一般由标题、称谓、正文、落款等部分组成。

1. 标题

（1）单行题：或由"职务名称＋述职针对年度＋文种"组成，如《××公司办公室主任××年度述职报告》；或由"任职期限＋所任职务＋文种"组成，如《××年至××年任工会主席的述职报告》；或由"会议名称＋文种"组成，如《在××会议上的述职报告》；或只写文种，如《述职报告》。

（2）双行题：正题为主题句时，副题往往由职务名称、主体名称、述职针对年度、文种等要素组合而成，如《继往开来，与时俱进，全力以赴向国家级示范性高中冲刺——××中学××校长××年度述职报告》《思想政治工作要结合经济工作一起抓——××造纸厂厂长王××的述职报告》；正题为职务名称、主体名称、述职针对年度、文种诸要素的组合形式时，副题标注出会议时间、名称则可，如《××班子××年度述职报告——××年××月××日在第七届职工代表大会上》。

2. 称谓

书面报告的称谓写主送单位名称，如"××党委"、"××组织部"或"××人事处"等，顶格写在标题之下正文上方，后加冒号。

口述报告的称谓则写对述职会议现场听众的称呼，具体依会议性质及听众对象而定，如"各位代表""各位委员""各位领导，同志们""尊敬的各位领导、来宾，全体教职工代表，全校教职工同志们"等。报告较长或需提请注意时，称谓还可在正文中间穿插使用。

3. 正文

述职报告的正文一般由开头、主体、结尾三个部分组成。

（1）述职报告的开头。

述职报告的开头要以简洁的文字，说明所担负的具体职责，表明自己对本职责的认识，并阐明任职的指导思想和工作目标，还要概述所取得的成绩。

（2）述职报告的主体。

述职报告的主体要选择几项主要工作，细致地将过程、效果或失误及认识表述出来。这一部分要写详细，对一些重大问题的决策过程，对棘手事件的处理思路，对群众迫切关心的问题的认识和处理，都要交代清楚。要对履行职责的情况和对履行职责的事迹进行深入的分析研究，做出具有一定理论层次的概括。要回答称职与否的问题，应从思想道德素质、政治理论素质、开拓进取精神、政策法律水平、处事决断能力、分析综合能力、文字和口头表达能力、廉洁模范作用、上下左右关系、工作作风和工作方法等方面，描述自己的形象，回答好称职与否的问题。述职报告的主体还要说明履行职责过程中的得与失。竞争上一级职务的述职报告，要注意紧扣上一级职务的有关要求来写，以说明自己有充分的理由担当上一级的职务。这部分是述职报告的关键部分，一定要精心构思，写出特色。

（3）述职报告的结尾。

在述职报告的结尾可简述一下自己对自己的评价，并表明自己尽职的态度，如述职者自己在工作中的一些体会或今后工作的方向,并提出今后的工作目标等。最后以"谢谢大家"的语言结束。

4. 落款

在结尾的右下方分两行写明述职人姓名和述职日期或成文日期,如上一行写"述职人:×××",下一行写"×年×月×日"。署名可放于标题之下,也可放于文尾。

(二)写作内容

述职报告的内容主要从德、能、勤、绩四个方面来完成。

1. 德

德主要是指思想政治素质。一般来说由政治品德、伦理道德、职业道德、个性心理品质等内容组成。

2. 能

能即工作能力,包括体现为准确性、周密性、敏感性、预见性、果断性、条理性等在内的判断能力和体现为口头表达能力、文字表达能力、说服能力、启迪能力和感染能力等在内的一般工作能力。此外,还包括体现为决策能力、用人能力、组织能力等在内的组织领导能力和创造能力。

3. 勤

勤由组织纪律性、责任感、工作积极性、出勤率等组成。

4. 绩

绩是业绩。"绩"一般由工作指标、工作效率、工作效益、工作方法组成。

六、述职报告的写作要求

(一)突出重点

述职报告是述职人对自己在任职期间所做工作的总结,但又不要事无巨细地把一切情况都加以反映,而要有意识地抓住核心问题,突出重要成绩,总结主要教训,凡重点部分要精心组织材料,写得详细、具体、充分、全面,次要部分可略写,有时还可以一笔带过。做到主次分明,轻重有度。

(二)突出个性

不同的岗位有着不同的职责要求,干部的岗位层次不同,述职内容自然各异。即使同一职务的干部或领导也会因分工的不同有不同的工作重点,至于工作方法,就更是各具特色,鉴于这种情况,述职者要突出自己工作的特点,显示自己的工作个性,尽量避免那种千篇一律的腔调,写出新意和自己的特色。

(三)客观评价

写述职报告不管是叙述成绩还是问题,都要客观、公正、实事求是地加以评价,写成绩,不虚夸,恰如其分,符合客观实际;讲问题,直截了当,不掩饰,抓住要害,要有理有据。述职报告最忌一味为自己唱赞歌,大谈特谈自己的成绩,对工作中存在的问题和矛盾有意遮掩,含糊其辞,"讳疾忌医"。

七、写作例文

中学教务处副主任述职报告范文

尊敬的各位领导、各位同事：

大家好！本学期我担任初三(1)、(2)班的语文教学工作和初三(1)班的班主任工作，同时任教务处副主任职务。

半年来，在教务处我主要配合×主任负责初中部的教学管理、教学督导等工作。初入六中我用九个字形容：任务重，要求高，压力大。在工作中，我以求真务实的态度，顾全大局，融合群体，自觉做到"三不"，即工作时间长不计较，工作任务重不叫苦，做的事情多不厌烦。半年来在校长的正确领导下，各位领导和同事的帮助下，我很快适应了新的角色。现就本学期的工作述职如下，恳请领导和同事们给予指导。

一、一丝不苟抓常规，常规不失落

常规工作约定俗成，是教学工作稳步推进的"必修课程，"在过去的半年里，教务处自始至终保持着常规工作的"本色"，在做好上级布置的各项工作的同时让常规不失落，永葆常规工作的经常化、规范化。一是抓好常规教学，由于敦促到位，检查及时，教师们均能按要求备够课，备好课，上好课，做好常规工作。二是组织好初中部每周的校级公开课，几乎初中部所有教师都能拿出一节或几节课供全校教师观摩，或指导、或交流、或评议，促进课堂教学质量的提高。三是迎接了教研室对我校初中部教学工作的听课调研。在领导的总体协调下，对当天的工作做了具体、详尽的安排和布置，所听的8节课绝大部分质量较高，受到教研室领导的好评。四是配合电教中心做好教师每次考试教学成绩的积分计算并作为六横九纵考核的重要依据并督促教师做好试题分析、学生分析并制订改进措施。五是在初中部全体教师的配合下组织了月考、期中考、期末考，使得考试有条不紊、繁而不乱。考试结束后，对每次考试情况作了较详尽的质量分析。六是与教科处成立联合督导组对教师备课、上课、批改作业、教研组活动情况等常规业务进行了细致的检查和督促。

二、持之以恒抓教研，教研不虚浮

学校的教研工作是学校的生命力所在，本学期初中部开展了丰富多彩的校本教研工作。一是初中部开展了富有成效的每周教研活动，在各教研组长的精心组织下，或指导、或交流、或评议，促进课堂教学质量的提高。二是配合张主任组织了信息技术与课程整合说课比赛，经过认真的筛选，初中部推举出高玉芳老师和侯秀芬老师代表我校初中部参加市教育局的比赛，并最终获得了一个二等奖和一个三等奖，为我校赢得了荣誉。三是在繁忙的工作之余，认真研读、分析、总结初三语文教材，做好教材分析中考考点等总结工作，受到了教研室领导的肯定。四是协调教科处组织召开了赴杜郎口中学观摩学习汇报会，并组织赴杜郎口教师上了一节汇报课，效果较好。五是鼓励初中部教师积极发表论文或参加论文比赛，半年来多位教师的论文在市级省级国家级刊物上发表或获奖。六是组织初中教师赴骈山中学、邯郸十中、高北中学等学校，参加学科研讨会、观摩会等。

三、理直气壮抓质量，质量步步高

学校的生命系于质量，质量的优劣在于课堂，本学期，依据开学初教学计划提出的教学工作要走进课堂，走进学生的思路，初中部做了一定的工作。一是依照教学工作计划，如期每周进行公开课活动,并带动、号召初中部教师都参与到听课活动当中,每周评出的最佳课堂质量都较高,达到了活动的目的。二是积极鼓励、引导初中部教师接受新的教学理念,采用新的教学模式,真正地调动起学生学习的积极性,努力提高课堂效率。三是始终树立质量意识,利用周公开课活动,结合教研活动,深入教师课堂中,特别是对青年教师或刚进入初中的教师及时地进行交流和反馈,力争使每节课都达到听课有效,上者有提高的目的。四是协调和指导初三毕业班工作,确保教学任务的全面落实和教学质量的稳步提高。

四、因地制宜抓活动,活动促发展

丰富多彩的学生活动是学校教学的有益补充,本学期,我组织了以下活动。一是配合初中语文教研组组织初中部学生参加《语文周报》全国作文比赛,共有263人参加,截至目前共有124人获得二、三等奖和优秀奖,暑期还将角逐一等奖。二是配合初三年级组组织初三全体师生召开初三一模质量分析会,初三优生座谈会等,极大地调动了学生的学习积极性。三是配合初二年级组,组织召开了初二教师期中质量分析会,配合初一年级组召开了初一教师调度会等。

此外,还从学校的大局出发,做好了其他的教育教学工作,由于时间关系,在此不一一说明。

下面我谈谈工作中存在的问题。

一是本学期由于计划外活动的增加,使得本学期的活动显得较多,致使深入课堂、深入教师的时间受到冲击,虽然一直秉持着走进教师、走进学生,但实际走得不是很近,使得抓教师业务能力、教学水平的计划做得不是很好。

二是对过程性的管理与指导检查做得不好,有忽冷忽热之感,很希望有计划性但没有做到,使得有些环节抓得不好。

三是对有些工作按部就班,没有很好地调动教师们的积极性,也没有勤动脑思考调动教师积极性的办法。使得有些教研活动氛围不浓厚,教师对待工作热情不高。

四是还不能用全新的思维和方式开创性地开展工作,缺乏创造性地开展工作的意识和魄力。

五是本学期对初中部教师的高效课堂培训工作,没有很好地开展下去。

总之在今后的工作中,我将加强学习,努力工作,克服不足,努力做好自己的工作。谢谢大家!

述职人:×××

××××年××月××日

【实践活动】

一、简述述职报告的特点。

二、简述述职报告的分类。

三、简述述职报告的作用。

第五单元

简历、求职信的写作

一、简历

（一）个人简历的概念

作为一种运用体裁，个人简历是简要地介绍个人的生平经历的文章，一般是应聘时或参加工作后单位要求填写。个人简历的内容包含经历的生平阶段及每个生平阶段的表现。生平阶段个别根据学习、工作的时间来划分。表现包括思想品格，学习、工作成绩，所获声誉等情况。

（二）个人简历的特点

1. 真实性

真实是个人简历的灵魂。个人简历作为递送给用人单位的第一张"名片"，不可以掺假和撒谎，但可以对自己的优势和劣势进行一定程度的优化和处理。优化和处理不等于是给简历掺假，从一般意义而言，优化就是对简历信息进行内容和外观的美化；处理就是选择把强项进行突出，将弱势进行忽略。比如一个应届毕业大学生，可以重点突出在校时的学生会工作和实习、志愿者、支教等工作经历，不单单是陈述这些经历本身，更重要的是提炼出自己从中得到了哪些具有价值的经验，而这些有价值的经验能在今后可以发挥什么效应。这样，一份优美的简历，可以吸引用人单位的眼球，让想谋职的人不会被拒之单位的门外。

2. 价值性

从价值观的角度看，用人单位看重的是谋职者的可用价值。谋职者在制作简历时，一定要把最有价值的内容放在简历中，使用语言讲究平实、客观和精练，太感性的描述不宜出现。通常简历的篇幅为 A4 纸版面 1~2 页，不宜过长，内容最好为整体页，不要出现一页半、半页，否则会让用人单位对谋职者产生工作不严谨和能力不强等不良之感。

3. 条理性

条理性是简历结构内容明晰与否的基本要求之一。对于谋职者，应将公司可能雇佣你的理由进行预计。并根据这一预计，将自己过去的经历有条理地表达出来，重点的表达内容有：个人基本资料、工作经历（职责和业绩）、教育与培训经历。次重点的表达内容有：职业目标（这个一定要标示出来）、核心技能、背景概述、语言与计算机能力以及奖励和荣誉信息，其他的信息可不作展示，对于自己的闪光点尤其要突出，尽量给用人单位留下最好的第一印象。

4. 针对性

有的放矢是谋职成功的先导。对于谋职者,做简历时可以事先结合职业规划确定出自己的求职目标,做出有针对性的版本,运用专门的语言对相关单位进行求职递送简历,这样的简历才容易得到用人单位的认可,增加被用人单位录用的概率。

(三) 个人简历的种类

1. 按文字形式划分

按文字形式划分个人简历分为表格式和条文式两种。

2. 按制作目的和编排体例划分

1) 专业型简历

专业型简历强调的是求职者的专业、技术技能,也比较适用于毕业生,尤其是申请那些对技术水平和专业能力要求比较高的职位,这种简历最为合适。

2) 时间型简历

时间型简历强调的是求职者的工作经历,大多数应届毕业生都没有参加过工作,更谈不上工作经历了,所以,这种类型的简历不适合应届毕业生使用。

3) 功能型简历

功能型简历强调的是求职者的能力和特长,不注重工作经历,因此对毕业生来说是比较理想的简历类型。

4) 业绩型简历

业绩型简历强调的是求职者在以前的工作中取得过什么成就、业绩,对于没有工作经历的应届毕业生来说,这种类型不适合。

5) 创意型简历

这种类型的简历强调的是与众不同的个性和标新立异,目的是表现求职者的创造力和想象力。这种类型的简历不是每个人都适用,它适合于广告策划、文案、美术设计、从事方向性研究的研发人员等职位。

(四) 个人简历的写作格式

标准的个人简历的写作格式主要由以下内容组成。

(1) 个人信息:姓名、性别、出生日期、民族、婚姻状况和籍贯等。

(2) 求职目标(仅限于求职简历):结合自身专业,注重求职目标的"度"的把握;求职目标的定位,要控制在自己的能力范围内。

(3) 教育背景:按时间顺序列出初中至最高学历的学校、专业和主要课程。所参加的各种专业知识和技能培训。

(4) 工作经历(实践经历):按时间顺序列出参加工作至今所有的就业记录,包括公司/单位名称、职务、就任及离任时间,应该突出所任每个职位的职责、工作性质等,此为求职简历的精髓部分。

(5) 获奖情况。

① 如果是刚刚毕业的大学生,重点介绍自己大学在校期间的所获奖项和级别、等次等。

② 如果是参加工作的人,应该重点写自己参加工作至今的获奖情况、专利和称号等。

(6) 外语语种和计算机技能。

(7) 其他:个人特长及爱好、其他技能、专业团体、著述和证明人、个人联系方式等。

(五) 个人简历的写作要求

(1) 整洁:简历一般应打印,保证简历的整洁性。

(2) 简明:要求简历一般在1200字以内,抓住要领,切忌杂乱,让招聘者在几分钟内看完,并留下深刻印象。

(3) 准确:要求简历中的名词和术语正确而恰当,没有拼写错误和打印错误。

(4) 通俗:语言通俗流畅,没有生僻的字词。

(5) 诚实:要求内容实事求是,不卑不亢,表现自然。

(六) 个人简历的写作例文

个 人 简 介

个人信息

姓名:金××　　性别:男

出生年月:××××年××月××日

民族:×族　　婚姻状况:未婚

籍贯:贵州　　现所在地:贵阳

身　高:172cm

求职目标

希望地区:四川、重庆、贵州

希望岗位:中学教师/企业文秘

教育经历

××××年××月—××××年××月贵州师范大学文学院汉语言文学教育专业就读。大学本科学历,文学学士。

主修课程:写作、文学概论、先秦文学、现代汉语、中国现代文学、秦汉魏晋南北朝文学、古代汉语、隋唐文学、美学、西方文论、宋元明清文学、马列文论、外国文学(欧美部分)、外国文学(亚非部分)、中国当代文学、训诂学、语言学概论、音韵学、中学语文教材教法、中国文化教程、普通话教程、逻辑学、二十世纪文学批评、书法教程(毛笔、钢笔)、教育学、心理学等。

专业成绩:年级综合排名第9。

实践经历

××××年××月—××××年××月于贵阳市×××公司勤工俭学;

××××年××月—××××年××月贵阳市南明区×××敬老院志愿者服务队志愿者;

××××年××月—××××年××月贵阳市云岩区×××孤儿院志愿者服务队志愿者;

××××年××月—××××年××月贵州省安顺市××中学实习。

获奖情况

××××年××月获得贵州师范大学××学年学习一等奖学金;

××××年××月获得××市"五有阳光青年"称号;

××××年××月获得××市"智力助残优秀志愿者"称号;

××××年××月获得贵州省"优秀大学毕业生"称号。

英语和计算机技能

英语:通过全国大学英语六级考试。

计算机：通过全国计算机二级考试。
联系方式：××××××××××
联系电话：150×××××××
电子邮箱(QQ)：××××××××@qq.com
通信地址：××省××市××区××路××小区××栋××号
邮政编码：××××××

二、求职信

（一）求职信的概念

求职信是求职者写给用人单位或用人单位领导的信，目的是让对方了解自己、相信自己、录用自己，它是一种私人对公并有求于公的信函。因此也称求职申请、求职函、自荐信等。

（二）求职信的特点

1. 针对性强

求职信是为了能找到工作而写的一种应用文，所以要针对求职目标，针对用人单位的性质、特点和需求，突出自己某方面的特点和潜力，内容中不说与求职无关的话。

2. 庄重大方

求职信的庄重大方主要表现在内容的语言上，既要充分展示自己的才智，但又不能在行文上表现得高傲自大，且要避免过分谦恭谨慎，给人信心不足的印象。一句话，不卑不亢，大方得体，才能给人以自信而不自大，庄重而显和谐。

3. 个性突出

对于求职者，求职信要力求具有个性特征。在能力方面，内容中要突出特长，展示自己与众不同之处；在语言表达和构思上，要匠心独运，展示文采和个人魅力，给人留下良好的印象。

（三）求职信的分类

求职信可分为自荐书和应聘书两种。

1. 自荐书

自荐书是求职者以书信的方式向用人单位自我举荐、表达求职愿望、陈述求职理由、提出求职要求的一种信函。求职者通过自荐书，向用人单位展示自己的知识水平、工作能力、人格魅力及个人特长等优势，为择业的成功打下良好的基础，从而建立起与用人单位的联系。

2. 应聘书

应聘书是求职者在已经获知用人单位用人的前提条件下写的具有高度针对性的求职信。其称呼一般是针对特定单位的人，内容主要是针对用人单位提出的条件来表述求职者的才智特长，内容具有较强的目的性和针对性。

（四）求职信的写作格式

求职信的内容通常由标题、称谓、问候语、正文、结尾、署名和日期、附件、联系方式八个部分构成。

1. 标题

求职信的标题通常只有文种名称，即在第一行中间写上"求职信"或"自荐信"等字样。标题应写在首行的居中位置。

2. 称谓

称谓是对受信单位或受信人的称呼,写在第一行,要顶格写受信者单位名称或个人姓名。单位名称后可加"负责同志";个人姓名后可加"先生""女士""同志"等。在称谓后写冒号。求职信不同于一般私人书信,受信人未曾见过面,所以称谓要恰当,郑重其事。为表示尊重,一般要在求职信的称谓前加上"尊敬的"等修饰词。

3. 问候语

一般要换行空两格写上"您好!"等问候语,表示礼貌和尊敬。

4. 正文

正文是求职信的核心部分,行文时要另起一行,空两格,然后才开始写求职信的内容。正文内容较多,一般分为求职原因、个人的基本情况及求职条件、求职意愿三个部分来完成。

第一部分,写求职的原因。首先简要介绍求职者的自然情况如:姓名、年龄、性别等。接着要直截了当地说明从何渠道得到有关信息以及写此信的目的。这段是正文的开端,也是求职的开始,介绍有关情况要简明扼要,对所求的职务,态度要明确。而且要吸引受信者有兴趣将你的信读下去,因此开头要有吸引力。

第二部分,个人的基本情况及求职条件。即对所谋求的职务的看法以及对自己的能力要做出客观公允的评价,这是求职的关键。要着重介绍自己应聘的有利条件,要特别突出自己的优势和"闪光点",以使对方信服。写这段内容,语言要中肯,恰到好处;态度要谦虚诚恳,不卑不亢。达到见字如见其人的效果。要给受信者留下深刻印象,进而相信求职者有能力胜任此项工作。这段文字内容要有说服力,得到受信人的信任。

第三部分,求职意愿。向受信者表达希望和诉求。如:"敬望您能为我安排一个与您见面的机会"之类的语言。这段内容是信的收尾阶段,不要啰唆,不要苛求对方,要适可而止。

5. 结尾

结尾另起一行,空两格,写表示敬祝的话。如:此致之类的词,然后换行顶格写"敬礼"或祝"工作顺利"等词语。这两行均不点标点符号,不必过多寒暄,以免"画蛇添足"。

6. 署名和日期

写信人的姓名和成文日期写在信的右下方。姓名写在上面,成文日期写在姓名下面。姓名前面不必加任何谦称的限定语,以免有阿谀之感,或让对方轻看你的能力。成文日期要年、月、日俱全。

7. 附件

有说服力的附件是对求职者进行鉴定的凭证。所以求职信的附件是不可忽视的组成部分。

附件可在信的结尾处注明。如:附件1.××××,附件2.××××,附件3.××××。然后将附件的复印件单独订在一起随信寄出。附件不需太多,但必须有分量,足以证明你的才华和能力。

8. 联系方式

写明联系地址、邮政编码、联系电话及 E-mail 地址等。联系方式在求职信中的位置没有一个统一的规定,一般置于文末。

(五) 求职信的写作要求

1. 内容真实

求职者介绍自己应实事求是,不要弄虚作假。

2. 突出重点

求职信要突出那些能引起对方兴趣、有助于获得工作的内容,主要包括专业知识、工作经验、自身特长和个性特点等。

3. 语言简洁

求职信的篇幅要长短适宜,努力做到在有限的篇幅内传达出大量有用的信息。这样既容易突出重点,又节省了对方的时间,给对方留下良好的印象,为求职成功争得良机。

4. 格式规范

求职信力求言简意赅的表达、端正规范的书写,既能反映求职者的写作水平,又给人办事干练、严谨的印象。现在求职者一般使用电子文本的求职信,字体字号的选择、行距、排版这些细节也要注意,讲究端庄,不宜花哨。

(六)求职信的写作例文

求职信

尊敬的××公司总经理:

您好!

非常感谢您在百忙之中批阅我的材料。

我是××职业技术学院社科系一名应届毕业生。本人乐观向上,热情大方,有一定中英文写作基础,我渴望能在贵公司找到一份适合自己的工作,为贵公司贡献一份力量。

我个性开朗大方,形象佳、人际关系好。三年的学习生活,培养了我灵活的思维方法和开拓进取的创新意识。我也很好地掌握了专业知识,并能熟练地运用于工作实践中。而且本人兴趣广泛,爱好音乐、绘画、写作等,是文艺骨干。在不断的学习和工作实践中养成了认真细心、责任心强的工作态度和良好的团队协作精神;学院红十字会文娱部长的工作,使我增强了与人的沟通协作能力、组织管理能力。在学有余力的情况下,我阅读了大量课外书籍并坚持写作,这使我的写作水平得到很大的提高,文章多次发表于学院刊物上,并在征文比赛中获得不错的成绩,写作能力得到大家一致的肯定。同时我通过选修和实践掌握了网页制作、版式设计、编辑学等知识,实习的经历更锻炼和提高了我的综合能力,也使我更了解社会。这一切使我初步具备了从事文职、文案策划、编辑等方面的工作能力。在生活上我乐观向上,并能适时地自我反省。

虽然现在我只是一名没有什么实际工作经验的应届毕业生,但是,我有一颗真挚的心和拼搏进取的精神,以及扎实的专业基础知识。也许我不是最优秀的,可我一定是最认真负责的,我相信,只要贵公司给我一次展示机会,我就一定不会让您失望,我迫切希望早日成为贵公司的一员。

此致

敬礼

求职人:×××
××××年××月××日

【实践活动】

一、结合自身现在的实际情况,给自己撰写一份简历。

二、结合自己现在所学的专业,写一封求职信,向自己所在城市的相关单位求职。

第六单元

毕业论文

一、毕业论文的概述

毕业论文是高等院校的应届毕业生,在老师(导师)的指导下,对所学专业某个领域的问题进行深入研究、探讨,表达自己研究成果的有一定学术价值的文章。毕业论文归属于学术论文的范畴,是学生在校期间学习成果的总结,初步反映学生运用所学知识分析和解决本学科内某一问题的学术水平和能力,是高校毕业生标志性和总结性的作业,也是高校毕业生在大学学习阶段其学习成果的结晶。

二、毕业论文的特点

毕业论文作为学术论文的范畴,除必须具备学术论文的科学性、独创性、理论性、规范性等特点外,还必须具备如下特点。

1. 学术性

学术性是毕业论文最基本的特征。毕业论文所研究的内容是具有系统性和专门性的问题,带有较强的研究、论争的性质,侧重于对事物进行抽象的概括的叙述或论证,反映的不是客观事物的外部直观形态和过程,而是事物发展的内在本质和变化演进的规律,具有一定的学术价值。

2. 创见性

创见性是毕业论文的价值表现,要反映出作者对客观事物研究的独到理解和观点,显示的是新理论、新设想、新方法、新定理,甚至能够填补某个领域的空白。这种创造性是就全人类总的知识而言的,是在世界范围内来衡量的,而不能局限于某一狭窄的范围,更不能是简单地重复、模仿、剽窃别人的成果。

3. 科学性

毕业论文的内容必须符合客观存在的规律,揭示的是公认的真理,表达的是成熟的理论或技术,经得起实践的检验,并且应具有当代科学技术的先进水平,在技术上行得通,不脱离实际,所引证的知识和材料都必须准确。

4. 规范性

毕业论文的规范性体现在以下两个方面。

(1) 样式的规范。一般由学校统一印制或规定样式模板。

(2) 撰写过程和内容的规范。撰写过程的规范指的是学生必须在指导老师的指导下,执照规定的程序完成撰写,要经历一个个步骤:立论、开题、搜集资料、写作初稿、修改定稿、打印装订、送审、答辩等流程;内容的规范指内容必须是自己原创,不得出现剽窃、弄虚作假等学术不端的非法举动。

三、毕业论文的类别

(1) 根据内容和性质,毕业论文可以分为理论性毕业论文、实验性毕业论文、描述性毕业论文、设计性毕业论文

(2) 根据学生的层次及申请学位的高低,毕业论文可分为普通毕业论文(专科)、学士论文(本科)、硕士论文(攻读硕士)和博士论文(攻读博士)。

四、毕业论文的写作格式

1. 题目

毕业论文的题目最好简明扼要,有概括性,必须通过标题就能概括说明整篇论文的主要内容,题目字数不宜超过 20 字。

2. 封面

封面如图 1 所示。

3. 摘要

摘要是文章主要内容的摘录,是对论文综合的介绍,要求短、精、完整。字数少可几十字,多不超过三百字为宜。

4. 关键词

关键词是反映论文主题概念的词或词组,通常以与正文不同的字体字号编排在摘要下方。一般每篇可选 3~8 个,多个关键词之间用分号分隔,按词条的外延(概念范围)层次从大到小排列,一般是名词性的词或词组,个别情况下也有动词性的词或词组。

5. 目录

目录是论文中主要段落的简表——由序号、名称、页码组成(短篇论文不必列目录)。

6. 正文

正文由引论、本论、结论组成。

(1) 引论又称引言、前言、序言、导言和绪论,用在论文的开头。引言一般要概括地写出作者意图,说明选题的目的和意义,并指出论文写作的范围。引言要紧扣主题、短小精悍。

(2) 本论是论文的核心部分,正文应包括论点、论据、论证过程和结论。主体部分包括以下内容。

①提出问题——论点。

②分析问题——论据和论证。

③解决问题——论证方法与步骤。

×××× 学 院

本科毕业论文（设计）

（页面设置：论文页边距：上 30mm，下 25mm，左 25mm，右 25mm。页眉 20 mm，页脚 15 mm）

题　　目	（二号黑体）
作　　者	（二号黑体）
学　　院	（二号黑体）
专　　业	（二号黑体）
学　　号	（二号黑体）
指导教师	（二号黑体）

二〇　年　月　日（填写时间要用中文）

图 1　封面

（3）结论是对本论部分阐述内容的结果，是全文的结束，是对全文的主要研究结果、论点的提炼与概括。结论不宜过长。

7. 致谢

对毕业论文撰写过程中的指导老师，引用的资料和文献的所有者，一并对他们表示感谢。

8. 注释

直接引用他人的观点和材料时一定要加上注释，这是尊重他人劳动成果的体现。注释有夹注、脚注和尾注，要求准确、完整。

9. 参考文献

一篇论文的参考文献是将论文在研究和写作中可参考或引证的主要文献资料，列于论文的末尾。参考文献应另起一页，标注方式见后面范文。

五、毕业论文的写作例文

市场营销学课程实践教学方法的改进

刘　军

（内蒙古科技大学包头师范学院内蒙古·包头 014000）

摘　要　实践教学是一种非常重要的教学方法，因为它不仅能培养学生的专业素质，而且能够提高学生适应社会的能力。这种教学方法在市场营销学课程中有着十分显著的作用。当今社会,高校学生教育以就业为主要导向,以人才培养为主要目标,实践能力和社会适应能力的培养变得愈加重要,这也对学校课程教育提出了更高层次的要求。因此,在市场营销学课程中采取实践教学是非常有必要的。本文针对实践教学在市场营销学课程中的运用,提出了一些建议和措施,希望能对加强市场营销学课程的实践教学,提高学生解决实际问题的能力起到一定的作用。

关键词 市场营销学;实践教学;教学方法;问题;改进

前　言

当前,我国市场经济高速运转,经济实力不断增强,国家之间的经济竞争也日益激烈。在这样的社会经济背景下,各个行业对市场营销人才提出了更高的要求,要求从事市场营销的人员不仅要具备扎实的专业理论知识,还要具备各种工作经验和实践能力。[1]营销环境随着市场的不断变化而变化,

这就导致传统的市场营销理论无法为企业提供解决一切问题的标准答案,于是要求市场营销人才在所学专业理论的基础上,进一步结合实际,具体问题具体分析,有效地解决问题。由此可以看出,市场营销学规律和理论在应用时需要很大的技巧性和灵活性。

一、传统市场营销学课程实践教学存在的问题

在当今社会的背景下,传统的市场营销学课程存在着明显的缺陷。首先,课程设置较为单一,缺乏行之有效的标准,并且教学方法比较传统,考核方式未能全面检测学生的学习成果。其次,市场营销学课程过于注重理论传授,学生往往是被动接受知识,课堂参与度较低;同时,学生课堂上的理论知识学习不能充分地应用于现实生活,由此造成理论与实践的严重脱节。原本设定相辅相成的理论课与实践课,由于现实情况的种种因素而失衡,难以取得理想的教学效果。

最后,随着互联网时代的到来,学生的思想意识不再拘泥于课堂现状,而传统的教学方式在很大程度上还停留在知识传授的层面,这必然造成与学生学习兴趣之间的矛盾;再加上教师的教学方法缺乏创新,学生对该课程的学习动力就会逐渐降低。基于上述各种问题,市场营销学课程实践教学迫切需要注入新的元素,以满足学生未来发展的需要。

二、市场营销学课程实践教学方法的改进

社会经济的发展对市场营销学的教学提出新的要求,而传统的教学方法又不能满足这种要求。因此,我们应该积极寻找正确的改革道路,在改进传统教学方法的同时,不断探索切实可行的新教学方法,培养出既具有专业知识又具备实践技能的优秀人才,以适应不断变化的社会需求。

(一)新体系——加强学科教学的系统性与关联性

要想满足社会对新型市场营销人员的需求,培养应用型人才,首先要树立先进的教学理念,更新人才培养的观念。高校的课程教育应该面向现代化,面向社会,在课程教学过程中,教师要做到的不仅仅是"授之以鱼",更应该"授之以渔"。新课程标准要求我们,应该树立"知识—能力—素质"三位一体的人才培养质量观,突出创新教育和个性化教育的人才培养理念,以及"以学为主、教学相长"的教学理念,从而最大限度地调动学生学习的主动性和创新意识,培养学生的学习能力,全面提高学生的综合素质。

市场营销属于经管类专业课程,它有着很强的理论性和实践性,综合了社会学、经济学、心理学、管理学等多门学科的内容。[2]因此在教学过程中应该重视整个知识体系的构建。市场营

销学本身也是一门系统性很强的学科，加强教学的系统性，可以有效地把整个学科重点知识串联起来，逐渐形成一个由点及面、由理论到实践的系统性教学体系。这种系统性教学体系的建设，是学校对社会现实需要充分认识的结果。通过理论知识的学习和实践能力的培养，可提高学生的职业素质和综合能力。这种教学模式能使学生对市场营销学以及实际社会中的营销方式有比较全面且深刻的认识，从而提升学生的专业技能。

我们在强调市场营销学课程实践教学时，不能忽视对市场营销学理论知识的研究。把握理论与实践之间的度是非常重要的，注重理论教学与实践教学的关联性，不能顾此失彼，要让学生既能学到扎实的市场营销理论知识，也能提升各个方面的实践技能，达到真正的系统化教学。

（二）新思维——加强教学的创新性

教学方法的改革与创新离不开积极有利的环境。在课程教学改革的过程中，学校要时时关注教学动态，积极营造适合课程改革和创新的教学环境，使每位教师都能发挥其主动性，鼓励每个教育工作者敢于实践、勇于探索、善于创新，真正促进教学方法的改进与创新。[3]学校应该不断加强相关制度建设，规范教育教学制度内容，督促教师处理好教学与科研之间的关系，鼓励教师不断进行教学方法的创新。

另外，学校要做好相关基础设施建设，建立实践教学基地，改善教学环境，为课程改革和教学方法的创新打下坚实的基础。相关课程的教师也要不断吸收和学习先进的教学思想和方法，重视自身教学能力的提高，不能因循守旧，要充分认识到教育方法改进的重要意义和社会发展现状对教育手段提出的更高要求，不断帮助和引导学生，促进学生成长成才。同时，高校教师也要重视现代科学技术在教学中的重要作用，把先进的科学技术不断地应用到教学中来，促进教学方式发生重大改变。以互联网计算机技术、多媒体教学、远程视频教学和虚拟现实技术丰富教学内容，逐渐把"以学生为中心，人才培养为目标"放在教育教学的首位。

教学方式的创新是教学模式改革的核心内容。市场营销学的学科特点，以及社会对创新型、应用型人才培养的需要，要求我们在具体的课程教学中，运用多种教学方式，例如让学生进行角色体验，与学生展开教学互动，组织学生进行场景模拟等来锻炼学生的实践能力。教师在教授课程知识的同时，可采取理论和实际相结合，课上和课下相结合，课程学习与毕业论文、毕业实习、就业实习相结合的教学模式。

教师应该有意识地引导学生充分发挥学习主动性，包括学习市场营销知识、提出问题并加以分析和解决、参与老师教学的内容和过程等。这种教学方式的创新能够改变传统的完全以教师为主导的课堂教授模式，将市场营销知识的学习从短时间的课堂传授延伸至长时间的课下实践，更加注重和培养学生的自我学习能力，提高学生的创新意识，增强学生理论联系实际、研究和解决问题的能力。

（三）新内容——增添理论的丰富性

首先，在具体的课程内容设置上，可以采取设立实验课程、组织学生进行社会调查、模拟现实场景进行教学、鼓励学生假期开展社会实践、举办知识竞赛等多种实践形式。其次，可以组织学生进行实地考察，参观企业和单位，通过观察和研究工商企业的实际营销活动，来培养学生运用所学市场营销专业知识分析问题、解决问题的能力。这样的方式可以提高学生的社会适应能力，从而大大缩短了学生参加工作的适应期。最后，可以采取奖励措施，鼓励学生参与教师课题研究。

另外，还可积极地指导学生参加大学生创新创业基金项目的申报和各种形式的创业大赛。

做好实践教学基础设施建设,优化教学实践环境和条件,可以联系相关企业单位并将其设为实习基地,聘请成功的企业家从旁进行实践指导,将教学的重点变为通过有效实践操作来提高学生的分析能力、创新能力和协调能力。

(四)新方法——强化知识的实践性

市场营销学课程实践教学方法的改进应从整个教学环节着手。贯彻真实性、多样性、适度性、可行性、自主性、全覆盖等教学原则。[4]从学生方面来看,学生是学校教育教学工作的主体,学校在对市场营销学专业学生进行教育时,要考虑不同学生的不同特点,有针对性地进行教育教学;从课堂内容上来看,教师在授课时应该设置各种模拟市场营销活动,如课堂市场营销知识技能大赛、市场营销个人思路构想、市场营销展望讨论等,调动学生学习的积极性,让学生都参与到教学活动中来,积极配合教师完成市场营销学课程实践教学方法的改进。

(五)新要求——把握社会的需求性

我们一直强调社会需求的重要性,原因是课程设置的目标在于培养优秀人才,以为社会做出贡献,因此在市场营销学课程的设置和实施过程中,应充分考虑市场营销专业人才培养目标和就业方向。要明确社会需要的人才类型,塑造优秀人才的方法,重视市场营销人才培养的过程,跟上时代前进的步伐。按照社会需求的新标准、新方法去调整市场营销学课程实践教学,使其不断地走向专业化、全面化。

(六)新标准——实现评价的科学性

在现今市场营销学课程评价中,单纯的答卷考试无法全面地考查学生知识掌握的真实情况,而且还容易禁锢学生的思维。所以,学校对学生的评价要改变以往以考试成绩为主的标准,要明确和完善学生培养计划,采用综合测评的方式,对学生素质能力进行民主、综合、全面的评价,把培养社会所需人才作为教学的一个有效标准。优化学生学习成果评价方式,使其更加灵活多样。如课堂设计、实地调研报告、课堂讨论、开卷闭卷考试、口试等相结合的考核方法,增加日常成绩在综合成绩测评中的比重,实现学生综合测评的民主性和科学性。[5]

三、结语

市场营销学是一门专业性和实践性很强的学科。然而囿于传统教学方法的弊端,其发展速度缓慢,甚至一度偏离了正常的发展轨道,由此导致市场营销学课程实践无法适应时代的需求,学生在就业方面也遭遇难题。因此未来市场营销学课程应把握学科发展的基本规律,从学科理论和实践方法两方面做出调整,从而培养出社会需要的高素质人才。

参考文献

[1] 孟凡会.市场营销学课程实践教学方法探析[J].淮北职业技术学院学报,2013(2).
[2] 陈闻起.浅谈药品市场营销技术课程的实践性教学方法[J].科技资讯,2012(32).
[3] 张延斌.高校市场营销学课程教学改革探析[J].边疆经济与文化,2011(8).
[4] 郑磊.浅析市场营销课程的项目教学方法与策略探究[J].科研管理纵横,2012(11).
[5] 朱元双.情商培养导向下市场营销本科专业课程教学方法的创新[J].学园,2014(8).

(文章来源:科教导刊 2016 年 20 期)

【实践活动】

选择所学专业的某一个专题写一篇论文。

参 考 文 献

[1] 李影秋,黄云峰. 大学语文[M]. 上海:上海交通大学出版社,2010.
[2] 陶凤,幸亮. 应用文写作[M]. 重庆:西南师范大学出版社,2016.
[3] 原创论文网(http://www.yclunwen.com/bylw/91800.html).
[4] 百度百科(https://www.baidu.com/).
[5] 第一论文网(https://www.001lunwen.com/biye/).
[6] 严爱慈. 新编应用文写作[M]. 北京:中国传媒大学出版社,2012.